Rainer und Katrin Baum

Mit Teens über Sex reden

Handbuch für Mitarbeiter
in der Teen- und Jugendarbeit

rainer & katrin baum

mit teens über sex reden

handbuch für
mitarbeiter in der
teenager- und
jugendarbeit

Impressum

Baum, Rainer und Katrin
Mit Teens über Sex reden
Handbuch für Mitarbeiter
in der Teens- und Jugendarbeit

ISBN 978-3-89436-835-7

www.cv-dillenburg.de
Umschlaggestaltung: Martina Kugele
Satz: CV Dillenburg
Druck: GGP Media GmbH, Pößneck

Printed in Germany

Inhalt

1 Vorwort ... 9

2 Einführung ... 11
2.1 Was ist Sexualität? ... 11
2.2 Sexualethik in der Teens- und Jugendarbeit? ... 12

3 Biblische Leitlinien kennen und verstehen ... 17
3.1 Das große Bild ... 18
3.2 Der Blick auf die Details ... 19
3.2.1 Der Mensch als sexuelles Wesen ... 20
3.2.2 Die Grundordnung der Ehe ... 21
3.2.3 Partnerwahl ... 23
3.2.4 Vorehelicher Geschlechtsverkehr / Geschlechtsverkehr außerhalb der Ehe ... 24
3.2.5 Ehestart durch Geschlechtsverkehr oder durch Übereinkunft? 26
3.2.6 Sex in der Ehe ... 29
3.2.7 Ehebruch ... 30
3.2.8 Nacktheit / Scham / Petting ... 32
3.2.9 Augen und Lust ... 37
3.2.10 Selbstbefriedigung ... 40
3.2.11 Umgang mit Personen des anderen Geschlechts ... 41
3.2.12 Homosexualität ... 43
3.2.13 Vergebung ... 45
3.2.14 Hören und handeln ... 47

4 Die Lebenswelt der Teenager und Jugendlichen ... 49
4.1 Überblick über den Teilnehmerkreis der Umfrage ... 50
4.2 Sexualität und Gemeinde ... 52
4.3 Aufklärung und Vertrauenspersonen ... 55
4.4 Pornografie ... 65
- Unbeabsichtigter Konsum ... 65
- Einstiegsalter Internetpornografie ... 67
- Konsumhäufigkeit ... 67
- Unterscheidung nach Inhalt der Pornografie ... 69

	• Konsum nach Mediennutzung	71
	• Beurteilung	74
	• Auswirkungen auf den Alltag	75
4.5	Selbstbefriedigung	77
	• Häufigkeit	78
	• Selbstbefriedigung und Fantasie	79
4.6	Nacktheit	81
	• Einstellung	81
	• Tatsächliches Verhalten	82
	• Verhältnis von Meinung und Handeln in Bezug auf Nacktheit	83
4.7	Petting	84
	• Meinung zu Petting	84
	• Pettingerfahrung	86
	• Fazit:	89
4.8	Geschlechtsverkehr	90
	• Meinung zum Geschlechtsverkehr	90
	• Erfahrung mit Geschlechtsverkehr	92
	• Fazit:	99
4.9	Sexuelle Gewalt (Sexueller Missbrauch)	100
	• Sexuelle Belästigung in Chat-Rooms	101
	• Sexuelle Gewalt	102
4.10	Homosexualität	106
4.11	Fazit der Umfrage	109
5	**Der Mitarbeiter**	111
5.1	Ein Blick in den Spiegel	111
5.1.1	Mein Bild von Sexualität	112
5.1.2	Meine Überzeugung	112
5.1.3	Mein Leben	113
5.1.4	Meine Prägung	115
5.1.5	Meine Werte und Kultur	116
5.1.6	Meine Narben und offenen Wunden	118
5.1.7	Meine Sünde	119
5.1.8	Meine Sicht über Teenager und Jugendliche	120
5.2	Im Gespräch mit Teens und Jugendlichen	122
5.2.1	Offene Arme	122
5.2.2	Eine gute Balance	123

5.2.3 Schwere Zunge und rote Ohren ... 125
5.2.4 Voll Herz ... 126
5.2.5 Ein sicherer Tresor ... 126
5.2.6 Den Menschen im Blick ... 127
5.3 Kurze Einführung in die Seelsorge ... 128

6 Materialpool (Übersicht) ... 137
6.1 Sexualethik im Teens- und Jugendprogramm ... 139
6.1.1 Programm »bauen« ... 139
6.1.2 Themenliste ... 140
6.2 »Unfallverhütung« in der Programmplanung ... 142
6.2.1 Geschützten Raum vereinbaren ... 143
6.2.2 Vorsicht bei Veränderung des Themas ... 143
6.2.3 Vorsicht bei gruppendynamischen Prozessen ... 144
6.2.4 Niemanden bloß stellen ... 145
6.2.5 Die unterschiedlichen Menschen im Blick haben ... 146
6.2.6 Programme ersetzen keine Gespräche ... 147
6.2.7 Keine Sexualaufklärung betreiben ... 148
6.2.8 An die Eltern denken ... 149
6.3 Grundrisse ... 149
6.3.1 Bibelarbeiten ... 149
6.3.2 Andachten ... 150
6.3.3 Themenabende ... 150
6.3.4 Interview, Talk, Diskussion ... 150
6.3.5 Frageabende ... 151
6.3.6 JUMP (Jungs und Mädels parallel) ... 152
6.3.7 Erlebnisorientierte Ansätze ... 154
6.4 Bausteine ... 156
6.4.1 Einstiege ... 157
6.4.2 Spiele und Rollenspiele ... 161
6.4.3 Schriftliche Interaktion ... 167
6.4.4 Interaktive Elemente ... 171
6.4.5 Sonstige Gestaltungselemente ... 175
6.4.6 Vertiefungen ... 188
6.5 Materialtipps ... 191
6.5.1 Bücher für Teens und Jugendliche ... 191
6.5.2 Bücher für Mitarbeiter ... 192
6.5.3 Internetseiten zu speziellen Themenbereichen ... 193

7 Weitere wichtige Themen 197
7.1 Rechtsgrundlagen im Bereich Sexualität 197
7.2 Vor sexuellem Missbrauch schützen
Leitlinien für Mitarbeiter 205
7.3 Tipps zum sicheren Surfen und Chatten 217
7.4 Ungeplant schwanger - und jetzt? 219
7.5 Selbstbefriedigung – Sex ohne Du! 231
7.6 Praktische Schritte für den Umgang mit Pornografie 237
7.7 Umgang mit homosexuell Empfindenden
in Jugend und Gemeinde 245
7.8 Ehevorbereitung hat begonnen –
Chancen christlicher Jugendarbeit 257

Anmerkungen 266

1. Vorwort

Schön, dass du dieses Buch in die Hand genommen hast. Hier geht es um etwas ganz Besonderes: Sexualität. Es gibt keinen Teenager, Jugendlichen oder Mitarbeiter einer Gemeinde, den dieses Thema nicht betrifft. Deshalb ist es unser Thema. Vor allem ist Sexualität aber Gottes Thema. Er hat Mann und Frau geschaffen. Er hat uns als sexuelle Wesen erdacht und gewollt. Deine Sexualität ist ein Teil seiner Schöpfung, über die Gott sagte: Es ist sehr gut!

Um dieses Prädikat »Sehr gut!« soll es in diesem Buch gehen. Sexualität ist nichts, über das man mit vorgehaltener Hand und rotem Kopf reden muss. Doch auch das Gegenteil wird der Bedeutung von Sexualität nicht gerecht: Wer von ihr in Gossensprache redet oder intime Details ausplaudert, hat den Wert von Sexualität ebenfalls nicht begriffen. Uns ist wichtig, dass Teenager und Jugendliche verstehen, was für ein wertvolles Geschenk Gott ihnen mit ihrer Sexualität gemacht hat. Denn nur, wer erkannt hat, dass etwas kostbar ist, der will es auch schützen. Nur wer um diesen Schatz weiß, akzeptiert und versteht Gottes Schutzrahmen und Gottes Leitlinien für seine Sexualität als Mann oder Frau.

Dieses Buch ist aus der Seelsorgearbeit (*Hotline*) der Jugendzeitschrift *komm!* entstanden. Durch die hotline (manchmal auch scherzhaft »christlicher Dr. Sommer« genannt) erreichten uns viele Fragen von Teens und Jugendlichen. Einige haben sich in den Briefen fast entschuldigt mit den Worten: »Wir wissen nicht, wen wir sonst fragen können.« Diese Ratlosigkeit hat uns oft traurig gemacht. Da waren Christen mit wichtigen Fragen, und sie hatten keine Gemeinde oder Jugendgruppe, in der sie eine Antwort finden konnten. Oder trauten sie den Personen in ihren Gruppen nicht zu, ihnen eine Antwort zu geben?

Parallel zu der schriftlichen Arbeit wurden wir in viele Teen- und Jugendkreise eingeladen, um dort über das »Thema Nr. 1« zu sprechen. Die Gründe, warum die örtlichen Mitarbeiter nicht selbst über das Thema reden wollten, waren vielfältig. Unter anderem wurde uns häufig gesagt, dass es einfach besser sei, wenn mal jemand Fremdes dazu Stellung bezieht. Einerseits ist es für manche Jugendliche gut, wenn sie mal jemand anderen hören, den man Dinge fragen kann, die man sich den eigenen Mitarbeiter nicht zu fragen traut. Doch andererseits sind gerade bei einem so wichtigen und sensiblen Thema wie Sexualität Vertrauen und Beziehung notwendig, um ehrliche Fragen zu stellen. Eine solche Beziehung konnte bei unseren Besuchen, die maximal ein Wochenende dauerten, nur sehr bedingt wachsen. Optimaler wäre es doch, wenn bereits Vertrauen besteht und dann über Sexualität gesprochen wird; denn Vertrauen ist die Basis, um über Sexualität zu reden. Diese Chance haben die Mitarbeiterinnen und Mitarbeiter in den Teen- und Jugendgruppen. Sie sind da, wenn bei den Jugendlichen die Fragen entstehen, und können dadurch langfristig beraten und begleiten. So kam bei uns immer mehr der Wunsch auf, Mitarbeiter zu fördern, das Thema Nr. 1 selbst anzupacken. Die Idee für dieses Buch war geboren.

Wir wünschen und hoffen, dass es dir hilft, das schöne (und manchmal auch schwierige) Thema Sexualität den Teens und den Jugendlichen in deiner Gemeinde zu vermitteln. Neben den Hintergrundinfos in den ersten Kapiteln soll dir vor allem der Materialpool Anregungen und Ideen für die Praxis liefern.

Wir sind unseren Kollegen in vielen anderen christlichen Werken oder Gemeinden und zahlreichen ehrenamtlichen Teen- und Jugendmitarbeitern sehr dankbar, dass sie für diesen Materialpool ihre Ideen zur Verfügung gestellt haben.

Gottes Segen für deine Arbeit mit Teens und Jugendlichen wünschen dir

Rainer und Katrin Baum

2. Einführung

2.1 Was ist Sexualität?

Sexualität (von lat. *sexus*) bedeutet nichts anderes als das Vorhandensein eines Geschlechts. Unsere Sexualität wurde uns bereits in die Wiege gelegt. In der Bibel wird schon in 1. Mose 1,27 betont: »Und Gott schuf den Menschen in seinem Bilde, im Bilde Gottes schuf er ihn; als Mann und Frau schuf er sie.« Sexualität ist deshalb ein Teil unseres Menschseins im Bilde Gottes. Sie ist kein Problemfeld oder etwas Unwichtiges, sondern von Gott geschaffen.

Wir, du und ich, sind sexuelle Wesen. Die Sexualität ist ein Teil unserer Persönlichkeit. Wenn wir einem anderen Menschen begegnen, dann ist es eben etwas anders, als wenn zwei Computer Informationen austauschen. In allen Beziehungen stehen wir nicht als Sache oder Neutrum, sondern als Mann bzw. Frau. Doch nicht nur das Miteinander wird von unserer Sexualität beeinflusst. Eine Definition besagt: »Sexualität bezeichnet die Gesamtheit der Lebensäußerungen, Verhaltensweisen, Empfindungen und Interaktionen von Lebewesen in Bezug auf ihr Geschlecht.«[1] Anders ausgedrückt: Die Art, wie wir uns kleiden, mit anderen Frauen und Männern umgehen, wie wir fühlen und uns verhalten, hat mit unserer Sexualität zu tun. Sexualität ist in unserem Leben allgegenwärtig. Gott wollte dich als Person mit deiner Identität als Mann oder Frau.

Oft empfinden wir das nicht so, sondern benutzen eine verkürzte Definition des Wortes (Sex), mit der wir nur den Geschlechtsverkehr meinen. Dadurch reduzieren wir die Sexualität auf den Bereich der Genitalien, der nach der Bibel in die Ehe gehört. Schnell sagt man somit zum Thema Sexualität: »Sex gehört in die Ehe.« Das stimmt, bezieht sich aber nur auf einen Teil der Sexualität.

Weil Gott von Anfang an wusste, wie verletzlich unsere Sexualität ist, hat er diesen Teil der Sexualität in einen besonderen Schutzrahmen gestellt: die Ehe (im Bereich »Biblische Grundlagen« gehen wir tiefer darauf ein). Sexualität ist deshalb nicht nur eine Gabe Gottes für uns, sondern auch eine Aufgabe an uns; denn wie alles andere im Leben beeinflusst unser sündiges Denken (und Sein) auch unsere sexuelle Fantasie und unser Verhalten.

Wenn wir mit Teens und Jugendlichen über Sexualität reden, sprechen wir häufig nur über den Bereich, der von Gott besonders geschützt wurde. Dabei ist es wichtig, das »Ja« Gottes zum gesamten Bereich der Sexualität genauso zu betonen, wie den manchmal als einschränkend empfundenen Rahmen, den Gott vorgibt. Wir kommen in der Jugendarbeit nicht daran vorbei, diesen Rahmen abzustecken, wollen jedoch trotzdem immer positiv über Sex reden.

Gleichzeitig muss es aber auch um das grundsätzliche »Ja« Gottes zur Sexualität gehen, einer Annahme der eigenen von Gott geschenkten Sexualität, einer Reifung als Mann oder Frau, und um die Bereiche, in denen wir täglich als sexuelle Menschen handeln und leben. Ziel ist es, als Mann oder als Frau nach dem Herzen Gottes zu leben.

2.2 Sexualethik in der Teen- und Jugendarbeit?

Warum solltest du in deiner Teenager oder Jugendgruppe über Sexualität und Gottes Leitlinien reden? Zum einen, weil Sexualität ihr Thema ist. Kennst du diesen Witz: »Was ist bei Lehrern und christlichen Gemeinden gleich? - Beide geben Antworten auf Fragen, die keiner gestellt hat.« (O.k. ich hoffe, das ist in deiner Gemeinde und Jugendgruppe nicht so.) Wenn du über das Thema Sexualität redest, trifft das auf keinen Fall zu, auch wenn dir deine Teens vielleicht das Gegenteil signalisieren. Kaum ein anderes Thema betrifft alle Menschen so sehr wie dieses. Bei kaum einem anderen Thema gibt es so viele offene Fragen. Doch das ist nicht der einzige Grund, warum es in deiner Jugendarbeit immer wieder behandelt werden sollte.

In der Jugendarbeit ist ein wichtiges (vielleicht sogar das wichtigste) Ziel, dass die Teens und Jugendlichen Jesus Christus begegnen und in eine Beziehung zu IHM hineingeführt werden. Wir wollen, dass die Teens Jesus lieb gewinnen und sich fragen: »Was kann ich tun, damit Jesus sich über mich freut?« Ihr Handeln soll Liebe als Motivation haben. Während man in einer Ehe durch Kommunikation und Ausprobieren herausbekommt, was der andere mag, bekomme ich diese Informationen in der Beziehung zu Jesus vor allem durch das Lesen der Bibel. Jesus sagt in Johannes 14,15: *»Wenn ihr mich liebt, dann werdet ihr meine Gebote befolgen.«* Wir können und sollen unsere Liebe zu Jesus dadurch zeigen, dass wir tun, was er sagt. Wichtig bleibt dabei die Reihenfolge. Weil ich Jesus liebe, möchte ich mich an seine Gebote halten. Diese Reihenfolge zieht sich durch die ganze Bibel. Besonders deutlich wird das zum Beispiel auch bei den zehn Geboten. Zuerst befreite Gott das Volk Israel auf geniale Art aus Ägypten. Auf der Grundlage dieser Errettung gab er ihnen die Gebote. Das »Du sollst ...« der Gebote könnte man aus dem Hebräischen auch mit »Du wirst ...« übersetzen. Denn wer begriffen hat, was Gott für uns getan hat, der möchte sich aus Liebe zu ihm freiwillig so verhalten, wie Gott es gerne hat. Der wird so handeln und soll es nicht nur. In diesem Zusammenhang ist auch das Zitat von Jesus zu verstehen. Weil er uns liebt und alles für uns gegeben hat, sollen (werden) wir uns aus Dankbarkeit und Liebe so verhalten, wie er es wünscht: seine Gebote halten. Ein Teil seiner Gebote beschäftigt sich auch mit unserer Sexualität. Wenn wir Gottes Gedanken über Sexualität lehren, ist dies ein Baustein für die Beziehungsgestaltung der Teens und Jugendlichen zu Jesus.

Eine Beziehung muss jedoch nicht nur gestaltet und gepflegt, sondern auch geschützt werden. Es gibt Beziehungskiller, die leider oft den Tod einer Beziehung zur Folge haben. Besonders, wenn wir im Bereich der Sexualität Dinge tun, die Gott verboten hat, entwickelt sich das oft zu so einem Killer. Er tötet nicht nur menschliche Freundschaften und Ehen, sondern ist häufig ein Grund, warum Menschen sich bewusst von Gott zurückziehen. Dabei vergibt Gott auch sexuelle Sünden, so dass die Beziehung zu ihm nicht dauerhaft gestört sein müsste. Vielleicht gibt es in unserer westlichen Welt keine Ursache, weswegen sich mehr Menschen vom Glauben abwenden, als wegen Sünden im Bereich der Sexualität. Das hat mehrere Ursachen:

Viele Menschen haben nie begriffen, dass Gott es gut mit ihnen meint. Er gibt die Gebote nicht nur, damit wir unsere Liebe zu ihm ausdrücken können, sondern auch, weil es für uns das Beste ist. Er als unser Schöpfer weiß eben am besten, wie wir mit seinem Geschenk der Sexualität optimal umgehen können. Er gibt die Regeln nicht, um uns zu beschränken, sondern damit wir den intimen Bereich unserer Sexualität in einem geschützten Raum so erleben, wie es sonst eben nicht möglich wäre. Es stimmt, was der Schreiber von Psalm 119 sagt (V. 9): *»Wodurch hält ein Jüngling seinen Pfad rein? Indem er sich bewahrt nach deinem Wort.«* Doch das Kennen der Gebote ist nur eine Seite der Medaille.

Nur wenige Verse weiter bittet der Psalmdichter *»Lass mich verstehen den Weg deiner Vorschriften!«* (V. 27). Das Verstehen ist eine wesentliche Voraussetzung für das Befolgen. Zum einen meint es das grundsätzliche

Verstehen, dass Gottes Gebote gut für mich sind. Wesentlicher als dieser erste Schritt ist aber das Verstehen und Vertrauen, dass Gott es auch dann gut mit mir meint, wenn ich seine Anweisungen nicht nachvollziehen kann. Vertraue ich Gott, wenn er sagt: *»Denn ich kenne ja die Gedanken, die ich über euch denke, spricht der HERR, Gedanken des Friedens und nicht zum Unheil, um euch Zukunft und Hoffnung zu gewähren«* (Jer 29,11). Gott gibt seine Gebote, weil er uns liebt! Hier schließt sich der Kreis, denn wieder geht es um eine Beziehung. Ist das Vertrauen zu Gott so groß, dass ich mich auf seine Gebote einlasse? Wenn schon nicht aus Liebe zu ihm, dann immerhin doch, weil ich erkannt habe, dass ER das Beste für mich will.

Dazu kommt, dass wir Sünde im sexuellen Bereich häufig auf die leichte Schulter nehmen. Auch wenn Gott sexuelle Sünden vergibt, so haben sie dennoch Folgen für unser Leben. König David bekam nach seinem Ehebruch mit Bathseba zwar vergeben, musste jedoch mit den Konsequenzen der Sünde sein Leben lang kämpfen. Sexuelle Sünden haben häufig größere und massivere Folgen als andere Sünden. Manche jungen Menschen verpfuschen sich durch unüberlegtes Handeln weite Teile ihres Lebens; weil sie nicht an die Zukunft denken. Ein Teilnehmer eines Eheseminars sagte uns einmal: »Wenn ich gewusst hätte, welche Auswirkungen meine Selbstbefriedigung und Pornografie auf mein Leben und meine Ehe haben werden, hätte ich schon lange damit aufgehört.«.

Zusammenfassend können wir also vier Punkte festhalten, warum über Sexualität in Teen- und Jugendgruppen gesprochen werden sollte:

a) Es betrifft und interessiert jeden.
b) Mit unserer Sexualität und der Orientierung an Gottes Geboten können wir unsere Liebe zu Jesus zum Ausdruck bringen.
c) Ein Missachten von Gottes Geboten zur Sexualität zerstört die Beziehung zu Gott häufig langfristig.
d) Gottes Gebote für unsere Sexualität sind gut für uns und ein guter Schutzraum, den er uns aus Liebe gibt.

Leider werden Gottes Gebote oft ohne den Zusammenhang seiner Liebe zu uns, sondern nur als Ansammlung von Gesetzen vermittelt. Ohne den Aspekt von Liebe und Beziehung kann man Gottes Gebote nur sehr schwer verstehen und unmöglich befolgen. Wenn wir in der Jugendarbeit die Gebote ohne diesen Zusammenhang vermitteln, werden sie zu Lasten, die keiner mehr tragen kann - auch wir selbst nicht. So verhielten sich zurzeit Jesu die Pharisäer und Schriftgelehrten. Die Gebote wurden damals aus ihrem Zusammenhang herausgerissen. Es ging nicht mehr um die Beziehung des Volkes zu seinem heiligen Gott, sondern nur noch um richtiges oder falsches Verhalten. Der Bezugspunkt – Gott und seine Gedanken – fehlte in ihrer Ethik, oder wurde nur der Form halber noch erwähnt. Deshalb sagte Jesus zu ihnen: *»Dieses Volk ehrt mich mit den Lippen, aber ihr Herz ist weit entfernt von mir. Vergeblich aber verehren sie mich, indem sie als Lehren Menschengebote lehren«* (Mt 15,8-9; vgl. auch Lk 11,46). Wenn wir Gottes Gebote nur um der Gebote willen verkündigen, handeln wir genauso. Dann ist auch unser Herz weit von ihm entfernt. So werden unsere Teenies früher oder später nicht mehr einsehen, warum sie sich daran halten sollen. Das führt zur Gesetzlichkeit, aber nicht zu einer lebendigen Beziehung mit Jesus Christus.

Aus diesen Überlegungen heraus haben wir zwei Ziele für unsere Arbeit mit Teens und Jugendlichen erarbeitet:

1. Wir wollen, dass Teenager und Jugendliche Sexualität als gutes Geschenk Gottes begreifen und in ihrer Identität als Mann und Frau Sexualität innerhalb der guten göttlichen Leitplanken erleben.
2. Wir wollen Teens und Jugendlichen daher Gottes Gedanken mit geeigneten Methoden vermitteln, die liebevoll, kreativ, geduldig, klar und nachvollziehbar sind.

Um Gottes Gedanken zu vermitteln, muss man sie zuerst kennen und verstehen lernen. Aus diesem Grund beschäftigen wir uns nun als Erstes mit den Aussagen der Bibel zur Sexualität.

3. Biblische Leitlinien kennen und verstehen

»Es bleibt also dabei: Das Gesetz ist heilig,
und seine Forderungen sind heilig, gerecht und gut.«
Römer 7,12

»Wenn ich alle Erkenntnis habe,
aber keine Liebe, so bin ich nichts!«
1. Korinther 13,2

Sexualität wird in der Bibel sehr häufig erwähnt. Sie zieht sich durch sie von 1. Mose 1 bis Offenbarung 22. Am schönsten wird Sexualität im Hohenlied beschrieben. Doch die dort verwendete Bildsprache klingt für uns fremd. Welche Frau würde sich heute darüber freuen, wenn sie von ihrem Mann gesagt bekäme: *»Deine Zähne sind wie eine Herde frisch geschorener Schafe!«* (Hl 4,2)? Aber wenn wir uns ein wenig in den Text hineindenken, spüren wir etwas von der knisternden Erotik und der Schönheit der Liebesbeziehung, die dort geschildert wird. Gott ist dieses Thema so wichtig, dass er das Buch Hohelied in der Bibel haben wollte. Aber in unserem mangelnden Verständnis von Gottes Wertachtung der Sexualität wurde dieses Buch oft ausschließlich sinnbildlich für Christus und die Gemeinde oder im Judentum für Gott und das Volk Israel ausgelegt.

Gott gibt uns viele Informationen über Sexualität. Manchmal in dogmatischen Grundaussagen, in Geboten und Verboten, manchmal in poetischen Texten und ganz oft in konkreten Berichten. Wir lesen, wie berühmte Männer wie Hiob, Noah oder David mit ihrer Sexualität umgegangen sind. Dabei berichtet die Bibel, wie Gott sich die Sexualität dachte und was die Menschen häufig daraus gemacht haben. Schonungslos erzählt sie auch von den Schattenseiten dieser Menschen.

Doch wie gehen wir mit diesen Informationen und Beispielen um? Die beiden Verse, die wir diesem Kapitel vorangestellt haben, sollen dazu eine Hilfe sein. Auf der einen Seite stehen Gottes gute Gebote. Sie sind für unser Leben wie ein Spiegel, der uns zeigt, wo Sünde in uns ist, und der uns deutlich macht, wo wir Hilfe und Reinigung brauchen. Darüber hinaus sind die Gebote Lebensregeln und -hilfen. Sie helfen uns wie die Fahrbahnmarkierungen beim Autofahren und geben uns wie die Leitplanken Sicherheit.

Gottes Gebote sind gut für unser Leben. Doch häufig missbrauchen wir sie, indem wir sie nicht zuerst auf uns, sondern nur auf den anderen anwenden. Dann werden die Gebote schnell zum Hammer, mit dem ich auf meinen Nächsten einschlage. Deshalb schreibt Paulus in 1. Korinther 13, dass wir (neben der Wahrheit der Gebote) auch die Liebe brauchen. Wahrheit und Liebe sind ein Pärchen, das immer Hand in Hand gehen muss. Niemals darf man das eine gegen das andere ausspielen. Es genügt nicht, dass der andere weiß, was er falsch gemacht hat, sondern er soll dabei auch erfahren, dass er dennoch bedingungslos geliebt wird. Genauso wenig hilft es ihm, wenn ich ihm die Wahrheit (Gottes Gebote) vorenthalte und nur in Liebe begegne, denn dann sind Veränderung und Heilung nicht möglich. Paulus drückt dies in Epheser 4,15 mit den Worten aus: *»Lasst uns die Wahrheit reden in Liebe!«* Den Ausdruck *»Wahrheit reden«* könnte man auch übersetzen mit »wahrhaftig sein«. Wir sollen nicht nur in Liebe die Wahrheit reden, sondern sollen dabei echt sein. Das schließt mit ein, dass wir selbst immer wieder fallen und keine perfekten Menschen sind. Wahrhaftig sein beinhaltet, dass ich mir bewusst bin, immer wieder die Vergebung und Gnade zu brauchen. Das beste Vorbild für die Verknüpfung von Wahrheit und Liebe ist Jesus Christus. Als er auf dieser Erde lebte, konfrontierte er die Menschen wie kein anderer mit der Härte der göttlichen Botschaft und nahm gleichzeitig die Sünder in Liebe an. Er wurde *»Freund der Sünder«* (Mt 11,19) genannt, obwohl er kein Blatt vor den Mund nahm.

3.1 Das große Bild

Wenn wir die vielen Aussagen Gottes zum Thema Sexualität zusammen betrachten, ergibt sich ein großes Bild mit vielen unterschiedlich detailliert dargestellten Szenen. Dennoch hat das gesamte Bild eine Aussage. Diese Grundaussage biblischer Sexualethik kann man so ausdrücken:

Biblische Sexualethik ist eine ganz einfach ehe-orientierte Ethik.
Ihr Fazit lautet: kein Sex vor oder außerhalb der Ehe
– und (das wird gerne übersehen):
kein Verzicht auf Sex innerhalb der Ehe.[2]

Gott, der Schöpfer der Sexualität, schützt die Sexualität des Menschen, indem er einen Rahmen für Sex erfindet. Schon zu Beginn der Menschheit beschreibt Gott die Unterschiedlichkeit von Mann und Frau, wie sie sich ergänzen, und er setzt den intimsten Bereich in einen Schutzrahmen: die Ehe. Innerhalb dieses Rahmens, und *nur* innerhalb dieses Rahmens sollen die Menschen Gottes gutes Geschenk von intimer Sexualität erleben und genießen. Die folgende Grafik aus dem Buch »Bibel, Sex und Body-Bildung« stellt diesen Rahmen dar:

3.2 Der Blick auf die Details

Nachdem wir die Grundaussage biblischer Sexualethik angesehen haben, wollen wir nun den Blick auf einzelne Teilstücke richten. Dabei werden wir die Details des großen Bildes »biblischer ehe-orientierter Sexualethik« in groben Zügen beschreiben. Das Ziel dieses Buches ist nicht die Darstellung einer vollständigen Sexualethik. Der folgende Überblick soll stattdessen die Möglichkeit geben, bei Bedarf passende Bibelstellen zu finden und erste Informationen zu bekommen, die im gezielten Studium noch vertieft werden können. Zu einigen Themen sind Exkurse beigefügt, die Hintergrundinfos vermitteln, um das Thema besser zu verstehen.

3.2.1 Der Mensch als sexuelles Wesen

Als Gott den Menschen machte, schuf er ihn als sexuelles Wesen (1Mo 1,27). Die Geschlechtlichkeit des Menschen ist also keine Folge des Sündenfalls, sondern Teil von Gottes Schöpfung. Gott sagt zur Sexualität des Menschen: »*Es ist sehr gut*!« (1Mo 1,31) Aber die Geschlechtlichkeit ist nicht für den Einzelnen selbst gemacht. Der Mann braucht eine Ergänzung. Jemanden, der anders ist als er selbst und dennoch zu ihm passt (1Mo 2,18). Die hebräischen Wörter *isch* und *ischa* beschreiben diese Zugehörigkeit und Entsprechung wesentlich besser als die Begriffe Mann und Frau. Eva, die Frau, die Gott Adam gibt, steht dabei auf einer Ebene mit Adam. In 1. Mose 1,27 haben wir bereits gesehen, dass Adam und Eva beide nach Gottes Ebenbild geschaffen wurden. Sie haben vor Gott den gleichen Wert. Auch der Begriff *Hilfe* (hebr. *ezer*), der für Eva gebraucht wird, macht eine besondere Wertschätzung deutlich. Der Begriff wird im Alten Testament im positiven Sinne sonst häufig im Zusammenhang mit Gott verwendet (Vgl. Ps 30,11). Eine Assoziation zu Hilfsaufgaben (z.B. Putzhilfe, Küchenhilfe etc.) ist daher auf keinen Fall angebracht. Die Gleichwertigkeit von Mann und Frau besteht unabhängig von unterschiedlichen Rollen und Aufgaben, die Mann und Frau zum Beispiel innerhalb der Gemeinde oder der Familie haben. (Dieser Bereich kann in diesem Buch jedoch nicht behandelt werden.)

Gott erschafft also zwei unterschiedliche Geschlechter, die sich entsprechen und der gegenseitigen Hilfe bedürfen. Die Anziehungskraft und Erotik, die diese Schöpfung von Anfang an beinhaltete, können wir ein wenig nachvollziehen, wenn wir die Betonung in 1. Mose 2,23 mehr auf das wahrscheinlich voller Begeisterung gerufene »Endlich« und die Sehnsucht Adams legen. Auch das scheinbar nüchterne »*Gebein von meinem Gebein*« beschreibt die Freude über die Entsprechung und Zusammengehörigkeit, die Adam empfunden hat. Weil Gott den Menschen als sexuelles Wesen geschaffen hat, kann Salomo schreiben: »*Wer eine Frau gefunden hat, hat Gutes gefunden!*« (Spr 18,22; vgl. Spr 19,14).

Passende Werkzeuge im Materialpool:

- Anspiel: Die Rose (Rubrik: Einstiege, 6.4.1.6)
- Schöpfungsquiz (Rubrik: Spiele und Rollenspiele, 6.4.2.3)

3.2.2 Die Grundordnung der Ehe

Gott ist *für* die Gemeinschaft von Mann und Frau. Der Mann braucht eine Ergänzung. Die Anziehungskraft, die die Geschlechter aufeinander haben, ist gut und Gottes Erfindung, weil der Mensch auf Gemeinschaft angelegt ist. Gott beschreibt dieses Verhältnis zu Beginn der Bibel mit den Worten: »*Darum wird ein Mann seinen Vater und seine Mutter verlassen und seiner Frau anhängen, und sie werden zu einem Fleisch werden*« (1Mo 2,24). Dieser Vers ist die wesentlichste Aussage der Bibel zum Thema Sexualität. Drei Mal wird er im Neuen Testament zitiert.[3] Außerdem wird die Aussage zu einem Zeitpunkt gemacht, als die einzig existierenden Menschen überhaupt keine Eltern hatten. Trotzdem spricht Gott davon, dass ein Mensch Vater und Mutter verlassen soll. Die Platzierung in diesem Kontext macht die Wichtigkeit und Zeitlosigkeit dieser Aussage deutlich. Der Vers aus 1. Mose 2,24 gliedert sich in drei Teile auf:

a) »*Darum wird ein Mann Vater und Mutter verlassen ...*«
»Ein Mensch soll eigenverantwortlich und unabhängig von seinen Eltern leben können, weil er in Zukunft selbst für seine Familie verantwortlich sein wird«, wäre vielleicht eine Umschreibung in unsere heutige Zeit. Die Selbstständigkeit bezieht sich sicherlich zuallererst auf das Denken und das eigenverantwortliche Handeln. In zweiter Instanz spielen auch Fragen wie finanzielle Unabhängigkeit von den Eltern und ein räumlich getrennter Wohnort eine Rolle. Diese (vor allem seelsorgerlich) wichtigen Themen unserer Zeit behandelt der Text nicht direkt. Es kann jedoch ein Ausdruck der eigenen Verantwortung und auf jeden Fall eine Hilfe für ein junges Paar sein, wenn sie den Eltern finanziell nicht auf der Tasche liegen und nicht im elterlichen Haus den Dachboden ausbauen. Ansonsten besteht die Gefahr, dass sich das »frischgebackene« Ehepaar durch bewussten oder unbewussten Druck der (Schwieger-)Eltern nicht zu einer eigenständigen neuen Einheit entwickeln kann.

b) »*... seiner Frau anhängen ...*«
Das hebräische Wort *dabaq*, das in der Elberfelder Übersetzung mit »anhängen« übersetzt wird, bedeutet auch »ankleben«. Ein Mann und eine Frau binden sich aneinander. Zusätzlich hat das Wort einen Bezug zur damaligen Rechtssprache (Bundesschlüsse). Mit anderen Worten:

Hier geht es um die Hochzeit. Zwei Menschen binden sich durch ein Versprechen (einen Vertrag) aneinander.

c) *»... sie werden zu einem Fleisch werden.«*
Das *»zu einem Fleisch werden«* dient als Umschreibung für den Geschlechtsakt. In zweiter Bedeutung umfasst das *»zu einem Fleisch werden«* nach der körperlichen Ebene auch die geistige und seelische Ebene. Die Ehe ist in der Bibel etwas Ganzheitliches und nicht nur die Erlaubnis für schrankenlosen Geschlechtsverkehr. Sex muss in diesen ganzheitlichen Rahmen integriert sein. Sexuelle Intimität ohne Vertrauen und Intimität auf seelischer und geistiger Ebene führt ansonsten zum Zerbruch der Beziehung.[4]

Die Reihenfolge dieser drei Schritte ist unbedingt zu beachten. Heutzutage wird diese Ordnung oft auf den Kopf gestellt oder die Voraussetzung für Intimität (Verlassen und Anhängen) nicht geschaffen.

Einige tausend Jahre nachdem Gott diese Grundordnung der Ehe gestiftet hatte, bestätigte Jesus Christus sie in einem Gespräch mit den Pharisäern (Mt 19,4-6). Dadurch wird allen Kritikern, die der Meinung sind, die Anweisungen von 1. Mose gelten aufgrund ihres Alters nicht mehr, der Boden unter den Füßen entzogen. Wenn Jesus, Gottes Sohn, diese Aussagen einige tausend Jahre später in einer anderen kulturellen Umgebung (neben der jüdischen Kultur gab es damals auch starke griechische und römische Einflüsse) für gültig erklärt, gibt es keinen exegetischen Grund, sie zweitausend Jahre später nicht mehr anzuerkennen. Die Grundordnung Gottes zur Verbindung von Mann und Frau gilt heute immer noch genauso wie bei Adam und Eva.

Passende Werkzeuge im Materialpool:

- Gegenstandslektion: Ankleben (Rubrik: Sonstige Gestaltungselemente, 6.4.5.7)
- Advocatus Diaboli (Rubrik: Sonstige Gestaltungselemente, 6.4.5.2)

3.2.3 Partnerwahl

»Wer ist der Partner fürs Leben? Wie finde ich die wahre Liebe?« Diese Fragen bewegen wohl fast jeden Single. Gott schränkt auf der einen Seite die Zahl der möglichen Kandidaten ein und gibt uns aber auf der anderen Seite viel Freiheit.

Im alten Testament durfte das Volk Israel keinen Vertrag und auf keinen Fall eine Ehe mit Nichtisraeliten eingehen (2Mo 34,15-16). Diese Regelung diente dem Schutz des Volkes (5Mo 7,3-4). Die wichtigste Beziehung, die Israel besaß, war die Beziehung zu seinem Gott. Die Gefahr bestand, dass die Israeliten aus Liebe zu ihrem ungläubigen (nicht israelitischen) Partner andere Götter verehrten und der Gott Israels nur einer von vielen Göttern wurde oder ganz in Vergessenheit geriet. Doch das erste und wichtigste Gebot lautet: *»Du sollst keine anderen Götter neben mir haben!«* (2Mo 20,3). Das alte Testament erzählt in 4. Mose 25,1-3; Richter 3,5-6; 1. Könige 11,1-2; Esra 9,1-2; Esra 10,3; Nehemia 13,23-27 und Psalm 106,35-36, dass sich das Volk trotzdem immer wieder mit ausländischen Frauen und deren Göttern eingelassen hat. Eine interessante Einzelstudie dazu wäre Richter 16 (Simson und Delila).

Die neutestamentliche Aufforderung geht in die gleiche Richtung, wie die Vorschriften aus 2. Mose. Paulus schreibt *»Macht nicht gemeinsame Sache mit Ungläubigen. Wie kann die Gerechtigkeit sich mit der Gesetzlosigkeit zusammentun? Wie kann das Licht mit der Finsternis zusammenleben? Welche Übereinstimmung kann es zwischen Christus und dem Teufel geben? Wie kann ein Gläubiger der Partner eines Ungläubigen sein?«* (2Kor 6,14-15; Neues Leben). Im Text ist nicht ausdrücklich eine Ehe erwähnt, sondern eine enge Bindung zwischen Christen und Nichtchristen. Die engste Verbindung, die die Bibel kennt, ist jedoch die Ehe. Dieser Vers ist somit auf jeden Fall bei der Partnerwahl anwendbar. Anders als im Alten Testament beschreibt Paulus hier nicht die negativen Folgen, die eine Verbindung zu einem Nichtchristen nach sich ziehen kann. Vielmehr versucht er die Irrationalität und Unmöglichkeit einer solchen Verbindung aufzuzeigen. Bei den ersten drei Gegensatz-Paaren, die in 2. Korinther 6 genannt werden, ist es eindeutig, dass sie nicht zusammenpassen. Genauso ist es auch bei dem vierten Paar: Ein Gläubiger und ein Ungläubiger sind so verschieden, dass eine Partnerschaft einfach nicht denkbar ist.

Außer dieser Einschränkung gibt uns Gott bei der Partnerwahl und Partnerfindung alle Freiheit. Doch besonders bei der Frage des Ehepartners möchten viele gerne genau wissen, welchen Plan Gott hat. Manche zermartern sich mit ihren Überlegungen das Hirn, und andere legen wie Gideon ein Vlies aus (vgl. Ri 6,36-40). Doch in der Bibel finden wir an keiner Stelle die Verheißung Gottes, dass er uns den idealen Ehepartner zeigt. Auch nicht, dass er uns eine Nachricht sendet, wenn wir ein Vlies auslegen oder ihn um einen Brief vom Himmel bitten. Vielmehr ist es unsere Verantwortung, mit Verstand und Weisheit zu überlegen, wer zu uns passt. Selbst den Witwen, die unter der besonderen Fürsorge Gottes standen, nimmt Gott diese Entscheidung nicht ab. Sie sollen heiraten, wen sie wollen (nur im Herrn muss es geschehen; vgl. 1Kor 7,39). Geschichten, wie die von Isaak und Rebekka (1Mo 24) sind Einzelgeschichten von Personen, die eine besondere Stellung in Gottes Heilsgeschichte haben. Es wäre vermessen, ihnen allgemeingültigen und normativen Charakter zuzuschreiben.

Passende Werkzeuge im Materialpool:

- Spiel: »Ich packe meinen Koffer« (Rubrik: Einstiege, 6.4.1.5)
- Freundschafts-Checkliste (Rubrik: Vertiefungen, 6.4.6.2)
- Traumprinz /Traumprinzessin (Rubrik: Schriftliche Interaktion, 6.4.3.4)

Buchtipp:

Garry Friesen / J. Robin Maxson, Hilfe ich muss mich entscheiden. Jota Verlag, Hammerbrügge

3.2.4 Vorehelicher Geschlechtsverkehr / Geschlechtsverkehr außerhalb der Ehe

Bereits durch die positiv formulierte Grundordnung der Ehe in 1. Mose 2,24 ist deutlich geworden, dass Geschlechtsverkehr in die Ehe gehört: ohne Ausnahme. In 5. Mose 22,20-21 wird zusätzlich deutlich, dass auch das »Erste Mal« in die Ehe gehört.

Interessant sind in diesem Zusammenhang drei biblische Erzählungen, die diese Anweisungen untermauern. Zum einen die Geschichte von Jakob, Rahel und Lea (1Mo 29). Jakob arbeitet sieben Jahre im Haus Labans. Doch erst nach Ablauf dieser Frist kommt es in der Hochzeitswoche zum Geschlechtsverkehr – durch Labans Betrug allerdings mit Lea statt mit Rahel. Obwohl die Heirat von Jakob und Rahel feststand, lief vor der Hochzeit körperlich nichts.

Auch bei der Geschichte von Lot wird das Gleiche beschrieben. Als Lot Sodom verlässt, warnt er alle seine Familienangehörigen und auch seine Schwiegersöhne, die mit seinen Töchtern verlobt waren (1Mo 19,12.14). Kurz zuvor hatte Lot aber gegenüber den Männern der Stadt deutlich gemacht, dass seine Töchter noch Jungfrauen sind (V. 8).

Im Neuen Testament in der Geschichte von Maria und Josef sagt Maria dem Engel ausdrücklich, dass sie noch nie mit einem Mann geschlafen hat (Lk 1,34). Hier war sie bereits mit Josef verlobt.

Jede dieser Geschichten macht somit deutlich, dass Sex für die Beteiligten ausschließlich in die Ehe gehört. Im Gegensatz zur Geschichte von Rebekka und Isaak können wir diese Begebenheiten zur Bestätigung dieses Prinzips heranziehen, da die Bibel an anderen Stellen dazu eindeutige Aussagen macht. Wäre das nicht der Fall, dürfte man aus erzählenden Texten keine Lehraussagen ableiten, da man nicht belegen kann, ob uns vielleicht Sondersituationen oder kulturelle Gewohnheiten beschrieben werden.

Im Neuen Testament sucht man je nach Übersetzung recht lange nach Stellen, die sich ausdrücklich zu diesem Thema äußern. Am deutlichsten wird Paulus, wenn er schreibt: Wer Sex haben will, der soll heiraten (vgl. 1Kor 7,9). Ansonsten begegnet uns im NT neben dem Begriff für Ehebruch auch der Begriff *porneia* (gesprochen: porneija; vgl. Apg 15,20; 1Kor 6,18; Eph 5,3.5). Je nach Bibelübersetzung ist der Begriff mit »sexueller Sünde«, »sexueller Unmoral«, »Unzucht« oder »Hurerei« wiedergegeben. Durch diese teilweise sehr irreführenden oder unverständlichen Übersetzungen (Was ist eigentlich ein Hurer oder Unzüchtiger?) fühlen sich viele nicht angesprochen. Andere finden es diffamierend, als Hurer bezeichnet zu werden. Doch was bedeutet *porneia* wirklich? Markus Schäller schreibt dazu: »Untersucht man den Begriff, wie er in der ganzen Bibel und in der jüdischen und griechischen Literatur verwendet wird, dann wird klar: *Porneia* bezeichnet jede Form von Sexualverkehr, der nicht in einer legitimen Ehe stattfindet. Manchmal zeigt sich im Textzusammenhang genauer, welche sexuelle Sünde konkret gemeint ist.«[5]

»Jede Form von vor- oder außerehelicher Sexualität ist biblisch als *porneia* einzuordnen und deshalb kategorisch abzulehnen.«[6]

3.2.5 Ehestart durch Geschlechtsverkehr oder durch Übereinkunft?

Immer wieder wird die Frage aufgeworfen, wie eine Ehe beginnt. Manche argumentieren, dass man ab dem Zeitpunkt verheiratet sei, wo man miteinander ins Bett steigt. Andere sagen, dass man ab dem Zeitpunkt verheiratet sei, an dem man sich zu zweit darauf einigt. Wiederum andere sind der Meinung, dass es okay ist miteinander zu schlafen, wenn man heiraten will. Diese Sichtweisen wollen wir anhand der Bibel überprüfen:

Die erste These, dass man ab dem Zeitpunkt des Geschlechtsverkehrs auch verheiratet ist, wird im Alten Testament nur scheinbar bestätigt. Auf den ersten Blick gab es im Alten Testament nach dem Geschlechtsverkehr eine Verpflichtung zur Heirat. Zumindest in 5. Mose wird keine Ausnahme genannt (5Mo 22,28-29). Doch wenn man genauer hinsieht, erkennt man, dass diese Regelung vor allem dem Schutz der Frau diente. Zur damaligen Zeit brauchte eine Frau eine Familie. Ein Überleben als Single war quasi unmöglich. Die einzige Alternative bestand darin, lebenslang im Haus der Eltern oder Geschwister zu leben; denn eine Frau, die bereits mit einem Mann geschlafen hatte, wollte niemand mehr heiraten. Damit die Frau nicht in den sozialen Abgrund fiel, ordnete Gott die Heiratsverpflichtung an und bestimmte auch die Höhe des Brautgeldes, das normalerweise individuell verhandelt wurde. Das Miteinanderschlafen ersetzte somit nicht die Hochzeit, sondern hatte eine Heirat zur Folge. Um die Frau auch nach der Hochzeit zu beschützen, gab Gott zudem noch ein absolutes Scheidungsverbot. An diesen Verordnungen sieht man Gottes Liebe zu den Menschen trotz ihrer Sünde: Obwohl die Frau auch gegen Gottes Gebote verstoßen hatte (sofern es freiwillig war, was die Wortwahl in 2. Mose 22,15-16 nahe legt), kümmert sich Gott um ihr langfristiges Wohlergehen.

Von dieser Regel gibt es aber auch eine Ausnahme. Der Vater des Mädchens konnte sich weigern, seine Tochter diesem Mann zur Frau zu geben. Zur damaligen Zeit war dies eine schwerwiegende Entscheidung, da das Mädchen, somit wahrscheinlich niemals heiraten würde. Doch wenn der Vater der Meinung war, dass der Mann nichts tauge und er seine Tochter vor weiterem Übel bewahren wollte, war dies für das Mädchen vielleicht die bessere Alternative.[7]

Zur damaligen Zeit hatte die sexuelle Intimität also aus den genannten Gründen in der Regel eine Hochzeit zur Folge hat, war aber niemals gleichbedeutend mit einer Hochzeit.

Würde durch Geschlechtsverkehr eine Ehe begründet, wäre auch die

Reihenfolge der »Grundordnung der Ehe« aus 1. Mose 2,24 nicht mehr zu verstehen. Dort wird ja das hebräische Wort *dabaq* (anhängen/ankleben) gebraucht, das einen Bezug zur damaligen Rechtssprache hat und einen verbindlichen Vertrag bzw. Bund meint. Sonst wäre auch die Reihenfolge bei Paulus unsinnig. Er hätte dann nicht schreiben brauchen »*Wenn sie sich nicht enthalten können* (vom Sex), *dann sollen sie heiraten*« (1Kor 7,9). Stattdessen hätte er schreiben können: »Wenn sie sich nicht enthalten können, sollen sie ihrem Verlangen nachgeben und sind dadurch verheiratet.« Doch das steht eben nicht dort.

Als Schlussfolgerungen können wir daraus ziehen: Die Argumentation, dass die Ehe durch Geschlechtsverkehr beginnt, ist biblisch nicht belegbar. Die alttestamentliche Vorschrift, die dieses Argument scheinbar belegt, hatte die soziale Absicherung der Frau im Blick. Heute ist eine derartige Form der sozialen Absicherung nicht mehr nötig, da eine Frau, die bereits mit einem Mann geschlafen hat, noch einen Ehepartner finden oder auch als Single leben kann.

Nach dem ersten Geschlechtsverkehr in einer Freundschaft bzw. nach der Verlobung kann man daher nicht mit dem Freund/in einfach weiter ins Bett steigen und argumentieren, man wäre ja vor Gott schon verheiratet. Ganz im Gegenteil: Es war beim ersten Mal Sünde und bei jeder Wiederholung ist es ebenfalls wieder Sünde.

Aus der Tatsache, dass Geschlechtsverkehr in der Bibel keine Ehe begründet und nur eine sozial bedingte Heiratsverpflichtung nach sich zieht, ergibt sich außerdem, dass man von Seiten der Gemeinde kein Pärchen, das miteinander geschlafen hat, mit (vermeintlich) biblischen Argumenten zur Hochzeit drängen sollte. Der Schritt zu einer (unauflöslichen) Ehe sollte gut überlegt und nicht das Resultat einer spontanen, unüberlegten Viertelstunde sein.

Nun bleibt die Frage offen, ob man sich nicht auch einfach darauf einigen kann, von nun an zusammenzugehören und damit vor Gott verheiratet zu sein. Wäre diese private Vereinbarung wirklich äquivalent zu dem geforderten »ankleben« aus 1. Mose 2,24? Wie wurde das »Ankleben« bzw. Heiraten zu biblischen Zeiten gesehen und umgesetzt?

Exkurs: Ehe im Alten- und Neuen Testament

Der Begriff »Ehe« wird im Alten Testament nicht verwendet. Wir haben in der Bibel auch an keiner Stelle eine zusammenhängende umfassende Schilderung, wie ein Ehestart aussehen soll. Wir finden jedoch Puzzelteile, die zusammengesetzt ein deutliches Bild ergeben.

Zur Konstitution einer Ehe gehörten im Volk Israel zur biblischen Zeit zwei Handlungen. Man könnte die erste Handlung als **Vertragsschluss** und die zweite als **Hochzeitsfeier** bezeichnen.

Vertragsschluss hört sich in unseren Ohren nüchtern und unromantisch an. Wahrscheinlich war es das damals auch oft. Dabei einigte sich der Mann mit dem Vater seiner zukünftigen Braut über die Heirat (oft werden dies sogar die Väter untereinander geregelt haben). Bei dieser Gelegenheit wurde unter anderem auch die Zahlung des Brautpreises bzw. Übergabe des Geschenkes vollzogen oder zumindest fest vereinbart. Bei diesem Vertrag waren im Regelfall Zeugen anwesend. Die Bibel spricht von der Zahlung eines Brautpreises unter anderem in 1. Mose 34,11-12; 1. Samuel 18,25; 2. Mose 22,15-16 und in 5. Mose 22,28-29. Ab diesem Augenblick galten Mann und Frau als einander zugehörig. Man bezeichnete es auch als Verlobung (Eheversprechen), jedoch war es zur damaligen Zeit weitaus bindender als heute. Die zukünftigen Eheleute wohnten weiterhin bei ihren Eltern und durften noch nicht miteinander schlafen. Einen Beleg dazu finden wir in Lukas 1, in dem Bericht über Maria und Josef. Maria war völlig überrascht, schwanger zu sein, weil sie noch nie mit einem Mann geschlafen hatte, obwohl sie mit Josef verlobt war. Auch der Bericht von Jakob in Haran in 1. Mose 29 bestätigt diese Reihenfolge. Nach dem Vertragsschluss mit Laban arbeitete Jakob sieben Jahre für ihn und bekam erst danach seine (falsche) Frau. In Vers 21 sagt er zu seinem Schwiegervater: *»Gib mir nun meine Frau! Denn meine Tage* [die sieben Jahre Arbeit] *sind erfüllt, dass ich zu ihr eingehe«* Dieser erste Teil der Eheschließung war somit vorrangig ein Rechtsakt (vergleiche dazu auch Rut 4).

Der zweite Teil der Eheschließung hatte vor allem öffentlichen Charakter: **die Hochzeitsfeier.** Zu Beginn der Feier holte der Mann seine Braut in ihrem elterlichen Haus ab und führte sie in sein eigenes. Man bezeichnet

die Hochzeitsfeier daher auch als Heimholung. Jesus greift diesen Brauch im Gleichnis von den zehn Brautbegleiterinnen in Matthäus 25 auf. Schon das Abholen der Braut wurde gefeiert. Braut und Bräutigam waren festlich gekleidet und geschmückt (Jes 61,10; Jer 2,32) und wurden von den Freunden des Bräutigams und der Braut zur eigentlichen Hochzeitsfeier begleitet. Auf einer solchen Hochzeitsfeier gab es im Regelfall ein Festmahl (1Mo 29,22; Ri 14,17) und guten Wein zu trinken, was dazu führen konnte, dass der Wein auch mal ausging (vgl. Joh 2). Erst nach Beginn dieser in der Regel siebentägigen Hochzeitsfeier, durften die Eheleute miteinander ins Bett (1Mo 29,23.27).
Die Heimholung und Hochzeitsfeier war vor allem ein öffentlicher Akt. Spätestens danach war jedem Menschen in dieser Stadt klar, dass dieser Mann und diese Frau zusammengehören. Der öffentliche Charakter ist somit ein schützender Rahmen für die Ehe dieses Paares.

Im 21. Jahrhundert geht es nicht darum, die damaligen kulturellen Gewohnheiten unreflektiert zu kopieren. Wir können aber feststellen, dass eine Ehe in der Bibel immer sowohl einen *rechtlichen* als auch einen *öffentlichen* Charakter hatte. Eine private Einigung, dass man zusammengehört, stellt somit keine Eheschließung im biblischen Sinne dar, auch wenn sie heute gesellschaftlich akzeptiert wird.

Wenn wir in Deutschland nach vergleichbaren Alternativen suchen, kommen wir nicht um das Standesamt herum. Ohne Standesamt und Trauschein kann eine Ehe bei uns rechtlich nicht geschlossen werden. Durch den Eintrag ins Eheregister ist eine standesamtliche Trauung auch öffentlich (wenn man sich die Mühe machen will nachzuschauen). Eine kirchliche bzw. gemeindliche Trauung ist somit nicht zwingend erforderlich. Trotzdem sind eine gemeindliche Trauung und der bewusste Start einer Ehe unter dem Segen Gottes eine gute Einrichtung.

3.2.6 Sex in der Ehe

Gott äußert sich auch zum Thema *Sex in der Ehe*. Für die Teen- und Jugendarbeit ist dies auf den ersten Blick vielleicht nicht von Belang oder zweitrangig. Doch in unserer sexualisierten Gesellschaft ist es enorm wichtig, welche Meinung Gott zum Thema Sexualität im Allgemeinen und zu Geschlechtsverkehr im Besonderen hat. Gott ist nicht dagegen, sondern dafür – allerdings im Rahmen der Ehe. Dabei ist Sex in der Ehe kein notwendiges Übel, um Nachwuchs zu zeugen.[8] Für Gott ist er ein wichtiger und fester Bestandteil der Ehe. In 1. Korinther 7,1-5 werden verheirate Paare daher angewiesen, sich nicht einander zu entziehen. Jeder der Partner darf über den anderen verfügen.

In Epheser 5,25-33 wird deutlich, dass es um mehr geht, als nur um eine körperliche oder kopflastige Liebe, denn dort werden die Männer aufgefordert ihre Frauen zu lieben wie ihren eigenen Körper. Dabei wird vorausgesetzt, dass einem Mann der eigene Körper wichtig ist. In die gleiche Richtung zielt die Anweisung, dass der Mann bemüht sein soll, seiner Frau zu gefallen (1Kor 7,33). Darunter fällt auch die Sexualität. Allerdings geht es nicht nur um die Zeit im Bett, sondern um das gesamte Leben, das man miteinander teilt. Sex darf und soll von beiden Ehepartnern genossen werden; Ehepaare haben dabei eine weite Freiheit, um auf sexuelle Entdeckungsreise zu gehen.

Darum stellt Gott Sex unter einen besonderen Schutz. Aus einer einmal geschlossenen Ehe soll kein Partner ausbrechen und auch keine dritte Person darin eindringen (1Mo 20,14-17; Hebr 13,4).

Diese göttliche Position dürfen wir in der Jugendarbeit vermitteln. Nur bei der Negation stehen zu bleiben und Verbote aufzulisten, frustriert. Bei der Vermittlung geht es allerdings nicht darum, Details zu erzählen und die Fantasie anzuheizen, sondern Gottes gutes Gesamtkonzept darzustellen.

Passende Werkzeuge im Materialpool:

- Gegenstandslektion: »Edelstein oder Kondom« (Rubrik: Sonstige Einstiege, 6.4.1.2)

3.2.7 Ehebruch

Gott schützt die Einheit von Mann und Frau, indem er Ehebruch verbietet (2Mo 20,14.17). Das bedeutet, dass weder ein Partner aus einer bestehenden Ehe ausbrechen, noch eine dritte Person in eine Ehe eindringen darf – beides ist Ehebruch. Gott macht im Alten Testament außerdem deutlich, wie dumm es ist, fremd zu gehen. In Sprüche 6 heißt es: *»Kann man über Kohlenglut laufen und versengt sich nicht die Füße dabei? So geht es dem,* *der zur Frau eines anderen geht. Wer mit ihr schläft, der bleibt nicht ungestraft. ... Doch wer mit der Frau eines anderen Ehebruch treibt, muss den Verstand verloren haben. Nur wer sich selbst vernichten will, lässt sich auf so etwas ein«* (Spr 6,28-29.32; NeÜ).

Im Alten Testament unterscheidet Gott zwischen außerehelichem Geschlechtsverkehr zwischen Nichtverheirateten und zwischen Verlobten bzw. Verheirateten. Wenn zwei Ledige miteinander schliefen, dann sollten sie heiraten, und der Mann durfte seine Frau niemals entlassen (zu den Einschränkungen siehe »Ehestart durch Geschlechtsverkehr«). Sobald aber einer der Beteiligten verlobt oder verheiratet war, sollte dieses Vergehen durch Steinigung bestraft werden (5Mo 22,23-24). Die Unterschiedlichkeit in der Vorgehensweise ist ein Hinweis darauf, dass man vorehelichen Sex eines Paares und Ehebruch nicht auf eine Stufe stellen kann. Beides ist *porneia*, aber hat vor Gott, vor Menschen und in den Auswirkungen unterschiedliches Gewicht.

Diese Strafregelung zeigt, wie wichtig Gott die Treue in einer Ehe und das Halten des Eheversprechens sind. Denn ein Vertrag, der zwischen Menschen geschlossen ist (im biblischen Sprachgebrauch: ein Bund), gilt auch für Gott. Zur Verdeutlichung wie Gott einen solchen Vertragsbruch beurteilt, studiere man die Geschichten aus Josua 9 und 2. Samuel 21. Gott bestrafte das Volk Israel in 2. Samuel 21, weil es sich nicht an den Vertrag gehalten hatte, den Josua ein paar hundert Jahre vorher geschlossen hat, obwohl Gott eigentlich gegen diesen Bundesschluss gewesen war. Daraus resultiert, dass »weltliche« Verträge für Gott genauso Bestand haben wie direkte Verpflichtungen ihm gegenüber.

Bei der Ehe kommt zusätzlich noch eine weitere Komponente hinzu. Sowohl in Maleachi 2,15 als auch in Matthäus 19,6ff. steht, dass Gott selbst Mann und Frau zusammengefügt hat. Wir haben also auf der einen Seite die menschliche Entscheidung und Treueverpflichtung, die auch vor Gott gilt, und auf der anderen Seite ein Handeln Gottes. Die Spannung zwischen diesen beiden Aussagen können wir nicht auflösen. Beides ist richtig und besteht zu 100%. Beide Punkte wären schon für sich allein genommen ein ausreichender Beleg gegen Scheidung. Die Kombination aus beiden Aussagen hebt die Wichtigkeit noch hervor. Eine Auflösung bzw. Scheidung der Ehe widerspricht immer Gottes grundsätzlicher Absicht über eine Ehe. Weitere Ausführungen zu Fällen, in denen Gott im NT eine Scheidung doch erlaubt und wie Gottes Ausnahmegenehmigung aus dem AT (vgl. Mt 19,7-9) verstanden werden kann, würden den Rahmen dieses Buches sprengen.

In der Bergpredigt macht Jesus deutlich, dass eine Ehe nicht erst gebrochen wird, wenn man mit jemand anderem im Bett landet. Ehebruch beginnt bereits viel früher. Jesus sagt: *»Ich aber sage euch: Wer die Frau eines anderen begehrlich ansieht, hat in seinem Herzen schon Ehebruch mit ihr begangen«* (Mt 5,28; NeÜ).

3.2.8 Nacktheit / Scham / Petting

Als die Beziehung zwischen Adam und Eva noch intakt war, schämten sie sich nicht, obwohl sie nackt waren (1Mo 2,25). Doch mit dem Sündenfall zerbrach nicht nur die Beziehung zu Gott, sondern auch die Beziehung zwischen Adam und Eva: Sie begannen, sich zu schämen. Gesündigt hatten sie mit ihren Augen, der Hand und ihrem Mund. Aber sie schämten sich nicht der Köperteile, mit denen sie gesündigt hatten. Sie verhüllten nicht die Hände, sondern sie machten sich Schurze um ihre Hüften (1Mo 3,7.10.21). (Feigenblätter gehörten dabei mit zu den größten Blattsorten, die in Israel bekannt waren.) Ihre Scham voreinander und vor Gott ist auch Thema im Gespräch mit Gott. Doch Gott sagt ihnen nicht: »Macht die Schurze wieder runter und stellt euch nicht so an! Ich habe euch nackt geschaffen, und das war gut so.« Nein, vielmehr bestätigt Gott die Scham und macht ihnen Kleidung aus Fellen. Gott reagiert auf etwas, das die Menschen angerichtet haben.

Aber warum bestätigte Gott die Scham? Als Gott den Menschen schuf, »machte er ihn als eine leib-seelische Einheit lebendig. Weil nun Leib und Seele eine Einheit sind, ist Entblößung des Leibes auch Entblößung der Seele.«[9] Walter Mehl schreibt dazu: »Bei der Seele haben wir schon lange erkannt, dass es einen ›Intimbereich‹ gibt, den wir nicht gerne preisgeben. Die Mütter von Erstklässlern bekommen z.B. regelmäßig rote Ohren, wenn am ersten Elternabend die Lehrkräfte ein wenig von dem wiedergeben, was ihnen die Kleinen hemmungslos an Familieninterna erzählen. Im Gymnasium ist das kein Thema mehr. Bis dahin haben die Kinder den Unterschied gelernt.«[10] Scham ist das »Immunsystem der Seele«[11]. Durch die Sünde hatte der Mensch das Bedürfnis, seine Seele zu schützen. Deshalb sucht er sich zuerst eine provisorische Bekleidung und bekommt später eine dauerhafte Bekleidung von Gott geschenkt. Die Scham (und dazu gehört auch die Körperscham) will unsere »Intimsphäre« bewahren und vor Angriffen von außen schützen.

Damit ist keine Leibfeindlichkeit verbunden sondern das Gegenteil. Der Körper bekommt eine hohe Wertschätzung. Es ist nicht egal, was wir mit unserem Körper machen, da eine Einheit zwischen Seele und Körper besteht. Indem wir beginnen, unsere Nacktheit öffentlich preiszugeben, teilen wir den Mensch zwischen Leib und Seele auf. Eine Unterteilung zwischen Leib und Seele machten auch die Korinther, wenngleich mit anderen Auswüchsen. In Korinth wurde der Körper so missachtet und für unwichtig erklärt, dass sogar der Besuch von Prostituierten geduldet wurde. Paulus verdeutlicht die hohe Bedeutung des Körpers mit den Worten: *»Aber unser Körper ist nicht für die sexuelle Unmoral bestimmt, sondern für den Herrn ... Wisst ihr denn nicht, dass euer Körper ein Tempel des Heiligen Geistes ist, der in euch wohnt? ... Macht also Gott mit eurem Körper Ehre«* (1Kor 6 aus den Versen 13.19.20; NeÜ).

Die Scham, die aufgrund der Sünde in die Welt kam, blieb immer bestehen. An keiner Stelle wird uns berichtet, dass Adam und Eva irgendwann beschlossen hätten, wieder paradiesische Zustände einzuführen und die Felle im Kleiderschrank hängen zu lassen. Stattdessen finden wir nur wenige Kapitel weiter (1Mo 9) bei Noah und seinem Sohn Ham, wie schamloses Verhalten beurteilt wird. Den Kontrast zu Ham bilden in dieser Geschichte Sem und Jafet, die die Scham (Blöße) ihres Vaters achten, indem sie ihren nackten Vater (ohne hinzuschauen) wieder zudecken. Der Begriff der »aufgedeckten Blöße« kommt auch sonst häufig in der Bibel vor und wird in modernen Übersetzungen häufig mit »*Scham*« wiedergegeben. Zum einen gibt 2. Mose 20,26 die Anweisung, nicht auf Stufen zum Altar hinaufzusteigen bzw. keine hohen Altäre mit Stufen zu bauen, *»damit deine Nacktheit unter dem Gewand nicht zum Vorschein kommt«* (NeÜ).[12]

Zum anderen erscheint der Begriff in Gerichtsworten wie Hesekiel 16,36 oder Jesaja 47,3: *»Nackt sollst du sein und deine Scham sichtbar werden. Ich will Rache an dir nehmen ...«* (Neues Leben). Bis hin zur Offenbarung wird öffentliche Nacktheit immer im Zusammenhang mit Scham beschrieben. Im Sendschreiben an Laodizea heißt es: »(Kaufe) *weiße Kleider, damit du etwas anzuziehen hast und man die Schande deiner Nacktheit nicht sieht«* (Offb 3,18).

Im Alten Testament fällt zudem auf, dass die Formulierung *»Blöße aufdecken«* auch eine sexuelle Beziehung beschreiben kann (vgl. 3Mo 18). Der gesamte Befund macht deutlich, dass der nackte Körper einen Schutz braucht. Der Schutzrahmen der Ehe, den Gott uns gibt, umfasst deshalb nicht nur den Geschlechtsverkehr. Gott bestätigt in 1. Mose 3,21, dass der Genitalbereich sogar vor Blicken geschützt werden muss.

Die logische Konsequenz daraus ist, dass Berührungen im Genitalbereich des anderen Geschlechts außerhalb der Ehe ebenfalls nicht gottgewollt sind. Unsere Sexualität ist ein so kostbares Geschenk Gottes, dass wir nur im Rahmen einer Ehe einen andersgeschlechtlichen Menschen durch Berührungen und Blicke daran teilhaben lassen sollen. Gott möchte unsere intime Sexualität schützen. Darum verbergen wir unseren Körper vor den Blicken (und Berührungen) anderer Menschen. Wir können aus dem biblischen Befund folgende Faustregel für den heutigen zwischengeschlechtlichen Umgang ableiten[13]:

Alles, was auf der Vorderseite des Körpers von Badehose oder Bikini bedeckt ist, ist vor der Ehe für Blicke und Berührungen tabu.

Die Sichtweise, dass nur der Geschlechtsverkehr in die Ehe gehörte und alles andere erlaubt sei, ist eine Engführung, die dem Unverständnis von Gottes Idee von intimer Sexualität entspringt. Wenn Gott den Geschlechtsverkehr in einen Rahmen setzt, weil er nur in einer verbindlichen und vertrauensvollen Beziehung erlebt werden soll, gilt dies in gleicher Weise auch für Petting oder andere Sex-Varianten. Andreas Bochmann schreibt, dass in den »*USA Oralsex zu einem sehr weit verbreiteten Ersatz für Geschlechtsverkehr geworden ist. Weil Geschlechtsverkehr als unmoralisch verpönt ist, wird auf diese Variante sexueller Befriedigung zurückgegriffen.*«[14]

Es gilt also deutlich zu machen, dass dort, wo in der Bibel explizit von Geschlechtsverkehr gesprochen wird, letztendlich auch andere Formen von intimer Sexualität inbegriffen sind. Für einen Juden war diese Sichtweise selbstverständlich, da im Judentum eine andere Rechtsordnung galt. Das heißt, dass nicht alle möglichen Fälle im Gesetz geregelt sind, sondern nur *ein* Fall, der jedoch eine weite Bedeutung hat. In unserer heutigen Kultur ist uns diese Rechtsordnung fremd, und wir suchen zum Teil bewusst die juristischen Schlupflöcher.

Um zu verdeutlichen, wie unlogisch das Argument ist, dass Petting oder andere Sex-Varianten vor der Ehe erlaubt seien, möchten wir die Frage stellen, wie wohl eine verheiratete Person reagieren würde, fände sie den Partner nackt mit einem anderen Menschen beim Petting oder Oralsex vor. Kein Mensch würde sagen: »Macht nichts – war ja noch kein Geschlechtsverkehr.« Stattdessen würde Vertrauen zerbrechen, unabhängig davon, ob es auch zum Geschlechtsverkehr gekommen ist. Als außerbiblisches Zusatzargument kann auch die deutsche Rechtsprechung dienen: Sexueller Missbrauch entsteht nicht erst bei Geschlechtsverkehr. Die Liste der »sexuellen Handlungen«, die als erheblich angesehen werden, ist wesentlich länger.

Passende Werkzeuge im Materialpool:

- Rollenspiel: Nacktbaden (Rubrik: Spiele und Rollenspiele, 6.4.2.4)
- Rollenspiel: Konsequenzen und Vergebung (Rubrik: Spiele und Rollenspiele, 6.2.4.2)

Exurs: Kultur- und Umweltrelevanz von Scham

Heute wird teilweise selbst von Christen argumentiert, dass die (auf den eigenen Körper bezogene) Scham sich ausschließlich durch Umwelteinflüsse und vor allem durch Erziehung entwickelt. Dagegen spricht, dass Kinder unabhängig von der Einstellung ihrer Eltern sowohl eine Selbstscham (bezogen auf den eigenen Körper) als auch Fremdscham (bezogen auf den Körper bzw. die sexuelle Handlungen anderer) entwickeln. Auch Kinder von FKK-Fans wollen am Strand irgendwann lieber mit Badehose herumlaufen. Die Ausprägung des Schamgefühls und vor allem der Abbau von Schamgrenzen sind hingegen stark von Umwelteinflüssen und natürlich hier insbesondere von der Erziehung und dem Vorbild der Eltern und später der Gruppe Gleichaltriger abhängig. Dies spricht dafür, dass das Schamgefühl grundsätzlich als Veranlagung (von Gott) in uns drin steckt. Unser Umfeld und wir selbst entscheiden darüber, wie stark es ausgeprägt oder unterdrückt wird. Wie tief das Schamgefühl in uns verankert ist, zeigen auch die Zahlen unserer Umfrage. Der größte Teil der befragten Teens und Jugendlichen, die der Meinung sind, ein Christ dürfe eine gemischte Sauna oder einen FKK-Strand besuchen, handeln persönlich »enger«, als ihre theologische Überzeugung es zulässt, und würden selbst keine gemischte Sauna oder einen FKK-Strand besuchen. Zusätzlich gibt es viele Beispiele für das Vorhandensein von Scham in anderen Kulturen. Zum Beispiel erzählte ein Brasilianer auf einer Missionskonferenz von einer Reise verschiedener brasilianischer Missionare. Mit dabei war auch ein *Yanomami*-Indianer. Nach einer langen, heißen und staubigen Autofahrt kam die Truppe zu einem abgeschiedenen kleinen See. Einer aus der Truppe zog sich aus und sprang in den See. Andere folgten seinem Beispiel, schließlich waren nur Männer anwesend, und niemand sah ihnen zu. Der *Yanomami*-Indianer ging nicht ins Wasser und beschwerte sich anschließend über die Schamlosigkeit seiner Kollegen. Nacktheit war für ihn ein Tabu, obwohl die traditionelle Bekleidung der *Yanomami*-Männer nur aus einer Schnur besteht, mit der sie ihren Penis hochbinden. Ohne diese Schnur fühlte er sich jedoch nackt und schämte sich. Mit weniger als dieser Schnur anderen Menschen zu begegnen, war für ihn undenkbar.

Egal wie unterschiedlich die Kulturen sind: Körperscham gibt es in jeder Kultur, weil sie untrennbar mit unserem sündigen Menschsein zusammenhängt.

Exkurs: Nacktheit im medizinischen Bereich

Von der Regelung, dass die zwischengeschlechtliche Nacktheit in die Ehe gehört, nennt die Bibel keine Ausnahmen. Streng genommen betrifft dies somit auch die Nacktheit beim Arzt oder in der Pflege. Betroffen kann man sowohl als Patient sein, wenn andere einen nackt sehen, oder als Arzt bzw. Angehöriger von Pflegeberufen, wo man teilweise Personen des anderen Geschlechts nackt sehen und behandeln muss. Wir sind der Auffassung, dass dies keine Sünde ist. (Das medizinische Personal hat jedoch auf die Schamgrenzen der Patienten zu achten.)

Die von Gott gegebene Scham will uns schützen und zeigen, dass unsere Sexualität ein wertvolles Geschenk von Gott ist. Das Schamgefühl will uns verdeutlichen, dass wir intime Sexualität nur im Schutzraum der Ehe erleben sollen. Notwendige Arztbesuche oder die Ausübung eines medizinischen Berufes stehen nicht im Widerspruch zu den Zielen der gottgewollten Scham. Das Kriterium bei dieser Ausnahme ist die *Notwendigkeit*. Dies ist zu unterscheiden von dem häufig genannten Kriterium der *Nützlichkeit* (wie zum Beispiel »Ein Gang in die Sauna ist doch gesund«), die meistens egozentriert ist.

3.2.9 Augen und Lust

Die Bewunderung der Schönheit des weiblichen Körpers ist ein normaler Vorgang für Männer. Dass die zwischengeschlechtliche Anziehungskraft bei Männern in besonderem Maß über die Augen geht, ist eine gute Erfindung Gottes. Doch wir können diese Erfindung auch missbrauchen. Wie bereits beschrieben, ist jede Form von Sexualkontakten außerhalb einer Ehe Sünde (*porneia*). In Matthäus 5,28 macht Jesus deutlich, dass Unmoral und Ehebruch im Kopf beginnen. Besser gesagt, bei der Verbindung von dem, was ich sehe und dabei denke. Hier liegt der Unterschied zwischen einer gesunden Erotik und sündigen Gedanken: Wenn ein junger Mann einer Frau begegnet und von ihrer Schönheit begeistert ist, ist das gut und liegt an Gottes Schöpfung, aber nicht an der Sünde. Wenn er die Frau dabei in Gedanken auszieht, kommt die Sünde ins Spiel. Das Problem ist nicht neu. Selbst einer der gottesfürchtigsten Menschen, Hiob, wusste, dass ein Mann gerne hinter Frauen herschaut. Ansonsten hätte er sich nicht bewusst vornehmen müssen, es nicht zu tun: *»Einen Bund habe ich mit meinen Augen geschlossen«* (Hi 31,1). David hatte keinen »Vertrag« mit seinen Augen gemacht. Als er vom Dach seines Hauses Batseba sah (vgl. 2Sam 11), bekam er Stielaugen.

Die Verse aus Jakobus 1,14-15 geben uns ein gutes Raster, um das Verhalten von David zu verstehen. Als er den ersten Blick auf Batseba warf, wurde David von seiner Begierde und Lust gelockt. David hatte zwei Möglichkeiten: wegschauen und weitergehen oder gaffen. Er entschied sich für das Hinsehen, für einen zweiten und diesmal dauerhaften Blick. Seine Begierde nach nackter Haut hatte empfangen, was sie wollte, und brachte nun die Sünde hervor. Es war nicht erst Sünde, dass er Batseba in sein Haus holte und schwängerte – es war schon Sünde, dass er diese Tat aufgrund dessen, was er sah, in seinen Gedanken zuließ. Danach wurden die Gedanken umgesetzt, und eine Sünde folgte auf die andere. Die Bilder, die wir mit unseren Augen sehen, prägen die Fantasien und Träume in unseren Köpfen. Beides zusammen führt dann irgendwann auch zu konkreten Taten. Die Methode Hiobs ist somit die beste Möglichkeit, sich selbst zu schützen. Es geht dabei um nichts anderes als um Selbstbeherrschung und um den Entschluss, nicht sündigen zu wollen. Genau wie David können wir uns nicht davor schützen, Bilder zu sehen, die unsere Fantasie anregen. Doch wir können entscheiden, wie wir damit umgehen.

Josef und Frau Potiphar (vgl. 1Mo 39) belegen, dass ein Mann auch seinen Geist und Körper beherrschen kann. Joseph setzt die Aufforderung, die

Paulus etwa 1700 Jahre später gibt, konsequent um »*Flieht vor den sexuellen Sünden!*« (1Kor 6,18a; NeÜ). In dem sehr persönlichen Schreiben von Paulus an Timotheus erfolgt eine ähnlich Warnung »*Hüte dich vor den Leidenschaften, die besonders junge Menschen in Gefahr bringen.*« (2Tim 2,22; NeÜ).

Doch bei alledem geht es nicht nur um ausgeübte Sünden. Wie am Anfang dieses Abschnittes beschrieben, macht Jesus in Matthäus 5,28 deutlich, dass Sünde bereits im Kopf und im Herzen beginnt. Es gilt also, auch seine Gedankenwelt zu schützen und zu bewahren. Ich kann meine Gedanken bewahren, indem ich bewusst steuere, welche Impulse ich in meinen Kopf lassen will. Konkret gesagt: Welche Bilder will ich im Fernsehen ansehen, bevor ich umschalte; bei welchen Witzen will ich lachen und noch mehr davon hören und vieles andere mehr.

An dieser bewussten Entscheidung scheitern wir oft. Man(n) kann letztendlich nicht komplett steuern, welche Impulse im Kopf landen. Es gibt jedoch ein Menge von Entscheidungen, die getroffen werden können: Die wenigsten Christen würden zum Beispiel bei einem VHS-Kurs für Aktmalerei mitmachen oder zwei Personen zuschauen, die in einem Auto Sex miteinander haben. Im Fernsehen (z.B. im Film *Titanic*) und anderen Medien halten wir das Gleiche jedoch für relativ harmlos. Natürlich besteht ein Unterschied zwischen *live* und Fernsehen. Für unsere Seele macht es einen Unterschied, ob wir bei einem Autounfall dabei sind und einen Toten sehen oder nur den Bericht im Fernsehen verfolgen. Auch wenn die »Live-Wirkung« weitaus größer ist, bewirken auch die Fernsehbilder etwas mit uns. Langsamer und unbewusster, aber sie wirken. Randy Alcorn schreibt dazu: »*Wenn ich ein sexuell aufreizendes Bild sehe, schließe ich meine Augen oder drehe den Kopf in die andere Richtung und stelle mir vor, dass dieses Bild als Angelhaken am Ende einer Schnur hängt und dass es mir, wenn ich nur einen Augenblick zögere, die Zunge durchbohren wird, womit der Angler mich hat. Aber das Bild ist so schön … Stimmt genau; wie sonst sollte der Feind uns an den Haken bekommen? Versuchungen sehen immer schön aus, sonst wären es keine.*«[15]

Martin Luther hat einmal gesagt: Wir können nicht verhindern, dass Vögel über unseren Köpfen kreisen, aber wir können verhindern, dass sie auf unseren Köpfen Nester bauen. Salomo bringt es auf den Punkt, wenn er sagt: »*Mehr als alles, was man sonst bewahrt, behüte dein Herz! Denn in ihm entspringt die Quelle des Lebens*« (Spr 4,23; siehe auch Spr 25,28). Übertragen auf unsere heutige Zeit könnten wir den Vers folgendermaßen übersetzen: »Beschütze deine innere Schaltzentrale (Gefühle, Gedanken und Entscheidungen) mehr als alles andere, denn sie beeinflusst dein ganzes Leben.«

Exkurs: Pornografie

In den großen Zusammenhang von Augen und Lust gehört auch das Thema Pornografie. Wenn Paulus in 1. Korinther 6,18 sagt: »Flieht die *porneia*!«, dann gehört dazu auch der Bereich der Pornografie, denn was beinhaltet sie anderes als bildlich und filmisch dargestellte *porneia*? In unserer Umfrage wird deutlich, dass etliche Jugendliche Bilder und Filme verwenden, um in die richtige Stimmung zur Selbstbefriedigung zu kommen. In diesem Augenblick wird Pornografie also benutzt, um in Gedanken Geschlechtsverkehr zu haben. Pornografische Darstellungen bilden einen Bereich ab, der nach der Bibel seinen Platz in dem Schutzrahmen der Ehe hat. Nacktheit und Geschlechtsverkehr gehören ausschließlich in die eheliche Beziehung zwischen einem Mann und einer Frau. Pornografie spielt sich außerhalb dieses Rahmens ab; und degradiert außerdem das Gegenüber zu einem Objekt. Es geht nicht um eine gleichwertige Beziehung zwischen einem Mann und einer Frau, die beide nach dem Bild Gottes geschaffen wurden. Stattdessen steht die eigene Lustbefriedigung im Vordergrund, die von der Liebe losgelöst ist.

Die Auswirkungen, die ein früher und dauerhafter Pornografiekonsum auf Kinder und Jugendliche hat, sind dabei sicherlich noch nicht vollkommen abzusehen. Erste Anzeichen dafür sind aber schon in unserer Gesellschaft vorhanden. Da spielen Kinder im Kindergarten Vergewaltigungen nach, die sie aus den Pornofilmen der Eltern kennen; die Anzahl von sexuellen Übergriffen unter Kindern nimmt zu. Teenager definieren sich nur noch über die Anzahl der Geschlechtspartner. Junge Mädchen träumen von »Gang-Bang«. Jugendliche im Alter von 16-17 Jahren werden immer häufiger in Bordellen gesehen, um dort die Praktiken aus Pornofilmen nachzumachen. Viele Ehen von jungen Erwachsenen gehen in die Brüche, weil durch den Pornokonsum eine unrealistische Sexualerwartung geschürt wurde. Keine Bindungsfähigkeit ist vorhanden. Noch nie im Leben wurde Verzicht gelernt. Diese extremen Auswirkungen sind den meisten christlichen Gemeinden (noch) fremd und betreffen zurzeit vorrangig die sogenannte »Unterschicht«. Sie können sich jedoch in 10 bis 15 Jahren sehr leicht auch in Gemeinden wiederfinden, die heute noch gar nichts davon ahnen. Denn ein starker Pornografiekonsum hat längst in die Kinder- und Jugendzimmer von christlichen Familien Einzug gehalten. Das, was dort gesehen wird, hat Auswirkungen auf das ganze Leben. Schon jetzt besteht die Gefahr, dass Teenager und Jugendliche durch Pornografie an der Entfaltung einer gesunden Erotik gehindert werden. Die Folge ist, dass auch schon jetzt bei vielen Christen Beziehungsprobleme bis hin zur Beziehungsunfähigkeit als Auswirkung von Pornografiekonsum erkennbar werden.

Passende Werkzeuge im Materialpool:

- Versuchungsspiel (Rubrik: Erlebnisorientierte Ansätze; 6.3.7)
- Tagesprogramm zur Frustrationstoleranz (Rubrik: Erlebnisorientierte Ansätze)
- Rechenschaftsprogramm »X3Watch« (Rubrik: Internetseiten; 6.5.3)

Siehe auch den Artikel »Praktische Schritte für den Umgang mit Pornografie« unter 7.6.

Buch und Lesetipps:

- *Deutschlands sexuelle Tragödie* – Wenn Kinder nicht mehr lernen was Liebe ist; Bernd Siggelkow und Wolfgang Büscher, Gerth Medien.
- Stern-Artikel unter dem Titel »Voll Porno« aus der Ausgabe 6/2007 unter http://www.stern.de/politik/deutschland/:Sexuelle-Verwahrlosung-Voll-Porno!/581936.html

3.2.10 Selbstbefriedigung

In der Bibel gibt es keinen Vers und keinen Text zur Selbstbefriedigung. Früher wurde oft die Geschichte von Onan (1Mo 38,9) aufgeführt, doch Onan bricht den Geschlechtsverkehr ab, um keine Nachkommen zu zeugen und praktiziert keine Selbstbefriedigung. Die Bibel schweigt somit zum Thema Selbstbefriedigung, und was Gott nicht Sünde nennt, wollen wir daher auch nicht als Sünde bezeichnen. Wenn Kinder und Jugendliche ihre Geschlechtlichkeit entdecken und sich dabei selbst befriedigen, ist das erst einmal nicht bedenklich.

Doch unsere Seele und unser Körper bilden eine Einheit. Häufig bleibt es nicht beim Entdecken der eigenen Sexualität, sondern es entstehen Bilder im Kopf. Unserer Umfrage zufolge denken 70% der Jungs und 34% der Mädchen, die Selbstbefriedigung praktizieren, dabei an Geschlechtsverkehr mit einer anderen Person. Es entwickelt sich ein Kopfkino, das nach der Aussage von Jesus in Matthäus 5 nichts anderes als Ehebruch ist. Ob Selbstbefriedigung Sünde ist, entscheidet sich also nicht an der Handlung, sondern an der Reinheit der Gedanken und der Fantasie. Weitere Ausführungen dazu befinden sich in den Kapiteln »Augen und Lust« (3.2.9) und »Selbstbefriedigung – Sex ohne Du« (7.5).

3.2.11 Umgang mit Personen des anderen Geschlechts

Unsere Umfrage ergab, dass sich die meisten Teens und Jugendlichen wünschen, dass das Thema »Umgang mit dem anderen Geschlecht« einmal im Teen- oder Jugendkreis angesprochen wird. Die Antwort auf die Frage, wie dieser Umgang aussehen sollte, ist einfach: mit Respekt und Liebe.

Jesus formuliert mit der »Goldenen Regel« in Matthäus 7,12 einen einfachen Maßstab. Behandle Personen des anderen Geschlechts genauso, wie du von ihnen behandelt werden möchtest. Dabei geht es um aktives Tun und nicht nur darum, etwas »Schlechtes« zu lassen. Die »Goldene Regel« ist positiv formuliert. Konkret heißt das, wenn du von Personen des anderen Geschlechts wertgeschätzt werden möchtest, dann zeige auch du ihnen deine Achtung. Wenn du als besondere Persönlichkeit behandelt werden willst, behandle auch die anderen nicht als Spielzeug, sondern als Ebenbilder Gottes.

Genau das Gegenteil davon findet man in »Statussymbol-Freundschaften« – Das sind Freundschaften, in denen es nicht um den Freund oder die Freundin geht, sondern nur darum, anderen den neusten »Fang« zu zeigen. Bei solchen Freundschaften geht es lediglich um einen selbst und darum, anderen zu imponieren und von ihnen anerkannt zu werden. Ein solches Verhalten ist nicht von Achtung und Respekt geprägt, erst recht ist es kein liebevolles Verhalten. Als Jesus nach dem höchsten Gebot gefragt wird, nennt er die Liebe zu Gott *und* die zum Nächsten. Mit *Liebe* ist dabei keine erotische oder sexuelle Beziehung gemeint. Vielmehr meint die Aufforderung *»Liebe deinen Nächsten«* (Mt 19,19b), dass wir den anderen respektieren und achten, dass wir für ihn da sein sollen, wenn er uns braucht – ihm helfen und ihn unterstützen. Das kann z.B. heißen, ihm Gutes zu wünschen und zu tun, genauso wie wir uns selbst Gutes tun. Konkret bedeutet das, dass der String-Tanga, mit dem ein Mädchen die Jungs anmacht und mit ihren Gefühlen spielt, genauso wenig zum Liebesgebot passt, wie Jungs, die Mädchen wie eine austauschbare Ware behandeln.

An einem liebevollen Verhalten, sollen Christen sogar erkannt werden (Joh 13,35). Wäre das nicht auch eine tolle Vision für eine Jugendgruppe: Nichtchristen sind von der liebevollen Art beeindruckt, mit der Jungs und Mädels miteinander umgehen, ohne dass es sich dabei um eine Anmache mit Hintergedanken handelt?

Einen Hinweis, wie man das schaffen kann, gibt Paulus seinem Freund Timotheus. Er rät ihm, jüngere Frauen wie Schwestern zu behandeln (1Tim 5,2). Eine Schwester behandelt man mit Respekt, man kann mit ihr viel Spaß und eine super Beziehung haben – ohne jegliche Hintergedanken. Genau so sollte sich Timotheus in der Gemeinde verhalten.

Wenn sich aus einer solchen Beziehung später dann doch eine intensivere Freundschaft zwischen einem Mann und einer Frau entwickelt, ist das in Ordnung, denn Gott hat schließlich die Anziehungskraft zwischen Frauen und Männern erfunden. An dem Verhalten gegenüber allen anderen Männern und Frauen ändert sich dadurch jedoch nichts.

Passende Werkzeuge im Materialpool:

- JUMP (Jungs und Mädchen parallel; 6.3.6)
- Knigge-Abend (Rubrik: Erlebnisorientierte Ansätze; 6.3.7)
- Respekt (Rubrik: Einstiege; 6.4.1)
- Typisch Jungs / Typisch Mädels (Rubrik: Schriftliche Interaktionen; 6.4.3)
- Freundschafts-Checkliste (Rubrik: Vertiefungen; 6.4.6)

3.2.12 Homosexualität

In 3. Mose 18,22 und 20,13 wird Homosexualität im Rahmen der Gesetzesbücher behandelt. Doch sie kommt nicht nur theoretisch in der Bibel vor, zweimal wird uns im Alten Testament davon berichtet: In 1. Mose 19,1-13 fordern die Männer Sodoms die Herausgabe zweier Engel, die Lot beherbergte. Sie riefen Lot zu: *»Führe die Männer zu uns heraus, damit wir sie erkennen!«*, d.h. mit ihnen schlafen (V. 5). Homosexuelle Praktiken waren somit eine der Sünden Sodoms, wofür Gott die Stadt vernichtete. Dass es sich dabei nicht nur um eine Gastrechtsverletzung[16] handelte, belegt Judas 7, wo es heißt: *»Ganz ähnlich war es bei Sodom und Gomorra und den umliegenden Städten: Ihre Bewohner gaben sich sexueller Zügellosigkeit hin und praktizierten widernatürliche Dinge. Zur Strafe für ihr Verhalten und als warnendes Beispiel für uns alle sind sie nun dem ewigen Feuer ausgeliefert«* (vgl. 2Petr 2,6). Die Geschichte aus Richter 19,11-30 ist sehr ähnlich. Auch hier wollten die Männer der Stadt einen Gast vergewaltigen. Da der Gastgeber seinen Gast beschützte, vergewaltigten die Männer stattdessen die Frau des Gastes, sodass die Frau am nächsten Morgen starb. Manche Homosexuelle argumentieren, dass in beiden Stellen homosexuelle Vergewaltigungsversuche beschrieben werden und keine liebevollen homosexuellen Praktiken. Eine solche Unterscheidung finden wir nicht in der Bibel. Sie sagt mit den oben aufgeführten Stellen, dass praktizierte Homosexualität als Gräuel und als eine von mehreren Folgen der Gottlosigkeit anzusehen ist. Auch im Neuen Testament wird praktizierte Homosexualität als Sünde bezeichnet. Paulus beschreibt in Römer 1,26-27 wie Menschen sich von Gott abwenden. Als Strafe dafür hat Gott sie *»dahingegeben«* (dreimal in Vers 24.26.28). Dadurch wurde der Mensch wirklich gottlos. Ausdrücklich werden sowohl lesbische als auch schwule Beziehungen als Folge der Abkehr von Gott genannt. Paulus macht am Beispiel der Homosexualität deutlich, dass die von Gott losgelöste Welt zu einer verdrehten Welt wird. Paulus redet dabei allgemein über die Menschheit. Wir können nicht daraus ableiten, dass homosexuelle Empfindungen eine individuelle Strafe für einen Menschen sind. Stattdessen sind sie das Ergebnis einer gottlosen Gesellschaft.

Auch in den anderen Briefen wird Homosexualität erwähnt. Verschiedene Bibelübersetzungen übersetzen in 1. Korinther 6,9 und ähnlichen Stellen die griechischen Begriffe *malakoi* und *arsenokoitai* mit Lustknaben und Knabenschänder. Beide Begriffe zusammen beschreiben die passive und aktive gleichgeschlechtliche (im biblischen Kontext zunächst männliche) Sexualpraxis. Die Übersetzung der NGÜ ist eindeutig zu verstehen: *»Muss ich euch daran erinnern, dass die, die Unrecht tun, keinen Anteil am Reich Gottes haben werden, dem Erbe, das Gott für uns bereithält? Macht euch nichts vor: Keiner, der ein unmoralisches Leben führt, Götzen anbetet, die Ehe bricht,* ***homosexuelle Beziehungen hat****, stiehlt, geldgierig ist, trinkt, Verleumdungen verbreitet oder andere beraubt, wird an Gottes Reich teilhaben«* (1Kor 6,9-10).

Wesentlicher als die direkten Verbote und negativen Erwähnungen ist jedoch, wie Gott sich Menschsein und Ehe vorgestellt hat. Wie bereits in den vorangegangenen Abschnitten beschrieben, schuf Gott den Menschen als Mann **und** Frau, die aufeinander bezogen (als Ergänzung) leben sollten. Diese Beziehung von Mann und Frau zieht sich durch die gesamte Heilige Schrift. Nirgendwo gibt es einen Hinweis darauf, dass gleichgeschlechtliche Partnerschaften einen ähnlichen Status besitzen würden. So äußert sich Jesus nie zum Thema Homosexualität, aber er redet immer über heterosexuelle Beziehungen, wenn er geschlechtliche Fragen anspricht. Hätte Paulus liebevolle gleichgeschlechtliche Partnerschaften für möglich gehalten, hätte er wohl kaum geschrieben: *»Um aber sexuelle Unmoral zu vermeiden, soll jeder Mann seine Ehefrau haben und jede Frau ihren Ehemann«* (1Kor 7,2). Wir können daher noch einmal festhalten, dass nach der Bibel der einzige Rahmen, in dem die Menschen ihre intime Sexualität ausleben sollen, die Beziehung zwischen einem Mann und einer Frau innerhalb einer Ehe ist.

Doch wie sollen wir mit Homosexuellen umgehen, die uns im Alltag begegnen? Die Bibel lehnt homosexuelle Praktiken als Sünde ab, doch Jesus ist für alle Sünder gestorben, weil Gott will, dass alle Menschen errettet werden. Dabei steht die Sünde der praktizierten Homosexualität auf einer Stufe mit »*Lügen verbreiten*« (vgl. 1Tim 1,8-11). Gottes Liebe und Vergebung betrifft den Lügner und den Homosexuellen in gleichem Maß. Allen Sündern gilt auch, was Jesus der Ehebrecherin in Johannes 8 sagt: »*Geh und sündige nicht wieder*!« Gott würde dem Lügner sagen, hör auf zu lügen, auch wenn du durch eine Lüge viel Geld gewinnst und die Lust auf Reichtum dich treibt. Er würde dem ledigen Heterosexuellen sagen, steig nicht mit einer Frau ins Bett, mit der du nicht verheiratet bist, auch wenn die Sehnsucht nach sexueller Lust sehr groß ist (s. 1Kor 7,2). Und genau das Gleiche würde Gott einem homosexuell Empfindenden sagen. Gott mutet ihm Enthaltsamkeit in seiner Sehnsucht nach einem gleichgeschlechtlichen Partner zu. Es geht in erster Instanz um das Nicht-Tun von Sünde. Von daher ist es wichtig, zwischen homosexuell Empfindenden und praktizierenden Homosexuellen zu unterscheiden, genauso wie es wichtig ist zu unterscheiden, ob ein verheirateter Mann einer jungen Frau »nur« hinterherschaut oder mit ihr schläft.[17]

In der seelsorgerlichen Begleitung von Homosexuellen sollte der Schwerpunkt nicht nur auf der Vermeidung von Empfindungen und Handlungen liegen, sondern man sollte dem Betroffenen helfen, seine von Gott geschaffene Identität als Mann oder Frau anzunehmen. Häufig ist das ein langer Weg mit vielen Stolpersteinen, die man aus der Vergangenheit mit sich rumschleppt und die mit Gottes Hilfe nach und nach beiseite geräumt werden können. Hier ist qualifizierte Seelsorge notwendig, denn was durch Beziehungen im Leben eines Menschen kaputtgegangen ist, kann auch nur durch Beziehungen wieder geheilt werden.

Weitere Infos im Artikel: »Umgang mit homosexuell Empfindenden in Jugend und Gemeinde« (siehe 7.7).

Buchtipp:

- »Sex Beziehungsweise Ehe« von Markus Schäller, Jota Verlag, Hammerbrücke (Schäller geht auf den Seiten 153-160 näher auf die Begriffe *malakoi* und *arsenokoitai* ein.

Downloadtipp:

- »Homosexualität im Spannungsfeld von Gesellschaft und Gemeinde« eine Stellungnahme der Bundesleitung des Bundes freier evangelischer Gemeinden von April 2004 auf *www.feg.de*

3.2.13 Vergebung

Sexuelle Sünden haben die Besonderheit, dass sie auch unseren Körper betreffen. Paulus sagt in 1. Korinther 6,18: *»Lasst euch unter keinen Umständen zu sexueller Unmoral verleiten! Was immer ein Mensch für Sünden begehen mag – bei keiner Sünde versündigt er sich so unmittelbar an seinem eigenen Körper wie bei sexueller Unmoral«* (NGÜ). Diese Besonderheit von sexuellen Sünden hat eventuell biologische und meistens auch tiefergreifende seelische Konsequenzen. Ob Gott darüber hinaus zwischen der Wertigkeit von verschiedenen Sünden unterscheidet, ist bei der Frage nach Vergebung nicht relevant. (Die einzige Sünde, die von der Vergebung ausgeschlossen wurde, ist die Sünde gegen den Heiligen Geist.)

In allen biblischen Lasterkatalogen (Aufzählungen von verschiedenen Sünden) sehen wir *porneia* (Unzucht) ohne besondere Wertung neben anderen Sünden stehen. Für Gott besteht also in erster Instanz kein Unterschied zwischen habgierigen Menschen, die ihr Auto in Schwarzarbeit reparieren lassen, und Personen, die sexuelle Sünden tun. Alle brauchen Vergebung. Dieser Vergleich soll sexuelle Sünden nicht verharmlosen, denn es gibt keine harmlosen oder kleinen Sünden. Jesus ist nicht für ein bisschen Sünde am Kreuz gestorben und auch nicht für etwas Harmloses. Jesus Christus starb, weil Sünde uns von Gott trennt. Doch durch sein Sterben kann Sünde nun vergeben werden: Sünden wie Lügen, Verleumdung, Habgier und sexuelle Sünden. Voraussetzung dafür ist unsere Umkehr (s. Apg 3,19), weg von unserer Sünde und hin zu Jesus. 1. Johannes 1,9 und Sprüche 28,13 geben dazu die Anleitung: Es geht nicht, Sünde im Verborgenen zu lassen. Wenn sie nicht verheimlicht, sondern bekannt wird, kann Gott vergeben und Barmherzigkeit schenken.

Gott vergibt alle Sünden (s. Ps 103,3; Jes 1,18; Mi 7,19; Apg 3,19; 1Jo 1,9! Weil er vergibt, ist ein Neuanfang möglich – ein Neustart, bei dem Jesus uns sagt: »*Sündige von nun an nicht mehr*!« (Joh 8,31b; siehe auch 1Kor 6,9-11; 2Kor 5,17). Das ist ein Neustart, der durch Jesus Christus und die Kraft des Heiligen Geistes möglich wird. Wenn Leute in Gemeinden Fehler machen, dann sind sie häufig auf lange Zeit »unten durch«, auch wenn es ihnen leid tut. Nach »Barmherzigkeit«, sucht man häufig vergebens. Mitarbeit in der Gemeinde? – Nein danke! Doch Gott ist da ganz anders: Jesus übergab Petrus eine besondere Aufgabe, obwohl der ihn mehrmals verleugnet hatte. David durfte trotz seines Ehebruchs mit Batseba und des Mordes an Uria weiterleben und sogar weiter als König regieren. Und heute? Geben wir Menschen, die gesündigt haben eine weitere Chance? Die Voraussetzung dafür ist natürlich echte Buße und das Unterlassen der Sünde. Eine weitere Voraussetzung ist auch, dass man sein Versagen bekennt und es nicht verschweigt, damit nicht nach außen der Eindruck entsteht, dass Sünde toleriert wird. Wie dies konkret aussehen kann, muss im Einzelfall individuell geklärt werden. Viel wichtiger ist jedoch, dass alle Menschen erfahren, dass unser Gott Sünde vergibt und einen Neuanfang ermöglicht.

4. Die Lebenswelt der Teenager und Jugendlichen

Zielsetzung der Umfrage

Wie denken christliche Teenager und Jugendliche über Sexualität, und wie leben sie ihre Sexualität? Wir wollten es genau wissen und führten von Dezember 2008 bis April 2009 eine Umfrage durch. Die Teilnahme war auf verschiedenen Wegen möglich: Zum einen wurden christliche Jugendgruppen (vorwiegend aus dem Bereich der Brüdergemeinden) mit der Bitte angeschrieben, die Umfrage im Teen- bzw. Jugendkreis durchzuführen. Daneben bestand die Möglichkeit, auch online an der Umfrage teilzunehmen. In verschiedenen evangelikalen Zeitschriften, E-Mail-Newslettern von christlichen Werken und in einem Bericht von Radio *CrossChannel.de* wurde auf die Umfrage hingewiesen.

Zwei Ziele standen uns bei der Erstellung und Auswertung der Umfrage vor Augen:

1. Wir wollten ein repräsentatives Ergebnis der evangelikalen Teen- und Jugendszene erhalten.

2. Wir wollten feststellen, ob sich christliche Jugendliche in der Einstellung und im Verhalten von ihren nichtchristlichen Freunden unterscheiden. Im säkularen Bereich existiert mit der Studie »Jugendsexualität 2006«, die als Wiederholungsbefragung alle vier Jahre im Auftrag der Bundeszentrale für gesundheitliche Aufklärung durchgeführt wird, ein großer Pool an Vergleichszahlen.

Teilweise vergleichen wir darüber hinaus, ob sich Einstellung und Verhalten innerhalb der letzten zehn Jahre verändert haben. In den Jahren 1999 und 2006 hat die Jugendzeitschrift *komm!* bereits zwei Umfragen unter christlichen Teenagern und Jugendlichen durchgeführt, die nicht ganz so umfangreich waren. In einigen Bereichen haben wir die Fragen gleich formuliert, um Entwicklungen feststellen zu können.

4.1 Überblick über den Teilnehmerkreis

An der Umfrage haben 1.279 Teenager, Jugendliche und junge Erwachsene zwischen 12 und 29 Jahren aus dem gesamten Bundesgebiet[18] teilgenommen. Davon waren 47,3% männlich und 52,7% weiblich. Das Durchschnittsalter der Befragten lag bei 19,14 Jahren. Von ihnen bezeichnen sich 95,3% als Christen; 0,9% haben ausgesagt, keine Christen zu sein; die restlichen 3,5% waren sich darüber nicht sicher. 95,8% der Teilnehmer gehören zu einer christlichen Jugendgruppe und/oder Gemeinde. Die unterschiedlichen Denominationen waren folgendermaßen vertreten:

Grafik 1.1: Gemeindezugehörigkeit

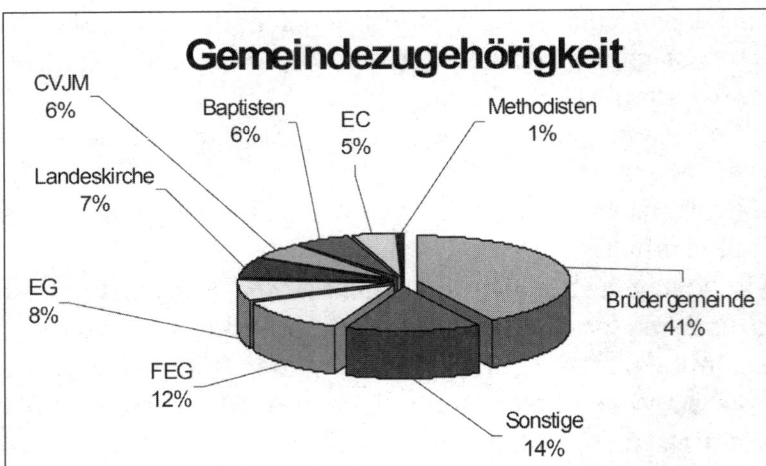

Auch wenn der größte Teil der Befragten aus Brüdergemeinden kommt, waren bei einem Vergleich der Ergebnisse zwischen den verschiedenen Gemeindearten keine signifikanten Unterschiede bezüglich Einstellung und Verhalten erkennbar. Zum selben Ergebnis kam bereits die *komm!*-Umfrage 2006. Auch dort waren die Unterschiede zwischen den Gemeinden nur minimal und folgten keinem einheitlichen Muster.

Um zu erfahren, wie intensiv der Glaube gelebt wird, wurde gefragt, welche Rolle Gemeinde und Bibel im Leben der Befragten spielen. Drei Viertel aller Befragten (74%) besuchen mehrmals pro Woche eine christliche Veranstaltung (Jugendkreis, Gottesdienst, Hauskreis). Weitere 18%

gehen einmal in der Woche zu einer christlichen Veranstaltung. 5% gehen 14-täglich oder einmal im Monat, während 2% seltener als einmal pro Monat gehen.

Bei der persönlichen Frömmigkeit, die sich auch im privaten Umgang mit der Bibel zeigt, äußerten 13%, dass sie zu Hause so gut wie nie in der Bibel lesen. Dennoch ist der Anteil derer, die viel (täglich oder alle zwei bis drei Tage) in der Bibel lesen, mit 65% sehr hoch. Rund 20% liest wöchentlich oder einmal im Monat privat in der Bibel. Im weiteren Verlauf der Umfrage ist auch untersucht worden, ob es Unterschiede zwischen Personen gibt, die häufig in der Bibel lesen, und Personen, die selten oder nie in der Bibel lesen.

Um später herausfinden zu können, ob sich die Einstellung und das Verhalten bei unterschiedlichen Lebenssituationen verändern, wurde auch nach aktuellen Beziehungen gefragt.

Grafik 1.2: Beziehungsstand

Hast oder hattest du mal eine/n Freund/in?

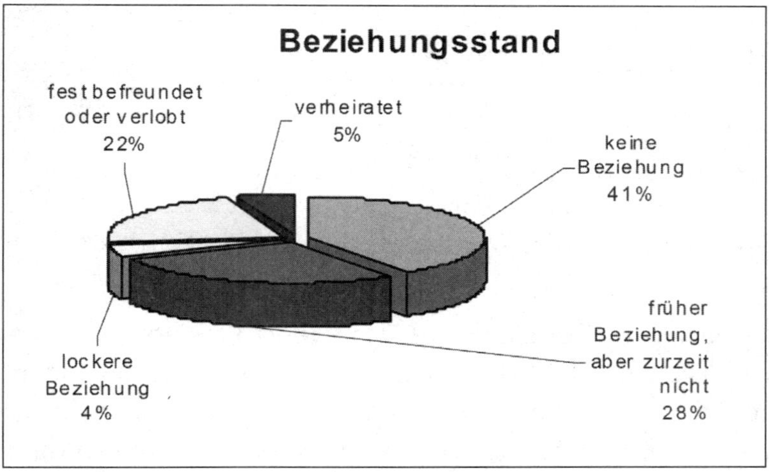

Zwischen Männern und Frauen gibt es bei der Verteilung zwischen den Beziehungsständen keine beachtenswerten Unterschiede.

4.2 Sexualität und Gemeinde

Hat Gott etwas mit meiner Sexualität zu tun? Wie denken Jugendliche über die Verbindung zwischen Gott und ihrem Leben? Um eine Verknüpfung zwischen dem Glauben und der eigenen Sexualität herstellen zu können, braucht man Informationen zum Thema »Christsein und Sexualität«. Wie erhalten junge Menschen diese Infos?

Tabelle 2.1: Informationsquellen für christliche Sexualethik

»Woher hast du Informationen über Gottes Gedanken zum Thema Sexualität?«
(Mehrfachnennung möglich / Sortiert nach Häufigkeit der Nennung)

	Durchschnitt	**Männlich**	**Weiblich**
Bibel	*85,1%*	83,6%	86,4%
Jugendkreis	*69,9%*	69,4%	70,5%
Gespräche	*59,4%*	55,2%	63,0%
Gottesdienst	*50,6%*	52,5%	48,9%
Freizeiten + Seminare	*50,2%*	50,3%	50,2%
Bücher	*49,4%*	44,6%	53,6%
Freunde	*49,3%*	47,2%	51,2%
Eltern	*49,2%*	50,4%	48,2%
Zeitschriften	*34,2%*	30,8%	37,3%
Internet	*22,5%*	29,4%	16,4%
Sonstiges	*2,7%*	3,3%	2,3%
(Basis: Alle Personen, die die Frage beantwortet haben; hier: 1.241 von 1.279.)			

Der hohe Stellenwert der Bibel lässt sich dadurch erklären, dass bei einigen der anderen Punkte die Bibel als Bezugsquelle (z.B. im Jugendkreis oder Gottesdienst) genannt wird. Er bezieht sich sicherlich nicht ausschließlich auf Entdeckungen beim individuellen Bibelstudium. Erschreckend gering ist jedoch der Anteil der Eltern (Platz 8). Noch nicht einmal jeder Zweite hat von den Eltern sexualethische Werte aus christlicher Perspektive vermittelt bekommen. Der hohe Wert von zwei Drittel aller Befragten, die im Jugendkreis Informationen bekommen haben, ist erfreulich. Doch trotzdem hat ein Drittel der Befragten im Jugendkreis nie erlebt, dass über Sexualität gesprochen wurde. Darüber hinaus sagen diese Zahlen weder etwas über die Quantität, noch über die Qualität der vermittelten Informationen aus. Es besagt nur, *dass* sexualethische Inhalte vermittelt wurden. Dabei werden bestimmte Themen scheinbar häufig ausgespart:

Tabelle 2.2: Vermittelte Inhalte im Teen- oder Jugendkreis

»Hast du in den letzten zwei Jahren etwas über folgende Themen in deinem Teen-/Jugendkreis gehört?« (Mehrfachnennungen möglich)

1. Sex vor / außerhalb der Ehe	73,5%
2. Gottes Rahmen für Sex	63,9%
3. Ehe zwischen Christen und Nichtchristen	46,8%
4. Ehebruch	45,8%
5. Umgang von Jungen und Mädchen miteinander	38,7%
6. Pornografie	33,7%
7. Homosexualität	30,3%
8. Selbstbefriedigung	29,5%
9. Kumpelfreundschaften	24,9%
10. Sexuelle Gewalt (sexueller Missbrauch)	10,3%
11. Verhütung	10,0%
12. Nacktheit	8,1%
13. Vergewaltigung	7,9%

Spitzenreiter sind auf den Plätzen eins bis vier die Themen, die mit Ehe zu tun haben. Doch wie können Jungen und Mädchen auch vor der Ehe miteinander umgehen? In zwei von drei Jugendgruppen wird darüber geschwiegen. Dementsprechend groß ist die Sehnsucht nach genau diesem Thema.

Tabelle 2.3: Gewünschte Inhalte im Teen- oder Jugendkreis

»Zu welchen Themen würdest du gerne mal etwas in deinem Teen- bzw. Jugendkreis hören?«
(Mehrfachnennungen möglich)

Thema	Durchschnitt	Männlich	Weiblich
Umgang von Jungen und Mädchen miteinander	*49,2%*	**50,8% 2. Platz**	**47,8% 1. Platz**
Selbstbefriedigung	*46,5%*	**53,5% 1. Platz**	**40,5% 3. Platz**
Verhütung	*39,6%*	**40,9% 3. Platz**	38,5%
Kumpelfreundschaften	*39,6%*	34,6%	**43,9% 2. Platz**
Ehe zwischen Christen und Nichtchristen	*37,4%*	36,0%	38,5%
Nacktheit	*33,4%*	39,0%	28,7%
Gottes Rahmen für Sex	*32,3%*	35,0%	29,9%
Pornografie	*28,6%*	36,8%	21,6%
Sex vor / außerhalb der Ehe	*26,3%*	30,9%	22,4%
Homosexualität	*25,9%*	25,0%	26,6%
Vergewaltigung	*24,3%*	20,7%	27,4%
Sexuelle Gewalt (sexueller Missbrauch)	*23,2%*	19,5%	26,2%
Ehebruch	*16,1%*	16,7%	15,6%
(Basis: Alle Personen, die die Frage beantwortet haben; hier: 1.110 von 1.279.)			

Das Thema der gewöhnlichen (asexuellen) Beziehungen (Umgang von Jungen und Mädchen miteinander, Kumpelfreundschaften) ist also von hohem Interesse; dicht gefolgt von einem Thema, über das sehr viel geschwiegen wird: Selbstbefriedigung. Wenn sich fast die Hälfte aller Jugendlichen wünscht, darüber zu hören und zu sprechen, sollte das Grund genug sein, das Schweigen zu brechen. Denn viele – vor allem männliche – Jugendliche glauben, dass sie mit diesem Problem allein sind, und kämpfen und mühen sich damit ab. Dabei ist es kein jungs-spezifisches Thema. Auch auf der Wunschliste der Mädchen steht es auf Platz 3. Vier von zehn Jungen würden auch gerne etwas über Pornografie erfahren, erwartungsgemäß ist der Anteil der Frauen bei diesem Thema wesentlich niedriger.

Überrascht hat uns die Erwartung der Teens und Jugendlichen, dass christliche Jugendarbeit auch über Verhütung sprechen soll. »Kondome schützen« heißt es in der Werbung – vor was sie aber nicht schützen, sagt niemand. Vielleicht wäre daher ein Abend dran, in dem man thematisiert, wie Gott uns vor seelischen Verletzungen schützen will, und warum Kondome dabei keine Lösung sind. (Siehe auch Gegenstandslektion »Edelstein und Kondom« im Materialbereich, 6.4.1.2.)

4.3 Aufklärung und Vertrauenspersonen

Sehr prägend für den Umgang mit der eigenen Sexualität ist die Aufklärung. Von wem werden christliche Jugendliche aufgeklärt? Von wem holen sie sich Informationen? Bei 83,4% aller Befragten sind die Eltern oder ein Elternteil auch Christen. Reden christliche Eltern mit ihren Kindern über Sexualität?

Tabelle 3.1: Personen der Erstaufklärung

(Von wem hast du die ersten Informationen über Zeugung/Empfängnis und den Zusammenhang mit deinem Körper bekommen?)
Es konnte nur eine Antwort gegeben werden. Antworten unter 1% werden nicht aufgeführt.

	Durchschnitt	Männlich	Weiblich
Mutter und Vater	*25,9%*	27,7%	24,2%
Vater	*2,6%*	4,3%	1,0%
Mutter	*18,6%*	11,0%	25,4%
Lehrer	*22,9%*	25,2%	20,7%
Freunde (allgemein)	*11,2%*	13,8%	9,0%
Bücher/Zeitschriften	*6,8%*	3,7%	9,6%
Sonstige	*5,2%*	7,3%	3,3%
ohne Angabe	*1,8%*	1,7%	1,9%
Fernsehen	*1,3%*	1,5%	1,2%
Beste/r Freund/in	*1,2%*	0,7%	1,6%
(Basis: Alle Teilnehmer der Umfrage.)			

Die Zahlen verdeutlichen, dass nur ca. jeder Zweite von den Eltern aufgeklärt wurde. Beinahe jeder Vierte bekam die Erstaufklärung in der Schule durch die Lehrer. Auch das Alter der Erstaufklärung ist interessant. Während das Durchschnittsalter der Erstaufklärung bei den heute 20- bis 29-Jährigen bei 9,7 Jahren bei den Frauen und 10,4 Jahren bei den Männer Jahren liegt – sofern sie sich noch daran erinnern können –, hat es sich bei den heute 12- bis 19-Jährigen auf 8,9 Jahre (Frauen) und 9,6 Jahre (Männer) um ca. 9 bis 10 Monate verjüngt.

Tabelle 3.2: Alter der Kinder bei der Erstaufklärung

Aktuelles Alter	Durchschnitt	Männlich	Weiblich
12-19 Jahre	9,2	9,6	8,9
20-29 Jahre	10,1	10,4	9,7
(Basis: Alle Teilnehmer der Umfrage.)			

Wenn Eltern ihre Kinder in jungen Jahren aufklären, können sie es selbst tun. Aber es gibt ein zu spät. Sobald die Kinder zur Schule gehen, findet eine starke Verschiebung statt: von den Eltern zu den Lehrern.

Grafik 3.1: Aufklärungsperson nach Alter der Kinder bei der Erstaufklärung

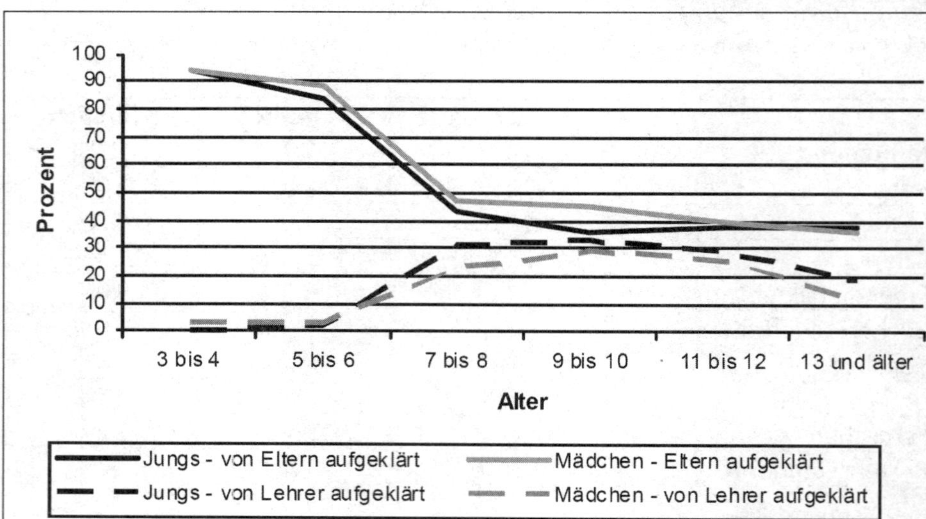

Passende Werkzeuge im Materialpool:

- Gegenstandslektion Vergebung (Rubrik: Sonstige Gestaltungselemente; 6.4.5)

Buchtipp:

Markus Schäller, *Sex, Beziehungsweise, Ehe*, Jota Verlag, Hammerbrücke

3.2.14 Hören und handeln

In der gesamten Bibel wird immer wieder deutlich, dass es nicht allein um das Hören auf Gottes Wort geht, sondern vor allem um das Tun. Hören und danach Handeln bilden immer eine Einheit. Abraham hörte und zog in ein anderes Land, Petrus hörte die Aufforderung, aus dem Boot zu steigen, und lief über das Wasser. Am Ende der Bergpredigt macht Jesus in Matthäus 7,24-29 deutlich, dass es sehr klug ist, wenn man das Gehörte in die Tat umsetzt; es ist klug und nicht nur fromm. Es ist für jeden Menschen das Beste, wenn er sich an Gottes Maßstäben orientiert – auch für Nichtchristen. Für Christen kommt der Beziehungsaspekt zu Jesus als zusätzliche Motivation hinzu, jedoch haben die Gebote auch einen Wert in sich. Es ist klug sie zu befolgen.

In Jakobus 1,22-25 wird deutlich, dass es einem Selbstbetrug gleicht, wenn wir nur hören, es aber im Alltag nicht umsetzen (siehe auch Hebr 4,2). Die Botschaft von Gott – und damit sind auch seine Gedanken über Sexualität gemeint – muss in unserem Leben sichtbar werden, sonst nützt sie nichts. Wenn wir wirklich an Gott und sein Wort glauben, hat das Auswirkungen. Glauben bedeutet nicht nur ein »Für-Wahr-Halten«, sondern ein bedingungsloses Vertrauen.

Passende Werkzeuge im Materialpool:

- Gegenstandslektion: Teebeutel (Rubrik: Sonstige Gestaltungselemente; 6.4.5)
- Verpflichtungserklärung (Rubrik: Vertiefungen; 6.4.6)
- Erinnerungsbrief (Rubrik: Vertiefungen; 6.4.6)

Gleichzeitig mit dem Eintritt ins Schulalter wächst auch der Einfluss der Freunde. Während bei den Personen, die vor der Schule aufgeklärt wurden, die Freunde so gut wie keinen Anteil an der Aufklärung hatten, haben sie bei den Jungen, die ab dem 7. Lebensjahr durch Freunde aufgeklärt wurden, einen Anteil von 13%-18%. Bei den Mädchen sind es 10-14%.

Tabelle 3.3a: Aufklärungspersonen nach Alter der Jungen bei der Erstaufklärung

männlich	Mutter und Vater	Mutter	Vater	Freunde (allg.)	Lehrer
3 bis 4 Jahre	71%	24%	0%	0%	0%
5 bis 6 Jahre	62%	16%	7%	4%	2%
7 bis 8 Jahre	25%	15%	2%	13%	31%
9 bis 10 Jahre	20%	11%	5%	15%	33%
11 bis 12 Jahre	28%	6%	4%	18%	29%
über 13 Jahre	21%	10%	8%	14%	19%
alle	**28%**	**11%**	**4%**	**14%**	**25%**
(Basis: Alle männlichen Personen, die diese Frage beantwortet haben; hier: 602 von 605.)					

Tabelle 3.3b: Aufklärungspersonen nach Alter der Mädchen bei der Erstaufklärung

weiblich	Mutter und Vater	Mutter	Vater	Freunde (all.)	Lehrer
3 bis 4 Jahre	59%	34%	0%	0%	3%
5 bis 6 Jahre	51%	36%	1%	3%	3%
7 bis 8 Jahre	23%	22%	1%	11%	23%
9 bis 10 Jahre	20%	24%	2%	10%	29%
11 bis 12 Jahre	15%	24%	1%	10%	26%
über 13 Jahre	16%	20%	0%	14%	12%
alle	**24%**	**25%**	**1%**	**9%**	**21%**
(Basis: Alle weiblichen Personen, die diese Frage beantwortet haben; hier: 670 von 674.)					

Es ist nicht so, dass der Teil der Eltern, der die Erstaufklärung verschlafen hat, die Vermittlung später nachholt. Der größte Teil der Aufklärung erfolgt bei diesen Kindern jedoch nicht durch die Eltern.

Tabelle 3.4: Am umfangreichsten an der Aufklärung beteiligt sind ...

»Wer von diesen Personen hat dich am umfangreichsten über deine Sexualität informiert?«
(Von wem hast du die meisten Informationen über Zeugung/Empfängnis und den Zusammenhang mit deinem Körper bekommen?/ Mehrfachantworten möglich)

Gesamt	**Durchschnitt**	**Männlich**	**Weiblich**
Mutter und Vater	*15,9%*	*20,1%*	*12,1%*
Mutter	*25,7%*	*13,0%*	***36,9%*** ***3. Platz***
Vater	*4,4%*	*7,8%*	*1,3%*
Großeltern	*0,5%*	*0,2%*	*0,7%*
Schwester	*3,5%*	*1,4%*	*5,4%*
Bruder	*2,5%*	*3,9%*	*1,2%*
Beste/r Freund/in	*11,3%*	*9,8%*	*12,6%*
Freunde (allgemein)	*25,8%*	***28,3%*** ***2. Platz***	*23,6%*
Lehrer	*43,0%*	***40,9%*** ***1. Platz***	***44,8%*** ***1. Platz***
Arzt	*2,9%*	*1,5%*	*4,2%*
Internet	*15,8%*	*23,2%*	*9,3%*
Bücher/Zeitschriften	*33,3%*	***25,0%*** ***3. Platz***	***40,7%*** ***2. Platz***
Beratungsstelle	*1,0%*	*0,8%*	*1,0%*
Sonstige	*4,3%*	*6,8%*	*2,1%*
(Basis: Alle Personen, die diese Frage beantwortet haben; hier:1.253 von 1.279.)			

Grafik 3.2: Am umfangreichsten an der Aufklärung beteiligt sind ...

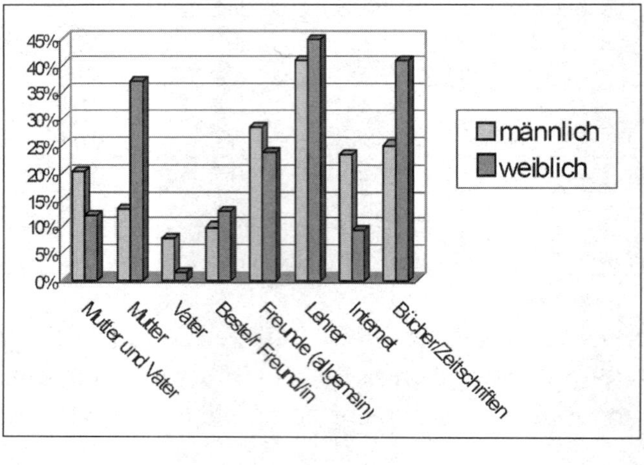

Die umfangreichste Aufklärung wird bei vielen Kindern außerhalb des familiären Rahmens durchgeführt. Addieren wir die Werte der Eltern, so geben 41-51% aller Kinder an, *auch* von ihren Eltern am umfangreichsten aufgeklärt worden zu sein. Doch ein Informationsmonopol besitzen selbst diese Eltern nicht. Die Lehrer haben bei der Vermittlung fast den gleichen Stellenwert wie die Eltern (41-45%). Darüber hinaus fällt der starke Aspekt von Büchern und Zeitschriften bei den Mädchen (40,7%) auf.

Beobachtet man die Entwicklung der einzelnen Ansprechpartner von der Erstaufklärung hin zu den Personen, die am umfangreichsten aufklärten, erkennt man einerseits eine Veränderung der Personenkreise, andererseits aber auch eine interessante Kontinuität.

Tabelle 3.5: Personen, die am umfangreichsten an der Aufklärung beteiligt sind, sortiert nach Personen der Erstaufklärung.

	Umfangreichste Aufklärung durch:										
Erstaufklärung durch:	**Mutter und Vater**	**Mutter**	**Vater**	**Schwester**	**Bruder**	**Beste/r Freund/in**	**Freunde (allg.)**	**Lehrer**	**Arzt**	**Internet**	**Bücher / Zeitschriften**
Mutter und Vater	**42%**	25%	7%	2%	3%	10%	18%	35%	2%	9%	22%
Mutter	7%	**68%**	0%	4%	2%	10%	16%	38%	2%	11%	35%
Vater	3%	0%	**58%**	3%	0%	6%	16%	19%	3%	19%	19%
Schwester	9%	27%	0%	**55%**	0%	0%	18%	36%	9%	9%	27%
Bruder	0%	14%	0%	0%	**86%**	0%	29%	0%	0%	0%	0%
Beste/r Freund/in	7%	7%	0%	7%	0%	*40%*	7%	**47%**	7%	13%	47%
Freunde (allg.)	3%	9%	2%	2%	1%	13%	**59%**	42%	3%	20%	34%
Lehrer	9%	13%	2%	3%	1%	10%	28%	**70%**	3%	21%	34%
Arzt	20%	20%	0%	0%	0%	20%	40%	0%	**60%**	0%	40%
Internet	0%	0%	0%	0%	0%	13%	0%	25%	0%	**63%**	25%
Bücher / Zeitschriften	2%	14%	0%	5%	0%	16%	21%	33%	2%	19%	**78%**

(Basis: Alle Personen, die diese Frage beantwortet haben; hier:1.253 von 1.279.)

Der jeweils höchste Wert ist markiert.

Teens und Jugendliche erhalten die umfangreichste Aufklärung zu einem großen Anteil dort, wo sie auch die erste Aufklärung erhielten. Durch ein breiter angelegtes Informationsangebot hat aber kein »Erstaufklärer« eine Monopolstellung – auch nicht die Eltern. Vielmehr informieren sich viele Kinder, die zwar von den Eltern aufgeklärt wurden, später auch bei Freunden, Lehrern, durch Bücher und Zeitschriften. Umgekehrt gilt das jedoch nicht: Wenn die Eltern bei der Erstaufklärung nicht aktiv wurden, werden sie später nur selten als Gesprächspartner angesehen bzw. stehen erst gar nicht als Gesprächspartner zur Verfügung.[19] Sehr interessant ist die Rolle der Väter. Sie spielen bei der Gesamtaufklärung nur dann eine Rolle, wenn sie auch die Erstaufklärung alleine gemacht haben. Haben die Eltern bei der Erstaufklärung das Gespräch gemeinsam geführt, sind entweder beide oder nur die Mutter Ansprechpartner.

Wie schon bei den vorangegangenen Fragen, haben Jungen und Mädchen auch die Informationen zu den Veränderungen in ihrem Körper bei Beginn der Pubertät von sehr unterschiedlichen Personen erhalten.

Tabelle 3.6: Ansprechpartner bei Eintritt in die Pubertät

»Wer hat dich zu Beginn deiner Pubertät über die Veränderungen in deinem Körper informiert?«
(z.B. erste Regel, erster nächtlicher Samenerguss / mehrere Antworten möglich)

	Durchschnitt	Männlich	Weiblich
Mutter und Vater	13%	19%	8%
Mutter	41%	10%	68%
Vater	4%	9%	0%
Beste/r Freund/in	6%	4%	8%
Freunde (allgemein)	11%	10%	12%
Lehrer	37%	39%	34%
Arzt	4%	3%	5%
Internet	5%	7%	3%
Bücher / Zeitschriften	20%	18%	23%
Keiner	12%	19%	6%
(Basis: Alle Personen, die diese Frage beantwortet haben; hier: 1.265 von 1.279.)			

Exkurs: Sexuelle Reife

Nach der Umfrage der Bundeszentrale für gesundheitliche Aufklärung[20] (BzgA) erleben 92% der Mädchen ihre erste Regelblutung im Alter von 11 bis 14 Jahren. Davon gaben 18% an, mit 11 Jahren und früher bereits menstruiert zu haben, und weitere 35% erlebten die erste Periode mit 12 Jahren. Vergleicht man diese Zahlen mit 1980 so waren beim Eintritt in die Menarche, der ersten Regelblutung, damals nur 8% der Mädchen elf Jahre alt (oder jünger) und 27% der Mädchen, im zwölften Lebensjahr. Noch drastischer fällt der Vergleich mit den Müttern der 1980 befragten Mädchen aus. Diese Mütter gaben nur zu 4% an, mit elf Jahren und zu 13% mit zwölf Jahren die erste Periode gehabt zu haben.

Der gleiche Trend ist bei den Jungen zu beobachten. Während 1980 69% der 14-jährigen Jungen angaben, den ersten Samenerguss bereits gehabt zu haben, sind es 25 Jahre später 83%. Auch der Anteil der Jungen, die vor ihrem 12. Geburtstag ihre erste Ejakulation hatten, vergrößert sich von 7 auf 16%.

Laut unserer Umfrage erfahren nur 38% der Jungen von ihren Eltern Unterstützung und Hilfe während dieser körperlichen Umbruchzeit. Während die Mädchen von ihren Müttern relativ gut auf die körperlichen Veränderungen in ihrem Körper vorbereitet werden, kommt von den Vätern überwiegend nur Schweigen. Das Resultat ist, dass die Jungen sich die Infos auf anderem Wege besorgen. Fast 40% geben an, dass sie Informationen von den Lehrern haben. 19% aller Jungen und 6% der Mädchen haben jedoch niemanden, der mit ihnen über ihre körperlichen Veränderungen spricht. Damit sind christliche Jungen schlechter beraten als ihre nichtchristlichen Klassenkameraden. In der schon erwähnten Umfrage der BzgA wurde gefragt: »Sind sie auf ihre erste Regelblutung bzw. ihren ersten Samenerguss vorbereitet worden?«[21] Dort antworteten nur 4% der Mädchen und 11% der Jungen, dass sie völlig unvorbereitet waren.

Auch zu anderen Themenbereichen, bei denen den Eltern das Reden besonders schwerfällt, müssen sich die Teenager ihre Informationen häufig selbst organisieren. Bei allen Befragten, deren Eltern (mindestens ein Elternteil) Christen sind, wurde über kritische Themen folgendermaßen zu Hause gesprochen:

Tabelle 3.7: Kritische Themenbereiche in der Vermittlung durch die Eltern

»Haben deine Eltern mit dir schon einmal über folgende Themenbereiche gesprochen?«
Mit »Ja« geantwortet haben:

	Durchschnitt	Männlich	Weiblich
Selbstbefriedigung	17%	25%	10%
Pornografie	38%	45%	32%
Homosexualität	49%	44%	53%
Sexuelle Gewalt	37%	28%	46%
Sex vor/außerhalb der Ehe	73%	70%	75%
(Basis: Alle Personen, deren Eltern Christen sind : 1.067 von 1.279.)			

Während immerhin noch viele christliche Eltern mit ihren Kindern schon einmal allgemein über Sex vor/außerhalb der Ehe gesprochen haben, hat nur eins von zehn Mädchen und einer von vier Jungen erlebt, dass die Eltern mit ihm über Selbstbefriedigung geredet haben.

Wenn die Eltern keine Christen sind, wurde über diese Themenbereiche noch weniger gesprochen. Weder bei den Jungen noch bei den Mädchen erreichen die Ja-Antworten bei diesen Fragen dann eine zweistellige Prozentzahl. Vielleicht liegt das darin begründet, dass aufgrund des unterschiedlichen Glaubens kein Vertrauensverhältnis zwischen den Eltern und Kinder vorhanden ist, indem solche Fragen angesprochen werden können.

Zusammenfassend müssen wir feststellen, dass viele Eltern mit ihren Kids, Teens und Jugendlichen nicht über Sexualität reden. Innerhalb der Elternhäuser, wo ein vertrauensvoller Rahmen für Gespräche über Sexualität bestehen könnte, wird häufig geschwiegen; und so hat ein großer Teil der christlichen Jugendlichen innerhalb seiner christlichen Familien keinen Ansprechpartner für das Thema Sexualität. Informationen beziehen die Jugendlichen überwiegend aus ihrem sonstigen Umfeld. Doch über das Thema Sexualität lässt sich nicht wertfrei kommunizieren. Die eigene Einstellung wird dabei immer durchscheinen. Christliche Werte werden von anderen wohl in den seltensten Fällen vermittelt. Über die Hälfte der christlichen Teenager und Jugendlichen wächst somit in einem »christlichen Wertevakuum« bezüglich ihrer Sexualität auf. Eigentlich ist die Familie der Ort, an den sowohl die Sexualaufklärung als auch die Vermittlung von Werten hingehören, damit mit der eigenen Sexualität gut umgegangen werden kann. Leider werden dieser Auftrag und die Chance, Kinder und Teens hier nachhaltig zu prägen, nur in beinahe jeder zweiten christlichen Familie wahrgenommen. An dieser Stelle nur an die Verantwortung von Gemeinden und Jugendgruppen zu appellieren, greift zu kurz. Vielmehr sollte die Frage aufgeworfen werden, wie christlichen Eltern geholfen werden kann, ihre Verantwortung in der Sexualerziehung ihrer Kinder rechtzeitig wahrzunehmen. Doch dieser Bereich kann nicht Gegenstand dieses Buches sein. Solange Teenager und Jugendliche auf der Suche nach Orientierung sind, weil ihnen überwiegend nur erzählt wird, wie Sexualität funktioniert – aber nicht, wie der Schöpfer sich Sexualität gedacht hat –, muss in der Jugendarbeit darüber geredet werden.

Eine besondere Chance haben hier vor allem Jugendmitarbeiter/innen, die nicht nur Mitarbeiter, sondern gleichzeitig auch Freunde der Jugendlichen sind. Denn Freunde spielen im Leben der Teens und Jugendlichen die größte Rolle.

Tabelle 3.8: Ansprechpartner bei persönlichen Fragen

»Mit wem redest du über persönliche Fragen im Bezug auf Sexualität?«

(z.B. Freund/Freundin, das erste Mal, Selbstbefriedigung ... / mehrere Antworten möglich)

	Durchschnitt	**Männlich**	**Weiblich**
Beste/r Freund/in	53,5%	46,5%	59,8%
Freunde (allgemein)	28,3%	28,7%	28,0%
mit Niemandem	20,0%	24,7%	15,8%
Mutter	12,2%	4,2%	19,4%
Jugendmitarbeiter	8,3%	11,4%	5,5%
Sonstige	8,2%	7,2%	9,0%
Schwester	8,1%	3,7%	12,0%
Mutter und Vater	7,8%	10,6%	5,3%
Seelsorger	5,5%	7,7%	3,6%
Bruder	2,7%	4,4%	1,2%
Arzt	1,8%	1,2%	2,4%
Vater	1,3%	2,7%	0,0%

(Basis: Alle Personen, die diese Frage beantwortet haben; hier: 1.261 von 1.279.)

Dass der Einfluss der Eltern im Zuge der Pubertät abnimmt, ist ein normaler Vorgang und Teil des Erwachsenwerdens. Die Stellung der Freunde war ebenfalls zu erwarten. Der hohe Anteil von Personen, die gar keine Ansprechpartner haben, bedeutet konkret, dass einer von fünf Jugendlichen in persönlichen Fragen keine Ermutigung und/oder Korrektur erfährt. Auch hier kann christliche Jugendarbeit wertvolle Hilfe leisten. Das Wichtigste, was man dabei beachten sollte, ist eine vertrauensvolle Beziehung. Gerade deshalb ist es gut, wenn Mitarbeiter und Mitarbeiterinnen aus der örtlichen Arbeit sich trauen, über Sexualität zu reden. Denn sie werden häufig als Freunde gesehen, und zu ihnen besteht in der Regel bereits ein Vertrauensverhältnis. Vertrauen ist den Jugendlichen dabei wesentlich wichtiger als Fachwissen, doch Vertrauen kann man nicht einfordern oder erzwingen – es muss wachsen. Der zweite wesentliche Faktor ist Ehrlichkeit. Bist du als Jugendmitarbeiter bereit, ehrlich zu sein? Bist du auch bereit, ehrlich von eigenem Versagen zu berichten? Ehrlich sein, dass es manchmal (oder oft) schwerfällt, als Single die Spannung zwischen dem eigenen Verlangen und Gottes guten Maßstäben auszuhalten? Wer ehrlich über sich selbst redet und in Vorleistung geht, zu dem fassen Jugendliche Vertrauen. Vertrauen ist die wichtigste Grundlage für ein Gespräch.

Tabelle 3.9: Qualifikation der Ansprechpartner

»Warum redest du gerade mit dieser Person/diesen Personen? Was zeichnet sie aus?« (Mehrere Antworten möglich)

	älter als ich	**genau-so alt wie ich**	**viel Wis-sen**	**Persönli-che Erfah-rung**	**Ver-trauen zu ihr**	**Ver-wandt-schaft**	**Ehrlich über eigenes Erleben**	**weiß es selber nicht**	**an-onym**
männl.	18,3%	22,0%	17,8%	30,7%	70,5%	9,2%	36,3%	9,1%	13,1%
weibl.	15,8%	27,1%	17,2%	29,9%	83,6%	8,7%	38,1%	5,1%	7,1%
alle	*17,0%*	*24,7%*	*17,5%*	*30,3%*	*77,4%*	*8,9%*	*37,2%*	*7,0%*	*9,9%*

(Basis: Alle Personen, die diese Frage beantwortet haben; hier: 1.219 von 1.279.)

4.4 Pornografie

Pornografie ist kein Thema, das erst durch die neuen Medien aufgekommen ist. Dennoch hat das Internet viel verändert. Noch nie war es so leicht, an pornografische Bilder zu gelangen wie heute. Gleichzeitig war es noch nie so schwer, sich vor pornografischen Bildern zu schützen – häufig sind sie nur noch einen Klick weit entfernt. Früher riskierte man beim Kauf eines Magazins im Zeitschriftenladen oder beim Besuch der Videothek, auf Bekannte zu treffen, die freundlich fragten: »Na, was hast du denn da?« Die Hemmschwelle und das Risiko, ertappt zu werden, sind heute durch die neuen Medien weitaus geringer. Im Durchschnitt sagten 95% der Jungen und 59% der Mädchen, dass sie schon mal pornografische Bilder gesehen haben.

Tabelle 4.1: Kenntnis von pornografischen Bildern

Hast du schon mal ein pornografisches Bild gesehen?

Alter des Befragten	**Männlich**	**Weiblich**
12-17 Jahre	91%	55%
18-23 Jahre	97%	63%
24-29 Jahre	98%	65%
Alle	95%	59%
(Basis: Alle Personen der jeweiligen Altersgruppe.)		

Im weiteren Verlauf des Kapitels »Pornografie« haben wir bei der Auswertung überwiegend nur die Personen beachtet, die bereits mit Pornografie in Kontakt gekommen sind.

Unbeabsichtigter Konsum

Nicht jeder Kontakt mit Pornografie ist gewollt. Beim Surfen im Internet kann es immer wieder geschehen, dass man unbeabsichtigt auf Seiten mit pornografischen Inhalten gelangt. Ein Grund dafür können Werbebanner sein, Pop-Up-Fenster, getarnte Seiten, auf denen man etwas anderes vermutet hat, oder unaufgefordert zugesandte Bilder in Chat-Rooms.

Tabelle 4.2: Unbeabsichtigter Pornografiekonsum

Bist du schon mal – ohne es zu wollen – im Internet auf Seiten mit pornografischen Bildern gewesen?
(Zum Beispiel durch unerwartete Inhalte, Werbung, Pop-Up-Fenster oder Ähnliches.)

	Durchschnitt	**Männlich**	**Weiblich**
Ja, selten	*62%*	64%	59%
Ja, häufig	*17%*	21%	11%
nein	*20%*	14%	28%
Ohne Angabe	*1%*	1%	2%
(Basis: Nur die Personen, die schon pornografische Bilder gesehen haben, also 95% der Männer und 59% der Frauen.)			

Jeder, der das Internet nutzt, kann mit Pornografie in Kontakt kommen. Interessant ist, dass Jungen, auch ohne es zu wollen, stärker betroffen sind als Mädchen. Das kann an dem unterschiedlichen Nutzungsverhalten des Internets von Jungen und Mädchen liegen oder daran, dass die Inhalte bewusst so platziert sind, dass eher Jungen sie finden.

Eine Filtersoftware bietet gegen unerwünschte pornografische Seiten einen Schutz. Aber wie viele Jugendliche, die einen PC im eigenen Zimmer besitzen, lassen sich von den Eltern eine Filtersoftware installieren? Wie viele Eltern sind auf die Idee gekommen, dass dies für ihre Kinder gut sein könnte? Auch hier liegt eine Chance für die Jugendarbeit. Ein Ergebnis eines Themenabends könnte sein, dass alle Jugendlichen sich verpflichten, auf ihrem PC eine Filtersoftware oder zumindest ein Rechenschaftsprogramm zu installieren. Ein Rechenschaftsprogramm verhindert nicht, dass man ungewollt auf Seiten mit pornografischen Inhalten gelangt, aber es kann eine wirksame Hemmschwelle sein, danach mehr weiterzuklicken, um noch mehr Bilder zu sehen. Weitere Hinweise zur Software im Materialpool unter 6.5.3.3.

Einstiegsalter Internetpornografie

Das Alter, in dem junge Menschen im Internet mit Pornografie in Berührung kommen, wird immer niedriger. Während die heute 23- bis 29-Jährigen im Alter von 15 bis 18 Jahren im Internet das erste Mal ein pornografisches Bild gesehen haben, ist es bei den heute 18 bis 22-Jährigen schon mit durchschnittlich 14,5 Jahren gewesen. Die Teenager zwischen 12 und 17 Jahren gaben an, mit durchschnittlich 12 bis 13 Jahren bereits im Internet mit pornografischen Bildern konfrontiert worden zu sein.

Konsumhäufigkeit

Doch pornografische Seiten werden nicht nur unbeabsichtigt besucht.

Tabelle 4.3: Häufigkeit des Pornografiekonsums (nach Geschlecht)

»Wie oft schaust du pornografische Bilder an?«

	Männlich	**Weiblich**
Mehrmals täglich	4%	0%
Täglich	7%	1%
Wöchentlich	23%	5%
Selten	24%	56%
Früher regelmäßig und heute nicht mehr	24%	5%
Früher selten und heute nicht mehr	18%	31%
Ohne Angabe	1%	2%
(Basis: Nur die Personen, die schon pornografische Bilder gesehen haben, also 95% der Männer und 59% der Frauen.)		

Von Pornografie sind also nicht nur zahlenmäßig mehr Männer als Frauen betroffen, auch bei Konsumhäufigkeit heben sich die Männer deutlich von den Frauen ab.

Grafik 4.1: Häufigkeit des Pornografiekonsums von Männern (nach Alter)

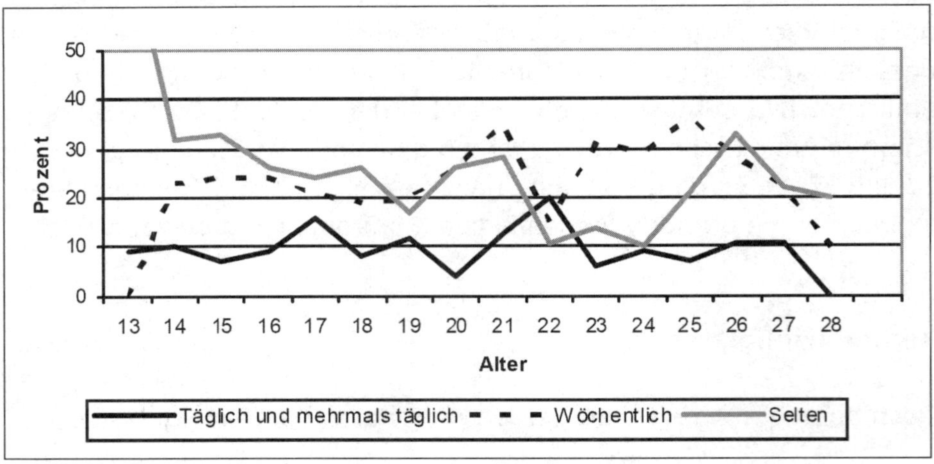

Während die 13-Jährigen noch zu 81% angaben, nur selten oder gar nicht pornografische Bilder zu sehen, ändert sich dies sehr schnell. Fast ein Drittel (29%) aller 14-jährigen Jungen schaut täglich oder wöchentlich Pornografie. Der gleiche Anteil dieser Gruppe sieht solche Bilder nur selten. Allerdings sagen schon 26% der 14-Jährigen, dass sie bewusst keine solchen Bilder mehr sehen (wollen).
Wenn wir die Ergebnisse auf eine Teenagergruppe (12-17 Jahre) von zehn Jungen herunterrechnen, bedeutet das:

- Einer von zehn Jungen ist extrem pornosüchtig und konsumiert mindestens einmal täglich Pornografie.
- Weitere zwei dieser zehn Jungen konsumieren die Bilder mindestens einmal in der Woche.
- Drei weitere schauen sich ab und zu Pornografie an.
- Drei von ihnen haben aufgehört solche Bilder anzuschauen, davon hat mindestens einer früher regelmäßig Pornografie konsumiert.
- Nur ein Junge ist nicht von dem Thema betroffen.

Bei einem Drittel der Gruppe kann man somit schon von Pornografie-Abhängigkeit sprechen. Doch das Thema betrifft nicht nur Jungen. Auch ein Drittel der Mädchen gab an, selten pornografische Bilder zu sehen.

Die Bilder, die junge Christen hier in die Köpfe lassen, beißen sich fest und werden nicht nur das aktuelle Verhalten bestimmen, sondern auch zukünftige Ehen beeinflussen und eventuell zerstören. Der Artikel »Umgang mit Pornografie« (siehe 7.6) gibt Hilfestellungen, wie man selbst von Pornografie frei werden und Jugendliche aus der eigenen Gruppe begleiten kann.

Unterscheidung nach Inhalt der Pornografie

Was für Bilder werden geschaut? In der Umfrage wurde nach vier verschiedenen Kategorien gefragt:

1. Nacktbilder
2. Nacktbilder, die die Geschlechtsorgane in einer sexualisierenden Art und Weise hervorheben
3. Verhüllte oder angedeutete Darstellung von Geschlechtsverkehr
4. Darstellung von Geschlechtsverkehr mit deutlicher Darstellung der Genitalien

Nacktbilder und Darstellung von Geschlechtsverkehr, der angedeutet oder verhüllt gezeigt wird, wurden von fast allen Befragten bereits gesehen. Diese Bilder entsprechen in etwa einer Jugendfreigabe (FSK) ab 12 Jahren und stellen nach den in der Regel üblichen Definitionen keine Pornografie dar.

Doch wie sieht es mit Bildern und Filmen aus, die nach deutschem Recht erst eine Altersfreigabe ab 18 Jahre haben? Bei den *Nacktbildern, die die Geschlechtsorgane in einer sexualisierenden Art und Weise hervorheben* gaben nur 17% aller minderjährigen Jungen an, solche Bilder noch nie gesehen zu haben. Bei den über 18-Jährigen haben 1% solche Bilder oder Filme noch nicht gesehen.

Tabelle 4.4: Kenntnis von Nacktbildern, die die Geschlechtsorgane in einer sexualisierenden Art hervorheben

Ich habe Nacktbilder, die die Geschlechtsorgane in einer sexualisierenden Art hervorheben ...

Männlich	Bisher keine pornografischen Bilder gesehen und deshalb Fragekomplex nicht beantwortet.	… noch nie gesehen	Ohne Angabe	… in folgendem Medium gesehen: *(Mehrfachnennungen möglich)* Internet	Fernsehen	Zeitschriften	Handy, IPod, …
12 bis 17 Jahre	9%	8%	10%	67%	22%	25%	17%
18 bis 23 Jahre	3%	4%	4%	84%	41%	39%	12%
24 bis 29 Jahre	2%	1%	5%	78%	56%	51%	10%
Durchschnitt	*5,0%*	*4,8%*	*6,0%*	*77,2%*	*36,4%*	*35,9%*	*13,6%*
(Basis: alle männlichen Teilnehmer der Umfrage.)							

Weiblich	Bisher keine pornografischen Bilder gesehen und deshalb Fragekomplex nicht beantwortet.	… noch nie gesehen	Ohne Angabe	… in folgendem Medium gesehen: *(Mehrfachnennungen möglich)* Internet	Fernsehen	Zeitschriften	Handy, IPod, …
12 bis 17 Jahre	45%	12%	7%	20%	10%	19%	3%
18 bis 23 Jahre	37%	9%	8%	27%	25%	24%	2%
24 bis 29 Jahre	35%	12%	10%	24%	22%	23%	1%
Durchschnitt	*39,9%*	*10,7%*	*8,0%*	*24,0%*	*18,5%*	*22,1%*	*2,4%*
(Basis: alle weiblichen Teilnehmer der Umfrage.)							

Vier von fünf Jungen unter 18 Jahren kennen solche Darstellungen, obwohl sie eigentlich erst für Personen über 18 Jahre zugänglich sein dürften. Bei den volljährigen Männern sind es nur noch 3 bis 6%, die solches Material nicht kennen. Bei den Männern ergibt sich ein ähnliches Bild auch bei Bildern und Filmen, auf denen Geschlechtsverkehr mit deutlich dargestellten Geschlechtsorganen gezeigt wird.

Tabelle 4.5: Kenntnis von Geschlechtsverkehrsdarstellung mit deutlicher Abbildung der Genitalien

Ich habe Bilder oder Filme, auf denen Geschlechtsverkehr mit deutlicher Abbildung der Genitalien gezeigt wurde …

Männlich	Bisher keine pornografischen Bilder gesehen und deshalb Fragekomplex nicht beantwortet.	… noch nie gesehen	Ohne Angabe	… in folgendem Medium gesehen: *(Mehrfachnennungen möglich)* Internet	Fernsehen	Zeitschriften	Handy, IPod, …
12 bis 17 Jahre	9%	11%	9%	64%	18%	11%	16%
18 bis 23 Jahre	3%	7%	4%	82%	33%	17%	10%
24 bis 29 Jahre	2%	6%	4%	74%	48%	36%	10%
Durchschnitt	5,0%	8,3%	5,6%	73,9%	30,2%	18,0%	12,1%
(Basis: alle männlichen Teilnehmer der Umfrage: 605.)							

Weiblich	Bisher keine pornografischen Bilder gesehen und deshalb Fragekomplex nicht beantwortet.	… noch nie gesehen	Ohne Angabe	… in folgendem Medium gesehen: *(Mehrfachnennungen möglich)* Internet	Fernsehen	Zeitschriften	Handy, IPod, …
12 bis 17 Jahre	45%	24%	7%	16%	10%	5%	3%
18 bis 23 Jahre	37%	21%	7%	20%	23%	10%	2%
24 bis 29 Jahre	35%	13%	13%	18%	26%	9%	1%
Durchschnitt	39,9%	21,1%	7,7%	18,0%	18,2%	7,6%	2,4%
(Basis: alle weiblichen Teilnehmer der Umfrage: 674.)							

Auch hier sind es ca. vier von fünf männlichen Teenagern, denen solche Darstellungen bekannt sind. Wieder bleibt festzuhalten, dass der Zugang zu solchem Material Teenagern eigentlich gesetzlich verboten ist. Die Quote derer, die derartige Darstellungen nicht kennen, steigt im Vergleich zu der Kenntnis von »Nacktbildern mit sexualisierender Darstellung der Genitalien« um 3%. Bei den Frauen ist dies anders: Hier erhöht sich der Wert derer, die solches Material nicht konsumieren, um12% bei den Minderjährigen.

Konsum nach Mediennutzung

Insgesamt ist der PC das beliebteste Medium, um Pornografie zu konsumieren. Dabei gibt es jedoch starke Unterschiede zwischen Männern und Frauen.

Tabelle 4.6: Favorisierte Medien für Pornografiekonsum

Wo siehst du am häufigsten pornografische Bilder?
(Mehrfachnennungen waren möglich)

	Männlich	**Weiblich**
PC, Internet	86%	33%
Fernsehen	20%	32%
Zeitschriften	9%	13%
Handy, iPod, o.ä.	4,0%	1%
(Basis: Nur die Personen, die schon mal ein pornografische Bilder gesehen haben:980 von 1.279.)		

Doch die Nutzung der verschiedenen Medien ist nicht in allen Altersklassen und bei den verschiedenen Kategorien von möglichen Darstellungen gleich. Außerdem werden neben dem Medium, das am umfangreichsten genutzt wird, auch andere Medien parallel verwendet. Wie geht vor allem die junge Generation mit den Medien und vor allem auch mit den mobilen elektronischen Medien wie Handy & Co. um?

Mobile elektronische Medien (Handy, iPod und ähnliches)
Mobile elektronische Medien werden vor allem von jungen Männern genutzt, um pornografische Bilder zu sehen. Von allen 12- bis 17-jährigen Jungen gaben 26% (Mädchen 7%) an, schon mal Nacktbilder auf dem Handy (o.ä.) betrachtet zu haben. Ahnen Eltern (und Jugendmitarbeiter) eigentlich, was sich auf den Handys ihrer Kinder und deren Freunde alles befindet? Mit zunehmendem Alter wird die Nutzung dieser Medien geringer. Bei den 24- bis 29-Jährigen sagten noch 15% der Männer (Frauen 2%) aus, solche Bilder auf Handy und Co. gesehen zu haben.

Doch nicht nur Nacktfotos werden von männlichen Teenagern auf mobilen Medien geschaut: 17% (Mädchen 3%) von ihnen haben auch schon »Nacktbilder mit einer sexualisierenden Darstellung der Geschlechtsorgane« und 16% (Mädchen 3%) »Geschlechtsverkehr mit deutlicher Darstellung der Genitalien« auf eigenen oder fremden Handys betrachtet.

Für 7% der Jungs zwischen 12 und 17 Jahren (Mädchen 0,8%) sind die mobilen elektronischen Medien das bevorzugte Mittel, um Pornografie zu sehen. Mit steigendem Alter sinkt diese Quote bei den Männern auf nur noch 2,5% bis 2%, während sie bei den Frauen leicht auf 1,6% ansteigt.

Exkurs: Sexting

In diesem Zusammenhang ist der neue Trend zum Sexting zu erwähnen. Sexting ist eine Wortmischung aus Texting (SMS) und Sex. Dabei werden Nacktfotos von sich selbst oder Freunden mit dem Handy aufgenommen und per SMS versendet. In einem Artikel von spiegel-online heißt es dazu: »Als es mit der Liebe vorbei war, fiel auch die letzte Hemmschwelle. David verschickte Nacktfotos von Karen an Freunde und Mitschüler der damals 13-Jährigen. Knapp ein Jahr zuvor hatte David seine Freundin zu diesen Aufnahmen gedrängt.«[22] Laut einer amerikanischen Studie haben 20% aller Teenager in den USA (Jungen 18% / Mädchen 22%) schon mal erotische Bilder oder Nacktfotos von sich selbst versendet.[23] Neben dem juristischen Aspekt, dass die Verbreitung solcher Fotos eventuell als Verbreitung von kinderpornografischem Material angesehen werden kann, sollte es vor allem um die Aufklärung der Teens gehen, die sich häufig nicht bewusst sind, wo ihre Fotos veröffentlicht werden können.

Zeitschriften

Bei der Frage, welche Art von Pornografie aus welchen Medien konsumiert wird, steigt die Nutzung von Zeitschriften bei den männlichen Befragten mit zunehmendem Alter permanent, egal um was für Darstellungen es sich handelt. Während bei den 12- bis 17-jährigen Jungen nur 11% (Mädchen 5%) Geschlechtsverkehrsdarstellungen mit Altersfreigabe ab 18 Jahren aus Zeitschriften kannten, sind es bei den 24- bis 29-jährigen Männern 36% (Frauen 9%).

Fragt man allerdings, aus welchem Medium Pornografie am häufigsten konsumiert wird, werden Zeitschriften nur von 10% der Jungs und 15% der Mädchen genannt. Hier sinkt die Quote mit steigendem Alter – wie bei Handy & Co.

Fernsehen

Der Fernseher wird von 13% der männlichen und 24% der weiblichen Teenager als das Medium benannt, mit dem am häufigsten Pornografie konsumiert wird. In der Altersgruppe der 18- bis 23-Jährigen wird er von 21% der Männer und von 36% der Frauen genannt. Bei den 24- bis 29-Jährigen sinkt der Wert bei den Frauen wieder um 6% auf 31%, während er bei den Männern weiter auf 28% steigt.

Mit der Häufigkeit der Fernsehnutzung ab dem 18. Lebensjahr steigt auch die Kenntnis von harter Pornografie bei beiden Geschlechtern durch DVDs, Videos und Fernsehprogramm. Während bei den 12- bis 17-Jährigen 18% der Jungs und 10% der Mädchen Geschlechtsverkehr (FSK ab 18) aus dem Fernsehen kannten, erhöht sich diese Quote bei der Altersgruppe 24-29 erheblich auf 48% bei den Männern und 26% bei den Frauen.

PC, Internet
PC und Internet sind vor allem bei den männlichen Befragten das Mittel Nr. 1, um pornografische Bilder zu betrachten. Dabei setzen sie sich von den Frauen mit einer Differenz von ca. 50 Prozentpunkten bei der Nutzung deutlich ab. 76% der männlichen Teenager (30% der Mädchen) und 86% der 18- bis 23-Jährigen (33% der der jungen Frauen) geben an, PC und Internet am häufigsten zum Pornografiekonsum zu nutzen. Von allen männlichen Teenagern (12 bis17 Jahren) haben im Internet gesehen:

- 76% Nacktbilder
- 68% Nacktbilder mit sexualisierender Darstellung der Geschlechtsorgane
- 60% Darstellung von Geschlechtsverkehr (verhüllt oder angedeutet)
- 64% Darstellung von Geschlechtsverkehr mit deutlicher Abbildung der Genitalien

Beurteilung

Wie beurteilen junge Christen es, wenn sie sich solche Bilder angeschaut haben?

Tabelle 4.7: Beurteilung des eigenen Pornografiekonsums

Tut es dir im Nachhinein leid, wenn du pornografische Bilder gesehen hast?

	Durchschnitt	Männlich	Weiblich
ja	61%	66%	55%
nein	9%	9%	10%
ein bisschen	18%	18%	19%
weiß nicht	9%	6%	13%
ohne Angabe	2%	1%	4%

(Basis: Nur die Personen. die schon mal ein pornografische Bilder gesehen haben: 980 von 1.279.)

Das schlechte Gewissen schaut also bei vielen Betroffenen immer mit. Dazu passt, dass 87% der Männer und 91% der Frauen davon ausgehen, dass Gott gegen Pornografie ist. Nur jeweils 1% meint, dass Gott pornografische Bilder gut findet oder es ihm egal ist. 10% der Männer und 7% der Frauen sagen aus, dass sie nicht wissen, wie Gott darüber denkt.

Auswirkungen auf den Alltag

Hat das schlechte Gewissen und das Wissen darum, dass Gott nicht für Pornografie ist, irgendwelche Auswirkungen darauf, wie Teenager und Jugendliche mit Filmen umgehen?

Tabelle 4.8: Auswirkungen auf die Fernsehnutzung

Gibt es Szenen im Fernsehen, bei denen du um- oder ausschaltest?
(Mehrere Antworten möglich)

	Durchschnitt	Männlich	Weiblich
nein	36%	47%	26%
bei Nacktszenen	21%	20%	21%
bei verhülltem Geschlechtsverkehr	13%	13%	13%
bei unverhülltem Geschlechtsverkehr	45%	37%	52%
bei Geschlechtsverkehr in Filmen mit Altersfreigabe ab 18	42%	36%	47%
ohne Angabe	8%	4%	11%
(Basis: Alle Teilnehmer der Umfrage: 1.279.)			

Die Gewöhnung an Nacktbilder und an dargestellten Geschlechtsverkehr ist so groß, dass einer von zwei Männern und eine von vier Frauen nicht aus- oder umschaltet, egal was läuft. Ist die Gewöhnung auch schon so groß, dass man nicht mehr ohne solche Bilder leben kann? 70% der Männer und 92% der Frauen sind der Meinung, dass sie es schaffen können, einen Monat keine pornografischen Bilder zu schauen. Doch wie realistisch sind diese Angaben? Die Männer, die (mehrmals) täglich pornografische Bilder schauen, glauben zu 33-35%, dass sie auch einen Monat ohne

Pornografie auskommen können. – In beiden Gruppen gestehen sich zwischen 40% aller Befragten ein, dass sie süchtig sind und nicht mehr von diesen Bildern loskommen. Auch von den Männern, die Pornografie wöchentlich konsumieren, halten sich 20% selbst für süchtig.

Tabelle 4.9: Einschätzung der eigenen Pornografieabhängigkeit

Schaffst du es, einen Monat keine pornografischen Bilder zu schauen?

	Durchschnitt	Männlich	Weiblich
Ja	79%	70%	92%
Nein	7%	12%	1%
Weiß nicht	12%	18%	4%
ohne Angabe	2%	1%	3%
(Basis: Nur die Personen, die schon mal pornografische Bilder gesehen haben: 988 von 1.279, davon 576 männlich und 412 weiblich)			

Tabelle 4.10 Einschätzung der eigenen Pornografieabhängigkeit von Männern (unterteilt nach Konsumverhalten)

Schaffst du es, einen Monat keine pornografischen Bilder zu schauen?

Konsumverhalten	**Schaffst du es einen Monat keine pornografischen Bilder zu schauen?**			
Häufigkeit	**ja**	**nein**	**weiß nicht**	**Ohne Angabe**
Täglich	**33%**	**40%**	**26%**	**0%**
mehrmals täglich	**35%**	**40%**	**20%**	**5%**
Wöchentlich	**46%**	**20%**	**34%**	**0%**
Selten	**83%**	**4%**	**13%**	**0%**
(Basis: Nur die männlichen Personen, die aktuell pornografische Bilder sehen: 576 von 605.)				

4.5 Selbstbefriedigung

Wie bereits in Kapitel 4.3 gesehen, wird das Thema Selbstbefriedigung von den Eltern sehr selten angesprochen. Daher ist es eines der Top-Themen auf der Wunschliste für den Teen- oder Jugendkreis (siehe Kapitel 4.2). Selbstbefriedigung betrifft wie kaum ein anderes Thema vor allem die Jungs. Doch es ist nicht ausschließlich ihr Thema. 92% der männlichen und 51% der weiblichen Befragten haben sich schon selbst befriedigt.

Tabelle 5.1: Selbstbefriedigung

Befriedigst du dich selbst?

	Durchschnitt	Männlich	Weiblich
Ja	48%	70%	29%
Nicht mehr	22%	22%	22%
Nein	29%	7%	49%
ohne Angabe	1%	1%	1%

(Basis: Alle Teilnehmer der Umfrage: 1.279.)

Darin unterscheiden sich Christen kaum von ihren nichtchristlichen Freunden. Laut der »Dr. Sommer-Studie 2009«[24] haben sich 92% aller 17-jährigen Jungen und 55% der 17-jährigen Mädchen schon mal befriedigt.

Die meisten Jungs beginnen im Alter von 12 bis 14 Jahren (mit 14 Jahren haben bereits 79% der christlichen Jungs Erfahrung mit Selbstbefriedigung). Ab dem 15. Lebensjahr pendelt sich dann die Erfahrung mit Selbstbefriedigung in einem Korridor zwischen 87% und 100% ein. Bei den Frauen ist dies anders: Hier steigt die Anzahl der Mädchen und Frauen, die Erfahrung mit Selbstbefriedigung gemacht haben, relativ konstant von 27% bei den 13-Jährigen auf 75-80% bei den 24- bis 26-Jährigen. Die Anzahl der Frauen, die mit Ja geantwortet haben, liegt bis zum 18. Lebensjahr in der Regel unter dem Durchschnitt und ab dem 19. Lebensjahr darüber. Selbstbefriedigung ist daher nicht nur ein Thema für Männer.

Tabelle 5.2: Selbstbefriedigung (nach Altersklassen)

Befriedigst du dich selbst?

Männlich	12 bis 18 Jahre	19 bis 25 Jahre	26 bis 29 Jahre
Ja	68%	71%	66%
Nicht mehr	19%	24%	29%
Nein	11%	5%	5%
ohne Angabe	2%	0%	0%
(Basis: Alle männlichen Teilnehmer der Umfrage: 605.)			

Weiblich	12 bis 18 Jahre	19 bis 25 Jahre	26 bis 29 Jahre
Ja	25%	34%	33%
Nicht mehr	19%	24%	33%
Nein	56%	41%	33%
ohne Angabe	1%	1%	0%
(Basis: Alle weiblichen Teilnehmer der Umfrage: 674.)			

Häufigkeit

Von den Personen, die sich selbst befriedigen, wollten wir wissen, wie oft sie dies tun. 15% der Jungen und 50% der Mädchen befriedigen sich seltener als monatlich oder einmal im Monat. Bei allen anderen ist Selbstbefriedigung mit einer mehr oder weniger starken Tendenz schon zur Gewohnheit geworden.

Tabelle 5.3: Häufigkeit der Selbstbefriedigung (nach Geschlecht)

Wie oft befriedigst du dich selbst?

	Durchschnitt	Männlich	Weiblich
täglich	18%	24%	7%
wöchentlich	39%	46%	27%
14-tägig	10%	10%	10%
monatlich	10%	7%	15%
seltener als monatlich	18%	8%	35%
ohne Angabe	6%	5%	7%
(Basis: Nur die Personen, die Selbstbefriedigung praktizieren: 783 von 1.279)			

Grafik 5.1: Häufigkeit der Selbstbefriedigung (nach Alter und Geschlecht)

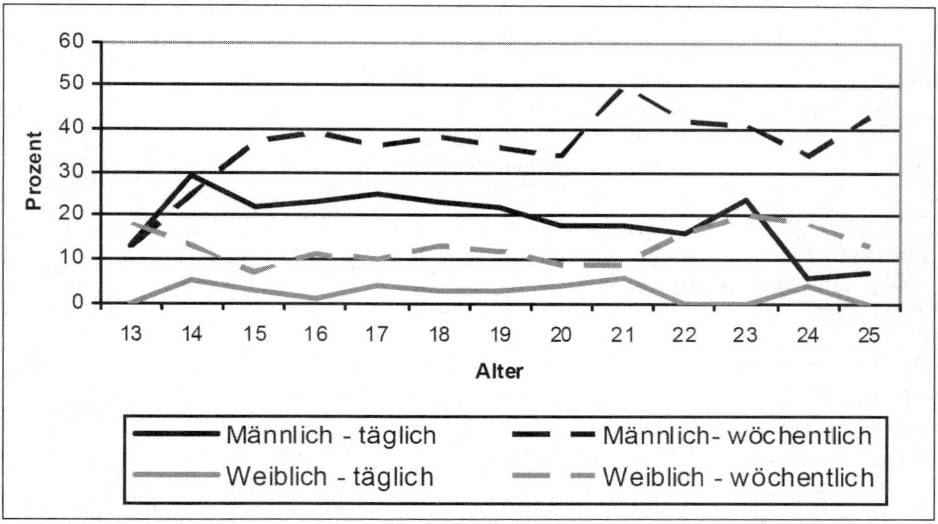

Vor allem Jungen befriedigen sich regelmäßig selbst. Bei den 12- bis 18-jährigen Jungen befriedigen sich 25% täglich und 35% wöchentlich. Auch wenn bei den Frauen der Anteil bei der täglichen Selbstbefriedigung nahezu null ist, so befriedigt sich dennoch jede zehnte Frau mindestens wöchentlich. Über die Gefahren, die bei einer Gewöhnung an Selbstbefriedigung auftreten können, geht es im Aufsatz »Selbstbefriedigung – Sex ohne Du« (siehe 7.5).

Selbstbefriedigung und Fantasie

Doch nicht nur die Häufigkeit und die Gewöhnung an eine egozentrierte Sexualität ist bei diesen Personen ein Problem. Denn in den Köpfen der meisten von ihnen entsteht ein Kopfkino und sie denken an andere Personen. 66% Frauen, die Selbstbefriedigung praktizieren, und nur 30% der Männer denken dabei an niemanden. Auf alle anderen (mit Ausnahme der verheirateten Personen, die dabei an ihren Partner denken) trifft zu, was Jesus in der Bergpredigt sagt: »*Wer eine Frau ansieht* [oder sie sich vorstellt] *und sie begehrt, hat in seinem Herzen die Ehe mit ihr gebrochen.*«

Tabelle 5.4: Gedanken bei der Selbstbefriedigung?

»An wen denkst du, wenn du dich selber befriedigst?«
(Mehrfachnennungen waren möglich)

	Durchschnitt	Männlich	Weiblich
Freund / Freundin	20%	25%	10%
Partner oder Ehepartner	10%	9%	12%
Jemand, mit dem du gerne zusammen wärest	33%	38%	23%
jemand Unbekanntes	31%	35%	25%
Prominente	10%	15%	2%
an Niemanden	34%	25%	48%
ohne Angabe	23%	18%	31%
(Basis: Nur die Personen, die Selbstbefriedigung praktizieren: 785 von 1.279)			

Zusätzlich bleibt es oftmals nicht beim »Kopfkino«, und es kommt zu einer Vermischung von Selbstbefriedigung und Pornografiekonsum.

Tabelle 5.5: Selbstbefriedigung und Pornografiekonsum

Benutzt du Bilder und Filme, um dich für die Selbstbefriedigung in Stimmung zu bringen?

	Durchschnitt	Männlich	Weiblich
oft	16%	24%	4%
manchmal	25%	32%	14%
selten	17%	18%	14%
nein	42%	25%	67%
(Basis: Nur die Personen, die Selbstbefriedigung praktizieren)			

Der Anteil der Frauen, die Selbstbefriedigung und Pornografie verknüpfen, ist weitaus geringer als der Anteil der Männer (74%). Auch bei ihnen schauen 32% der Frauen, die sich selbst befriedigen, pornografische Bilder, um sich in Stimmung zu bringen.

Übrigens: Es lässt sich kein Zusammenhang zwischen der persönlichen Frömmigkeit und dem Praktizieren von Selbstbefriedigung feststellen. Lediglich bei den Männern, die sich gar nicht oder nicht mehr befriedigen, war der Anteil an täglichen Bibellesern um 15-18% höher als bei den Männern, die sich täglich befriedigen. Darüber hinaus waren keine Verbindungen zwischen einem regelmäßigen Beschäftigen mit Gottes Wort und Selbstbefriedigung erkennbar.

4.6 Nacktheit

Die zehnte Klasse einer Realschule ist auf Klassenfahrt. In der Ferienunterkunft ist auch eine Sauna. Irgendjemand schlägt vor, als gesamte Gruppe in die Sauna zu gehen – natürlich unbekleidet. In der Klasse sitzen auch ein paar Christen. Wie sollen sie sich verhalten? Es ist doch schließlich gesund, oder?

Aufgrund dieser wahren Begebenheit wollten wir wissen, wie Jugendliche über ihre eigene Nacktheit denken? Hat Nacktheit ihrer Meinung nach etwas mit dem göttlichen Konzept von Sexualität zu tun? Die meisten Jugendlichen sind der Meinung, dass Gott nichts zum Thema öffentliche Nacktheit sagt oder sie erlaubt.

Einstellung

Tabelle 6.1: Einstellung zur Nacktheit

Darf ein Christ deiner Meinung nach eine gemischte Sauna oder einen FKK-Strand besuchen? (Bitte nur eine Antwort ankreuzen)

	Durchschnitt	Männlich	Weiblich
Ja	27%	29%	26%
Nur wenn man nicht rumspannt	6%	7%	5%
Nur wenn man eine „saubere“ Phantasie hat	11%	13%	9%
Nicht sicher	28%	25%	31%
nein	27%	25%	29%
(Basis: alle Teilnehmer der Umfrage.)			

Nur ein Viertel der Befragten hat also aufgrund einer christlichen Überzeugung Bedenken, sich in der Öffentlichkeit auszuziehen. Interessant ist aber auch die hohe Unsicherheit (28%), ob es in Ordnung ist oder nicht.

Teens brauchen in diesem Bereich Orientierung. Die Wahrscheinlichkeit, dass junge Christen in eine Situation geraten, wie sie am Anfang dargestellt wurde, ist groß. Wer dann unsicher ist, wird sich leichter dem Gruppendruck beugen und vielleicht etwas mitmachen, das er später bereut.

Tatsächliches Verhalten

Interessanterweise hat das eigene Verhalten wenig mit der christlichen Einstellung zu tun. Viel eher würde die empfundene Scham die meisten der Befragten davon abhalten eine Sauna oder einen FKK-Strand zu besuchen. Erst recht, wenn Leute dabei wären, die man kennt. Nur 12% wäre das egal.

Tabelle 6.2: Tatsächliches Verhalten in Bezug auf Nacktheit

»Würdest du selbst in eine gemischte Sauna gehen oder den FKK-Strand besuchen?«

	Durchschnitt	Männlich	Weiblich
nein	73%	66%	79%
Ja, wenn mich niemand kennt	14%	14%	14%
Ja, auch wenn mich jemand kennt	12%	20%	6%
(Basis: alle Teilnehmer der Umfrage.)			

Jungen und Männer zeigen deutlich weniger Hemmungen, sich nackt zu zeigen, wenn Bekannte sie beobachten. Dabei spielt das Alter der Befragten keine Rolle. Interessanterweise würde sich die gleiche Anzahl von Frauen und Männern nackt zeigen, wenn sie sich unbekannt fühlen. Hinzu kommt, dass bei den Frauen mit zunehmendem Alter leichte Veränderungen einhergehen. Während bei den 12- bis 17-jährigen Mädchen 84% die

Frage mit »Nein« beantworteten, sind es bei den Volljährigen nur noch ca. 76%. Die Bereitschaft, einen FKK-Strand oder die Sauna zu besuchen, wenn einen niemand kennt, steigt von 12% bei den 12- bis 17-Jährigen bis zu 20% bei den 24- bis 29-jährigen Frauen. Bei den Frauen ist die Bereitschaft, sich gegenüber Bekannten nackt zu zeigen, jedoch viel geringer als bei den Männern. Lediglich bei den 18- bis 23-jährigen Frauen würden dies 9% tun. Ansonsten pendelt der Wert zwischen 2% (12-17 Jahre) und 4% (24-29 Jahre).

Verhältnis von Meinung und Handeln in Bezug auf Nacktheit

Vergleicht man die Einstellung mit dem Handeln, erkennt man, dass die meisten Befragten, die der Meinung sind, ein Christ dürfe keine Sauna oder FKK-Strand besuchen, es selbst auch nicht tun würden. Je »lockerer« die theologische Einstellung, desto eher sind die Befragten jedoch bereit, sich nackt zu zeigen.

Tabelle 6.3: Beziehung zwischen tatsächlichem Besuch von Sauna oder FKK-Strand und christlicher Überzeugung.

	Ich würde einen FKK-Strand oder eine Sauna besuchen, ...		
Darf ein Christ eine Sauna oder einen FKK-Strand besuchen?"	**...nur wenn mich niemand kennt.**	**... auch wenn mich jemand kennt**	**Nein-Anworten**
Nein	4%	1%	95%
Nicht sicher	11%	16%	73%
Nur wenn man eine „saubere" Phantasie hat	18%	14%	69%
Nur wenn man nicht rumspannt	26%	14%	60%
Ja	21%	43%	35%

*(Basis: alle **männlichen** Teilnehmer der Umfrage.)*

Tabelle 7.1: Meinung zu Petting

»In welchem Rahmen findest du Petting (sich gegenseitig ausziehen, sich gegenseitig – auch an den Geschlechtsorganen – streicheln, evtl. bis zum Orgasmus) in Ordnung?«

	Durchschnitt	Männlich	Weiblich
kurzer Flirt	2%	3%	1%
lockere Beziehung	4%	5%	4%
in fester Freundschaft	18%	18%	17%
verlobt	14%	14%	14%
verheiratet	62%	60%	63%
ohne Angabe	1%	0%	1%
(Basis: alle Teilnehmer der Umfrage.)			

Bei der *komm!*-Umfrage 2006 waren 69% der Befragten der Meinung, dass Petting ausschließlich in die Ehe gehört. Nun sind es nur noch 62%, die dies angegeben haben. In der Gesamtsicht unterscheiden sich die Meinungen von Männer und Frauen dabei kaum.

Meinung zu Petting im Vergleich zum Bibellesen

Tabelle 7.2: Meinung zu Petting und Bibellesen

Anzahl der Personen, die der Meinung sind, dass Petting in die Ehe gehört, unterteilt nach der Häufigkeit des persönlichen Bibellesens.

»Ich lese ... in der Bibel und bin der Meinung, dass Petting in die Ehe gehört.«	Durchschnitt	Männlich	Weiblich
täglich	47%	48%	46%
alle 2-3 Tage	30%	30%	31%
wöchentlich	11%	10%	11%
monatlich	5%	5%	5%
fast nie	7%	7%	6%
(Basis: alle Teilnehmer, die mit „Petting gehört in die Ehe" geantwortet haben: 787 von 1.279.)			

Anders als bei der Selbstbefriedigung lässt sich hier ein Zusammenhang zwischen der regelmäßigen Beschäftigung mit der Bibel und der Einstellung zu Petting feststellen. Je häufiger die Befragten in der Bibel lesen, desto eher sind sie der Auffassung, dass Petting in die Ehe gehört.

Doch nicht nur der Input von Gottes Wort, sondern vor allem die persönliche Lebenssituation bestimmt das Denken über Petting.

Meinung zu Petting nach Beziehungsstand

Die Einstellung wird mit der Veränderung der Lebenssituation zunehmend lockerer. Bei den Personen, die zum Zeitpunkt der Umfrage solo waren, sind 73% der Männer und 76% der Frauen der Meinung, dass Petting ausschließlich in die Ehe gehört. Bei den fest befreundeten Paaren sinkt diese Zahl auf 39% bei den Männern und 43% bei den Frauen. Jeweils ein Viertel von ihnen findet Petting auch in einer festen Freundschaft oder in der Verlobungszeit in Ordnung.[25]

Überrascht hat uns die Einstellung bei den »locker« befreundeten Personen. Bei dieser Gruppe sind nur noch 31% der Männer und 26% der Frauen der Meinung, Petting gehöre in die Ehe. Die Einstellung der Frauen, ab wann Petting o.k. sei, ist dabei lockerer als die der Männer. 17% der locker befreundeten Frauen können sich vorstellen, Petting bereits bei einem kurzen Flirt zu praktizieren (Männer 10%) und 26% im Rahmen einer lockeren Freundschaft (Männer 17%).[26]

Pettingerfahrung

Neben der Einstellung interessierte uns das tatsächliche Verhalten. Berücksichtigt werden muss, dass ca. 40% aller Befragten aussagten, noch nie eine(n) feste(n) Freund/in gehabt zu haben. In der Auswertung werden besonders die Personen beachtet, die aktuell fest und locker befreundet sind oder früher eine Beziehung hatten.

Mit 17 Jahren haben 33% aller Jungs und 29% der Mädchen bereits Erfahrung mit Petting.

Exkurs: Petting

Laut der Studie »Jugendsexualität 2006« haben 81% der Mädchen und 77% der Jungen im Alter von 17 Jahren bereits Erfahrungen mit Brustpetting. Der Anteil mit Erfahrungen mit Genitalpetting liegt bei den Jungen in diesem Alter zwischen 64-69% und bei den Mädchen zwischen 73-75%.[27]

Bei christlichen Jugendlichen sind diese Zahlen wesentlich geringer.

Pettingerfahrung nach Beziehungsstand

a) Personen, die früher in einer festen Freundschaft standen
Bei dieser Personengruppe verfügen 40% der Männer und 43% der Frauen über Pettingerfahrung. Diese Personen teilen sich folgendermaßen auf.

Tabelle 7.3: Pettingerfahrung von Personen, die früher in einer festen Freundschaft standen

»Ich habe Petting schon praktiziert.«	**Durchschnitt**	**Männlich**	**Weiblich**
Ja, mache ich manchmal/öfter.	2%	2%	2%
Ja früher, aber jetzt nicht mehr, da ich es jetzt nicht mehr in Ordnung finde.	21%	16%	25%
Ja, aber im Moment nicht mehr, da ich keinen Partner/in habe.	20%	20%	21%
Ja, als Ergebnis eines lockeren Flirts	1%	2%	1%
Nein	55%	60%	51%
(Basis: Teilnehmer der Umfrage, die früher eine Beziehung hatten: 354 von 1.279.)			

Während wir oben gesehen haben, dass die Einstellung der Frauen zum Petting lockerer ist als die der Männer, sehen wir hier, dass 25% der Frauen (9% mehr als bei den Männern) mit Pettingerfahrung aussagen, Petting aufgrund ihrer Einstellung nicht mehr ausüben zu wollen. Doch jeder fünfte Befragte (Männer: 20%; Frauen: 21%) praktiziert nur deshalb kein Petting mehr, weil der Partner dazu fehlt.

b) Personen, die in einer lockeren Freundschaft stehen

Genau wie bei der Einstellung ist das Verhalten der Frauen in lockeren Beziehungen hervorzuheben. Der Anteil der locker befreundeten Frauen mit Pettingerfahrung ist um 20% höher als bei den Männern (45% Männer, 65% Frauen).

c) Personen, die in einer festen Freundschaft stehen

Diese Personengruppe ist am aufschlussreichsten für die Frage, wie sich das Verhalten im Zusammenhang mit dem Beziehungsstatus verändert. 73% der Männer und 69% der Frauen, die aktuell befreundet sind, verfügen über Pettingerfahrung.

Tabelle 7.4: Pettingerfahrung von aktuell befreundeten Personen

»Ich habe Petting schon praktiziert.«	**Durchschnitt**	**Männlich**	**Weiblich**
Ja, mache ich manchmal/öfter.	54%	55%	53%
Ja früher, aber jetzt nicht mehr, da ich es jetzt nicht mehr in Ordnung finde.	15%	15%	15%
Ja, aber im Moment nicht mehr, da ich keinen Partner/in habe.	0%	0%	1%
Ja, als Ergebnis eines lockeren Flirts	1%	2%	1%
Nein	27%	25%	29%
Ohne Angabe	2%	2%	2%
(Basis: Teilnehmer der Umfrage, die fest befreundet sind: 279 von 1.279.)			

Mit anderen Worten: Mehr als jedes zweite unverheiratete Paar in einer christlichen Jugendgruppe praktiziert Petting – auch schon als Teenager:

Tabelle 7.5: Erfahrung mit Petting bei aktuell befreundeten Personen nach Alter

Personen mit einer festen Freundschaft und Pettingerfahrung im Alter von... *(Anzahl derer, die es aktuell jedoch nicht mehr in Ordnung finden)*	**Durchschnitt**	**Männlich**	**Weiblich**
15 Jahre	36% (7%)	—*	45% (9%)
16 Jahre	74% (11%)	75% (25%)	82% (0%)
17 Jahre	61% (0%)	67% (0%)	50% (0%)
18 Jahre	76% (21%)	70% (30%)	78% (17%)
19 Jahre	61% (32%)	54% (15%)	67% (38%)
20 Jahre	67% (17%)	63% (25%)	75% (10%)
21 Jahre	76% (15%)	87% (13%)	67% (17%)
Alle aktuell Befreundeten (13-29 Jahre)	69% (15%)	73% (15%)	69% (15%)

* Datenmenge zu klein für eine Auswertung.

Unterscheiden wir die fest befreundeten Personen nach ihrer Einstellung, finden wir unter ihnen auch Personen, die eigentlich der Überzeugung sind, dass Petting in die Ehe gehört. Von ihnen haben 54% noch keine Pettingerfahrung, und 22-23% möchten zukünftig aufgrund der Einstellung kein Petting mehr praktizieren. 22% der Frauen und 19% der Männer die diese Überzeugung (Petting nur innerhalb der Ehe) haben, handeln jedoch entgegen ihrer Überzeugung und praktizieren Petting.

Personen, die in einer Beziehung stehen und der Meinung sind, dass Petting auch in einer Freundschaft okay ist, praktizieren Petting auch in viel höherem Maße. Nur 8% dieser Personengruppe gibt an, keine Pettingerfahrung zu besitzen.

Fazit

Das Thema »Petting« wird bei christlichen Jugendlichen locker gesehen. Wenn Freundschaften bestehen, verfügt der größte Teil aller Paare über Pettingerfahrung. Meinung und Erfahrung gehen bei dieser Personengruppe Hand in Hand. Ob dabei die Einstellung der Erfahrung angepasst wird, um das Gewissen zu beruhigen oder ob das Verhalten aus einer

Veränderung der Meinung resultiert, lässt sich aus unserer Umfrage nicht beantworten.

Fakt ist, dass rund ein Fünftel aller christlichen Jugendlichen, die in einer Beziehung stehen, bewusst gegen seine Überzeugung lebt. Ein solches Verhalten hat auf jeden Fall Auswirkungen auf den Glauben der betreffenden Personen.

Doch woran liegt es, dass ein so großer Teil der Jugendlichen so freizügig mit Petting umgeht? Kann es daran liegen, dass in christlichen Gemeinden zwar der Satz: »Kein Sex vor der Ehe!« aufgesagt wird, aber man nicht definiert, was Sex beinhaltet? Kann es daran liegen, dass starre Gebote vermittelt werden, aber nicht gesagt wird, welche Sicht Gott von einer ganzheitlichen Sexualität hat?

4. 8 Geschlechtsverkehr

Meinung zum Geschlechtsverkehr

Auch beim Thema Geschlechtsverkehr gehen die Meinungen auseinander. Der Anteil derer, die meinen, dass Sex in die Ehe gehört, steigt (im Vergleich zum Petting) auf 77% bei den Frauen und 73% bei den Männern. Dieser Wert ist bei beiden Geschlechtern um ca. 13% höher als bei der Einstellung bezüglich Petting.

Tabelle 8.1: Meinung zu Geschlechtsverkehr

»In welchem Rahmen findest du Geschlechtsverkehr in Ordnung?«

	Durchschnitt	Männlich	Weiblich
kurzer Flirt	2%	2%	1%
lockere Beziehung	1%	1%	1%
in fester Freundschaft	13%	13%	12%
verlobt	9%	10%	8%
verheiratet	75%	73%	77%
(Basis: Teilnehmer der Umfrage)			

Im jüngeren Teenageralter ist die Überzeugung, dass Geschlechtsverkehr in die Ehe gehört, seltener vorhanden und liegt immer unter dem Gesamtdurchschnitt aller Befragten. Dafür ist die Meinung, dass Geschlechtsverkehr in einer festen Freundschaft in Ordnung sei; umso mehr vertreten:

Tabelle 8.2: Meinung, in welchem Rahmen Geschlechtsverkehr in Ordnung ist, nach Alter

	»Geschlechtsverkehr ist nur im Rahmen der Ehe in Ordnung«		»Geschlechtsverkehr ist im Rahmen einer festen Freundschaft in Ordnung«	
	Männlich	Weiblich	Männlich	Weiblich
13 Jahre	56%	55%	25%	18%
14 Jahre	54%	65%	4%*	18%
15 Jahre	61%	67%	20%	14%
16 Jahre	70%	71%	16%	20%
17 Jahre	69%	75%	16%	21%
18 Jahre	79%	73%	11%	14%
19 Jahre	68%	88%	17%	1%
20 Jahre	88%	76%	6%	9%
21 Jahre	70%	87%	13%	6%
22 Jahre	80%	81%	10%	13%
Alle 13- bis 29-Jährigen	73%	77%	13%	12%
(Basis: Teilnehmer der Umfrage))				

* Bei den 14-jährigen Jungen meinten zusätzlich 13%, dass Geschlechtsverkehr auch bei einem kurzen Flirt und weitere 4% in einer lockeren Beziehung erlaubt sei.

Einstellung zum Geschlechtsverkehr nach Beziehungsstand

Die Einstellung wird auch hier mit Veränderung der Lebenssituation zunehmend lockerer. Bei Personen, die zum Zeitpunkt der Umfrage solo waren, sind 81% der Männer und 86% der Frauen der Meinung, dass Geschlechtsverkehr ausschließlich in die Ehe gehört. Bei den fest befreundeten Paaren sinkt diese Zahl auf 67% bei den Männern und 65% bei den Frauen. Ein Drittel der Befreundeten findet Geschlechtsverkehr in einer festen Freundschaft oder in der Verlobungszeit in Ordnung.[28]

Im Vergleich zur Pettingeinstellung bleibt die Einstellung zum Geschlechtsverkehr trotz Veränderung der Lebenssituation etwas konstanter. Während die Differenz zwischen Alleinstehenden und fest befreundeten Personen beim Petting zwischen 33% bei den Frauen und 34% bei den Männern lag, schrumpft der Unterschied bei der Einstellung zum Geschlechtsverkehr zwischen diesen Gruppen nun auf 21% bei den Frauen und 14% bei den Männern.

Erfahrung mit Geschlechtsverkehr

Die im Vergleich zum Petting höhere Einstellung, dass Geschlechtsverkehr in die Ehe gehört, spiegelt sich auch im Verhalten.

Exkurs: Geschlechtsverkehr-Erfahrung und Petting

Zum Vergleich dazu die Zahlen aus der Studie »Jugendsexualität 2006« der Bundeszentrale für gesundheitliche Aufklärung (BzgA)[29]: Der Anteil der Personen mit Geschlechtsverkehr-Erfahrung ist hier weitaus größer als bei christlichen Jugendlichen. Im säkularen Bereich sagen bei den 17-Jährigen 34% der Jungen und 27% der Mädchen aus, noch nie mit jemandem geschlafen zu haben. 1980 hatten 44% der 17-Jährigen Mädchen und 62% der 17-Jährigen Jungen noch keine Erfahrung mit Geschlechtsverkehr.

Bei den 17-Jährigen in unserer Umfrage hatten dagegen 85% der Jungen und 86% der Mädchen noch keinen Geschlechtsverkehr.

Laut »Jugendsexualität 2006« ist bei den meisten Jugendlichen der Schritt zwischen Genital-Petting und Geschlechtsverkehr nur noch klein. Der Anteil der Jugendlichen mit Geschlechtsverkehr-Erfahrung ist in der BzGA-Studie nur noch zwei bis vier Prozentpunkte geringer als bei den Jugendlichen mit Pettingerfahrung. Dieses Ergebnis ist eine neuere Entwicklung, die vor 25 Jahren so noch nicht bestand. Damals wurden die Erfahrungen nicht zeitgleich, sondern in abgestufter Form erlebt.

Bei den christlichen Jugendlichen in unserer Umfrage liegen noch 25% zwischen Petting- und Geschlechtsverkehr-Erfahrung. Wird die festgestellte neue Entwicklung bei christlichen Jugendlichen halt machen?

Geschlechtsverkehr-Erfahrung nach Beziehungsstand

a) Personen, die früher in einer festen Freundschaft standen
In dieser Personengruppe haben 22% der Männer und 24% der Frauen schon einmal mit jemandem geschlafen. Diese Personen teilen sich folgendermaßen auf:

Tabelle 8.3: Geschlechtsverkehr-Erfahrung (nur Personen, die *früher* in einer Beziehung standen)

»Hast du schon mal mit jemandem geschlafen?«

»Ich habe schon mal mit jemand geschlafen.«	**Durchschnitt**	**Männlich**	**Weiblich**
Ja, mache ich manchmal/öfters.	1%	2%	0%
Ja früher, aber jetzt nicht mehr, da ich es jetzt nicht mehr in Ordnung finde.	13%	10%	16%
Ja, aber im Moment nicht mehr, da ich keinen Partner/in habe.	8%	9%	7%
Ja, als Ergebnis eines lockeren Flirts	1%	1%	1%
Nein	77%	78%	76%
(Basis: Teilnehmer der Umfrage, die früher eine Beziehung hatten: 354 von 1.279.)			

Wie schon beim Petting ist der Anteil der Frauen, die aufgrund ihrer geänderten Einstellung keinen Geschlechtsverkehr haben wollen, um mehr als ein Drittel höher als bei den Männern. Beinahe jeder zehnte Mann hat nur deshalb aktuell keinen Geschlechtsverkehr, weil der Partner dazu fehlt.

b) Personen, die in einer lockeren Freundschaft stehen
Der Anteil der locker befreundeten Frauen mit Geschlechtsverkehr-Erfahrung ist um 21% höher als bei den Männern (31% Männer, 52% Frauen). Dies ist nahezu der gleiche Steigerungswert wie beim Petting.

c) Personen, die in einer festen Freundschaft stehen
Diese Personengruppe ist am aufschlussreichsten für die Frage, wie sich das Verhalten im Zusammenhang mit dem Beziehungsstatus verändert. 45% der Männer und 41% der Frauen, die aktuell befreundet sind, haben schon mal mit jemandem geschlafen. Mehr als ein Viertel tut dies regelmäßig.

Tabelle 8.4: Geschlechtsverkehr-Erfahrung (nur Personen, die *aktuell* befreundet sind)

»Hast du schon mal mit jemandem geschlafen?«

»Ich habe schon mal mit jemand geschlafen.«	**Durchschnitt**	**Männlich**	**Weiblich**
Ja, mache ich manchmal/öfters.	28%	29%	27%
Ja früher, aber jetzt nicht mehr, da ich es jetzt nicht mehr in Ordnung finde.	14%	14%	14%
Ja, aber im Moment nicht mehr, da ich keinen Partner/in habe.	0%	0%	1%
Ja, als Ergebnis eines lockeren Flirts	1%	2%	0%
Nein	56%	55%	58%
(Basis: Teilnehmer der Umfrage, die fest befreundet sind: 279 von 1.279)			

Von Interesse ist auch hier die Frage nach den Teenagern. Wir haben oben gesehen, dass Teenager überdurchschnittlich der Auffassung waren, dass Geschlechtsverkehr auch in einer festen Freundschaft erlebt werden darf. Diese Auffassung spiegelt sich im Verhalten der Teenager wider.

Tabelle 8.5: Erfahrung mit Geschlechtsverkehr bei aktuell befreundeten Personen (nach Alter)

Personen mit einer festen Freundschaft und Geschlechtsverkehr-Erfahrung im Alter von... *(Anzahl derer, die es aktuell jedoch nicht mehr in Ordnung finden)*	**Durchschnitt**	**Männlich**	**Weiblich**
15 Jahre	7% (0%)	–*	9% (0%)
16 Jahre	37% (5%)	38% (0%)	45% (9%)
17 Jahre	39% (0%)	40% (0%)	38% (0%)
18 Jahre	48% (21%)	40% (30%)	52% (17%)
19 Jahre	30% (6%)	38% (8%)	24% (5%)
20 Jahre	39% (17%)	31% (19%)	50% (15%)
21 Jahre	51% (33%)	60% (33%)	44% (33%)
Alle aktuell Befreundeten (13-29 Jahre)	42% (14%)	45% (14%)	41% (14%)
(Basis: Teilnehmer der Umfrage, die fest befreundet sind: 279 von 1.279)			

* Datenmenge zu klein für eine Auwertung.

Wenn Teenager und Jugendliche die Chance zu Geschlechtsverkehr haben, weil sie sich in einer festen Freundschaft befinden, praktiziert ein Drittel bis die Hälfte dieser Teens und Jugendlichen ihn auch.

Bis zur Volljährigkeit gaben dabei (mit Ausnahme der 16-jährigen Mädchen) alle Befragten, die Geschlechtsverkehr-Erfahrung hatten, an, es regelmäßig zu tun. Eine Veränderung in der Beurteilung von Geschlechtsverkehr setzt erst mit dem Erreichen des 18. Lebensjahres ein. So sagen bei den 21-Jährigen mehr als die Hälfte der Männer und dreiviertel der Frauen mit Geschlechtsverkehr-Erfahrung aus, aktuell nicht mit jemandem schlafen zu wollen, weil sie es nicht mehr in Ordnung finden. Bezieht man zusätzlich die Einstellung der Befragten mit ein, ergibt sich:

- Bei den Personen, die der Meinung sind, man dürfe auch in einer festen Freundschaft miteinander schlafen, tun es auch nahezu 100% aller befreundeten Personen ab dem 18. Lebensjahr regelmäßig.
- Bei den Personen, die der Überzeugung sind, dass Geschlechtsverkehr in die Ehe gehört, handeln jedoch 8% der Frauen und 9% der Männer, die befreundet sind, entgegen ihrer Überzeugung und schlafen (manchmal oder öfter) mit ihrem Partner. Betrachtet man dabei die

Altersverteilung, ergibt sich, dass in machen Altersklassen nur wenige oder gar keine Personen gegen ihre Überzeugungen handeln. Ab ca. dem 21. Lebensjahr bemerken wir bei beiden Geschlechtern eine Zunahme von Geschlechtsverkehr trotz gegenteiliger Ansicht.

Auffallend sind jedoch die ersten Ausschläge der Kurve in der Grafik 8.1 beim 16. und 17. Lebensjahr. Im Alter von 16 Jahren schlafen 25% der befreundeten Mädchen mit ihrem Freund, obwohl sie eine andere Überzeugung haben. Im Alter von 17 Jahren betrifft dies 11% der Mädchen und 20% der Jungen.

Grafik 8.1: Aktuelle Geschlechtsverkehr-Erfahrung bei befreundeten Personen trotz gegenteiliger Überzeugung (nach Alter)

Personen, die in einer festen Freundschaft und der Meinung sind, Geschlechtsverkehr gehöre in die Ehe, die jedoch trotzdem manchmal oder öfter mit ihrem Partner schlafen.

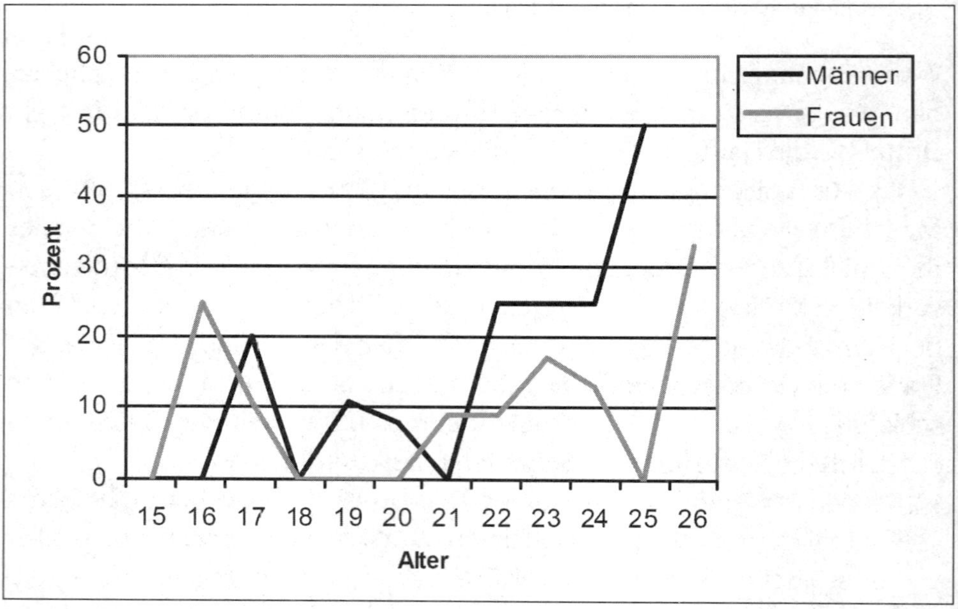

Daraus ergibt sich die Schlussfolgerung, dass es vor allem den 16- und 17-jährigen Teenagern schwerfällt, ihre Überzeugung auszuleben, wenn sie befreundet sind. Dazu passt die Beobachtung, dass die 18- bis 21-jährigen fest befreundeten Personen zu einem großen Teil Geschlechtsverkehr-Erfahrung haben, aber es aktuell nicht praktizieren, da sie es nicht mehr in Ordnung finden.

Grafik 8.2: Vergangene Geschlechtsverkehr-Erfahrung bei aktuell befreundeten Personen trotz gegenteiliger Überzeugung (nach Alter)
Personen, die in einer festen Freundschaft der Meinung sind, Geschlechtsverkehr gehöre in die Ehe, schon mindestens einmal mit jemandem geschlafen haben, es aber heute nicht mehr in Ordnung finden.

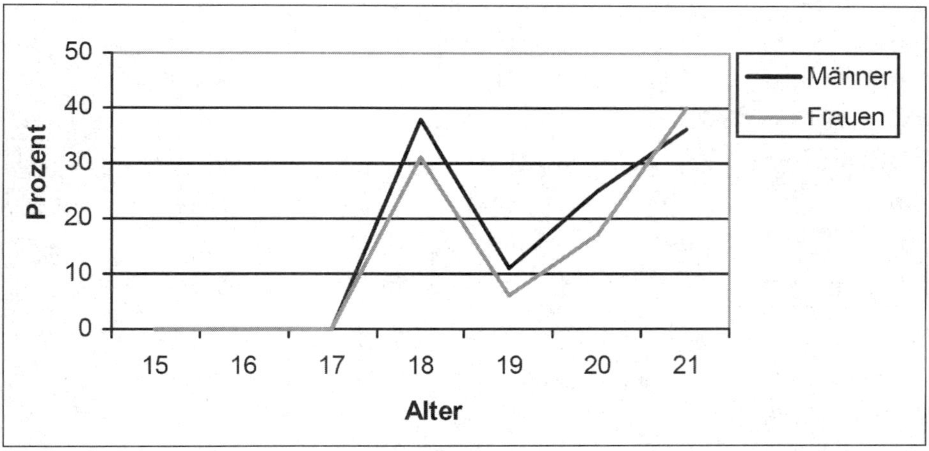

38% der befreundeten 18-jährigen Männer und 31% der befreundeten 18-jährigen Frauen blicken auf Geschlechtsverkehr-Erfahrung zurück, die sie aktuell nicht wiederholen möchten, weil es ihnen leid tut.

Dies bestätigt die oben genannte These, dass im Alter von 16 und 17 Jahren viele Teenager sexuelle Erfahrungen machen, die sie später bereuen. (Eine ähnliche Tendenz ist zusätzlich auch bei Personen festzustellen, die früher in einer Freundschaft standen und Geschlechtsverkehr hatten. Auch in dieser Gruppe begegnet uns ab 17 Jahren bei den Mädchen und ab 18 Jahren bei den Jungen vermehrt die Aussage, dass man den erlebten Geschlechtsverkehr heute nicht mehr in Ordnung findet.)

Exkurs: Erster Geschlechtsverkehr

Mitte der Neunzigerjahre gab es nach der Studie »Jugendsexualität 2006«[30] einen quantitativen Sprung beim Anteil der sexuell erfahrenen 14-jährigen Jungen und Mädchen. Seitdem verfügt im säkularen Bereich bereits ca. jeder zehnte 14-Jährige (2006: 12% der Mädchen, 10% der Jungen; 1980: 3% der Mädchen, 1% der Jungen) über Geschlechtsverkehr-Erfahrung. Bei den 15-Jährigen sind es 23% der Mädchen und 20% der Jungen (1980: 9% der Mädchen, 4% der Jungen). Im säkularen Bereich wird das Alter, mit dem der erste Geschlechtsverkehr erlebt wird, somit immer niedriger.

Ein frühes Erleben von Geschlechtsverkehr (im Alter von 14 Jahren und jünger) hat auch mit dem Bildungshintergrund zu tun. Bei Hauptschülern antworteten auf die Frage »Wie alt waren Sie, als Sie das erste Mal Geschlechtsverkehr hatten?« 63% der Mädchen und 53% der Jungen mit »14 Jahre und jünger«. Bei Gymnasiasten dagegen nur 32% der Mädchen und 19% der Jungen.

»Auffällig ist auch der Zusammenhang zwischen Verhältnis zum eigenen Körper und Zeitpunkt des ersten Geschlechtsverkehrs. Mädchen, die sich in ihrem Köper weniger oder gar nicht wohlfühlen, haben sehr viel häufiger bereits in sehr jungen Jahren (14 Jahre und früher) ihren ersten Geschlechtsverkehr erlebt.«

Für 37% der Mädchen und 24% der Jungen kam der erste Geschlechtsverkehr »völlig überraschend«[31]. Für die (Mädchen 47%, Jungen 38%) kam das erste Mal zwar nicht überraschend, der tatsächliche Zeitpunkt war jedoch nicht geplant. Je jünger die beteiligten Personen beim ersten Mal sind, desto höher ist die Wahrscheinlichkeit, dass es überraschend kommt. Wenn der erste Geschlechtsverkehr nicht geplant ist, steigt die Wahrscheinlichkeit, dass dabei keine Verhütungsmittel eingesetzt werden.

»Für die meisten Jugendlichen ist der erste Geschlechtsverkehr der Einstieg in ein aktives Sexualleben. Das zweite Mal erfolgt für jeden zweiten Jungen und mehr als jedes zweite Mädchen innerhalb der nächsten Tage oder schneller. Bei einem weiteren Viertel beträgt der Abstand zwischen erstem und zweitem Geschlechtsverkehr einige Wochen.«

Fazit

Der Druck, sexuelle Erfahrungen zu sammeln, ist für Jugendliche riesengroß. Die Zeitung »Die Welt« schrieb dazu in einem Artikel: *»Jugendliche haben immer früher Sex – und mehr als zehntausend Mädchen unter 18 werden jährlich schwanger.«* Neben mangelnder Aufklärung und Banalisierung von Sexualität in den Medien spielen vor allem der Gruppenzwang und das »Was, du hast noch nicht?« eine entscheidende Rolle.[32]

Dabei ist der Gruppenzwang gewaltig, weil Teenager immer früher ihr »Erstes Mal« erleben. Laut »Jugendsexualität 2006« haben im Alter von 16 Jahren schon 47% der Mädchen und 35% der Jungen mit jemandem geschlafen. Im Alter von 17 steigt die Quote bei den Mädchen auf 73% und bei den Jungen auf 66%.[33] Dreiviertel der Mädchen und die Hälfte der Jungen erzählen ihrer besten Freundin/ihrem besten Freund von ihrem ersten Mal. 17% der Mädchen erzählen es auch andern Mädchen; 24% der Jungen auch anderen Jungs.[34] Die Erzählungen von Mitschülern über ihre sexuellen Erlebnisse, verbunden mit dem Wunsch dazuzugehören, steigern auch bei christlichen Jugendlichen den Wunsch oder zumindest die Bereitschaft, sich auf Geschlechtsverkehr einzulassen.

Dazu kommt die Banalisierung der Sexualität in den Medien. In den meisten Filmen im Vorabend- und Abendprogramm gehört Sex einfach mit dazu. Wenn er nicht gezeigt wird, dann wird zumindest darüber geredet. Die Botschaft, die damit unterschwellig ankommt, ist: Sex ist immer schön und immer zu haben. Frauen, die ihre Tage haben, gibt es nicht; Schmerzen oder Abstimmungsprobleme beim Geschlechtsverkehr auch nicht. Ungewollte (Teenager-)Schwangerschaften und die seelische Leere nach einem *One-Night-Stand* oder Schwangerschaftsabbruch werden nur selten oder nie erwähnt. Sexualität ist in den Medien normal geworden. Sie gehört einfach zum Leben dazu wie essen, trinken, arbeiten und Hobbys. Doch damit ist dem Sex das Besondere geraubt worden. Dadurch, dass er normal wurde, wurde er banalisiert. In wie vielen Köpfen Sex schon normal geworden ist, zeigt – wie wir im Abschnitt Pornografie gesehen haben -, dass nur ein kleiner Teil aller Befragten bei Nackt- und Sexszenen im Fernsehen auf den Gedanken kommen, um- oder auszuschalten. (Bei Nacktszenen schalten ca. 20% um und bei verhülltem Geschlechtsverkehr nur 13%, selbst bei unverhülltem Geschlechtsverkehr sehen 38% der Männer und 52% der Frauen keine Veranlassung auszuschalten.) Doch weil Sex scheinbar so normal und banal ist, fragen sich viele Teenager und

Jugendliche, warum sie etwas so Normales wie Geschlechtsverkehr (noch) nicht erleben sollten. Scheinbar machen es doch alle? Auch wenn diese Frage nicht bewusst gestellt wird, ist sie zumindest unbewusst in vielen Köpfen.

Neben dem Gruppendruck und der Banalisierung von Sexualität in den Medien ist besonders für ältere Jugendliche ein anderer Punkt sehr schwierig auszuhalten: die Freundschaftszeit bis zur Ehe ohne Sex zu schaffen. Die Spanne zwischen Eintritt in die Pubertät und dem Erlangen von wirtschaftlicher und sozialer Unabhängigkeit wird immer größer und dadurch auch die Spanne, in der Geschlechtsverkehr biologisch möglich ist, aber der gottgewollte Schutzrahmen der Ehe noch nicht geschlossen werden kann.

Diese Zahlen und Fakten sind eine Herausforderung an Jugendgruppen und Gemeinden. Nehmen wir zum Beispiel die Gruppe derer, die Geschlechtsverkehr hatten und es heute nicht mehr in Ordnung finden. Wird in Gemeinden den Jugendlichen deutlich gemacht, dass sie Vergebung erhalten können? Wo erfahren sie Hilfen von Ehepaaren, wie sie eine Beziehung gestalten und mit (weiterem) Sex bis zur Ehe warten können?

Doch auch für die anderen Paare, die regelmäßig miteinander schlafen gilt: Wer gibt ihnen Gottes Maßstäbe eindeutig weiter? Welche Hilfestellungen bekommen Paare in Gemeinden? Gibt es jemanden, der ihnen zuhört, ohne sie sofort zu verurteilen? Wo wird Teenagern und Jugendlichen verständlich und nachvollziehbar vermittelt, dass wahre Liebe warten kann?

4.9 Sexuelle Gewalt (Sexueller Missbrauch[35])

Sexuelle Gewalt ist in christlichen Gemeinden ein Tabu-Thema. Geschwiegen wird vor allem über sexuelle Gewalt in der Familie. Dabei ist das Spektrum von sexueller Gewalt groß. Letztendlich beginnt sexuelle Gewalt dort, wo die sexuellen Grenzen eines Kindes missachtet werden. Es fängt bei scheinbar zufälligen Berührungen an oder dem anscheinend zufälligen Besuch im Kinderzimmer oder Bad, wenn das Kind sich umzieht oder duscht. Die gesamte Bandbreite sexueller Gewalt in christlichen Familien zu erheben, war im Rahmen dieser Umfrage nicht möglich. Daher wurden nur zwei Schwerpunktthemen herausgegriffen.

Sexuelle Belästigung in Chat-Rooms

Um zu erfahren, wie hoch die Wahrscheinlichkeit ist, beim Chatten sexuell belästigt zu werden, wurden bei der folgenden Frage die Personen, die selten oder nie chatten nicht berücksichtigt.

Tabelle 9.1: Sexuelle Belästigung beim Chatten

»Bist du beim Chatten schon mal sexuell belästig worden?«

	Männlich	Weiblich
Nein	77%	43%
Selten	19%	41%
Häufig	4%	15%

(Basis: nur Personen, die regelmäßig chatten: 706 von 1.279.)

Besonders häufig kommt sexuelle Belästigung bei Mädchen bis zum 24. Lebensjahr vor. Danach nimmt sie rapide ab. Die Anzahl der Mädchen, die angaben, im Chat selten sexuell belästigt zu werden, liegt bis dahin auf einem gleichbleibend hohen Niveau. Mit zunehmendem Alter steigt die Zahl der Mädchen, die von häufigen Belästigungen berichten. Männliche Chatter werden dagegen selten regelmäßig belästigt.

Grafik 9.1: Belästigung von Chattern nach Alter

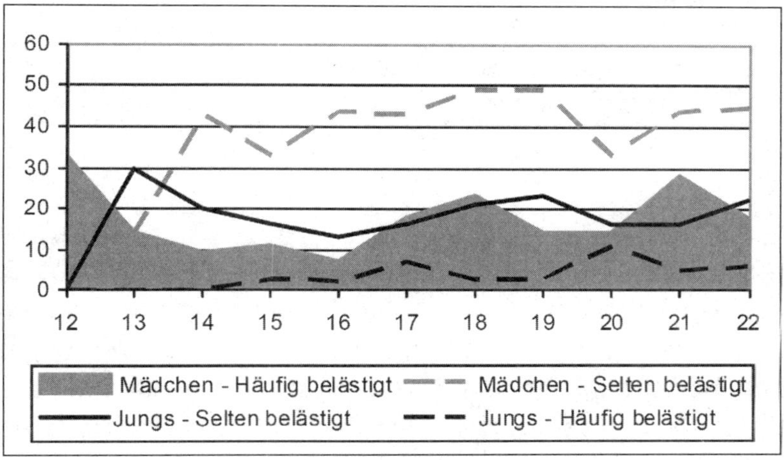

Sexuelle Gewalt

Viele Mädchen werden allerdings nicht nur im Internet sexuell belästigt, sondern auch im »echten« Leben. Sexuelle Gewalt spielt sich dabei fast immer im Familien- oder engeren Bekanntenkreis ab.

Tabelle 9.2: Sexuelle Gewalt (nach Geschlecht)

»Musstest du schon einmal gegen deinen Willen bei sexuellen Handlungen mitmachen oder zusehen?«

	Männlich	Weiblich
mitmachen	2%	7%
zusehen	2%	2%
nein	95%	90%
Ohne Angabe	1%	2%

(Basis: alle Teilnehmer der Umfrage)

Grafik 9.2: Sexuelle Gewalt bei Frauen und Mädchen (nach Alter)

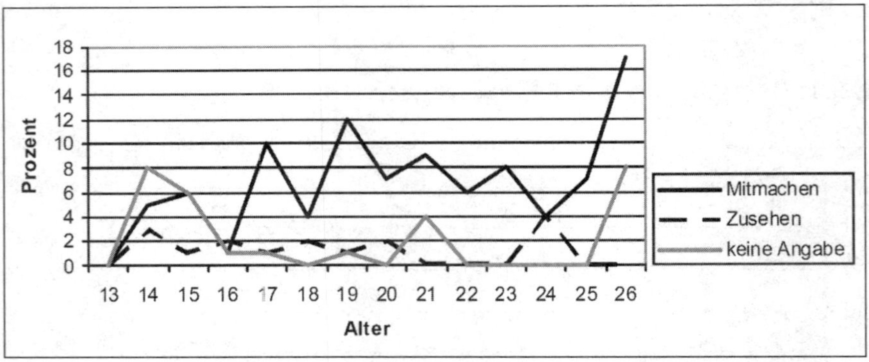

Fast jede zehnte Frau hat schon massive sexuelle Gewalt erlebt. Doch solche Erlebnisse werden häufig verdrängt. Bei einigen Altersgruppen fällt auf, dass sie zu einem großen Teil diese Frage nicht beantwortet haben. Bei der Eingabe der papiergebundenen Umfragen bemerkten wir, dass es immer wieder vorkam, dass einzelne Mädchen die gesamte Umfrage sehr gewissenhaft ausgefüllt und nur bei dieser Frage keine Antwort ange-

Darf ein Christ eine Sauna oder einen FKK-Strand besuchen?	*Ich würde einen FKK-Strand oder eine Sauna besuchen, ...*		**Nein-Anworten**
	...nur wenn mich niemand kennt.	**... auch wenn mich jemand kennt**	
Nein	0,0%	0,5%	99,5%
Nicht sicher	10%	2%	87%
Nur wenn man eine „saubere" Phantasie hat	10%	3%	87%
Nur wenn man nicht rumspannt	33%	9%	58%
Ja	32%	17%	51%

(Basis: alle ***weiblichen*** *Teilnehmer der Umfrage.)*

Einen von drei Männern und jede zweite Frau hindert allein die Scham, sich vor anderen ausziehen, selbst dann, wenn man es vom christlichen Standpunkt aus für erlaubt hält. Von den Frauen, die sich vorstellen könnten z.B. eine Sauna zu besuchen, würden es jedoch nur 175% tun, wenn sie dort Bekannte vermuten würden, 43% der Männer ist dies jedoch egal. Dennoch hat die Einstellung einen hohen Anteil am tatsächlichen Verhalten.

Als Fazit können wir festhalten: In Bezug auf Nacktheit herrscht eine große Unsicherheit. Nur ein Viertel der Befragten bringt das Thema mit Aussagen bzw. Verboten der Bibel in Verbindung und ist sich sicher, dass öffentliche Nacktheit von Gott nicht gewünscht wird. Der Rest der Befragten sieht keine Verbindung zwischen der Bibel und diesem Thema, so dass in ihrem Handeln allein ihr Schamgefühl maßgeblich ist. Dabei sind die männlichen Befragten grundsätzlich eher dazu bereit, eine gemischte Sauna oder einen FKK-Strand zu besuchen als die Frauen.

4.7 Petting

Wenn Jugendliche sich verlieben, werden Zärtlichkeiten ausgetauscht. Dazu gehören Händchenhalten, Küssen, Umarmen und Streicheln. Doch wie weit darf man gehen? Sind Petting und Geschlechtsverkehr in Ordnung? Vor allem: ab wann? In einer lockeren Beziehung oder erst, wenn man verheiratet ist?

Meinung zu Petting

Um Missverständnisse zu vermeiden, haben wir in der Fragestellung »Petting« definiert.

kreuzt haben. Während bei den meisten anderen Fragen ca. 1-2% der Befragten die Fragen gar nicht beantworteten, stieg hier bei den 14-15-Jährigen der Wert auf 6-8%. Wollten sie es sich selbst nicht eingestehen, dass sie betroffen sind? 8% der Mädchen ist also nur die Zahl derer, die es sich selbst eingestanden haben, Opfer von sexueller Gewalt geworden zu sein. Dazu passt, dass die Anzahl der missbrauchten Frauen bei den über 18-Jährigen durchweg höher ist. Können sich diese älteren Frauen, aufgrund der größeren Distanz zur Tat, eher als Betroffene bezeichnen? Trotzdem lässt sich die echte Quote nur erahnen. Schätzungen sagen, dass ca. 15% aller Mädchen Opfer von sexueller Gewalt werden. Doch selbst, wenn »nur« jedes zehntes Mädchen betroffen wäre, würde das bedeuten, dass wahrscheinlich zu jedem Teen- oder Jugendkreis ein oder mehrere Opfer von sexueller Gewalt gehören. Dazu passen die Ergebnisse der nächsten Frage:

Tabelle 9.3: Kenntnis von Opfern sexueller Gewalt

»Kennst du jemanden in deinem Freundeskreis, der schon einmal Opfer von sexueller Gewalt wurde?«

	Durchschnitt	Männlich	Weiblich
Ja	23%	20%	26%
nein	65%	71%	50%
Nicht sicher	10%	7%	12%
Ohne Angabe	1%	1%	2%
(Basis: alle Teilnehmer der Umfrage)			

Jedes vierte Mädchen in einem Jugendkreis kennt ein Opfer von sexueller Gewalt. Diese hohe Quote macht die Brisanz des Themas deutlich. In Gemeinden und Jugendgruppen sitzen Betroffene und ihre Freundinnen. Häufig bleiben sie mit ihren Nöten und Problemen allein. Das Thema »Sexuelle Gewalt« wird niemals erwähnt. Es wird auch nicht erwähnt, dass es Hilfe geben kann. Es herrscht ein Klima des Schweigens, in dem jeder direkt oder indirekt Betroffene selbst zusehen muss, wie er damit klarkommt. Deshalb ist es unbedingt notwendig, dass Mitarbeiterinnen in Gemeinden und Jugendgruppen signalisieren: »Mit mir kannst du reden! Ich helfe dir!« Die Hilfe, die Jugendmitarbeiterinnen leisten können, besteht häufig nur im ersten Schritt: nämlich dem Opfer zu glauben und gemeinsam mit ihm den nächsten Schritt zu einer qualifizierte Person zu gehen. Kein Jugendmitarbeiter sollte ohne Fachkenntnis und seelsorgerliche Ausbildung allein ein Missbrauchsopfer betreuen.

Weitere Information enthält der Leitfaden für Jugendmitarbeiter im Anhang (siehe 7.2). Eine Adressübersicht von Hilfsorganisationen für Opfer von Vergewaltigung und sexueller Gewalt findest du im Materialpool (siehe 6.5.3.4)

Exkurs: Sexuelle Gewalt:

Aufgrund unserer Umfrage lässt sich nicht erheben, ob die erfahrene Gewalt innerhalb der Familie (vorrangig im Kindes- und Teenageralter) oder als Jugendliche und Erwachsene stattgefunden hat. Doch neben dem Missbrauch an Kindern durch Erwachsene wollen wir auf zwei weitere Formen der sexuellen Gewalt hinweisen:

Sexuelle Gewalt im Teen- und Jugendalter

Die Umfrage »Jugendsexualität 2006« untersuchte auch das Thema »Sexuelle Gewalt«[36]. Auf die Frage »Hat ein Junge/Mann schon einmal versucht, Sie gegen ihren Willen zu Sex oder Zärtlichkeiten zu bringen, indem er Sie unter Druck gesetzt hat?« bejahten 13% aller Mädchen diese Aussage. Meistens überstanden die Mädchen solche Situationen unbeschadet (62%), doch bei 25% kam es zu körperlichen Kontakten (Küssen oder Petting) und bei 9% zu Geschlechtsverkehr. 18% der betroffenen Mädchen reden mit niemandem über diese Erlebnisse, der Rest redet zu einem großen Teil mit Gleichaltrigen (68%). Der Täterkreis bezieht sich hier jedoch vorrangig nicht auf den Familienhintergrund, wie es häufig bei sexueller Gewalt im Kindes- oder frühen Teenalter der Fall ist. 39% der Täter waren neue Bekanntschaften, 31% Freunde, Mitschüler und Kollegen, 23% der (Ex-)Freund und zu 15% ein unbekannter Junge/Mann (Mehrfachnennungen waren möglich).

Jungen werden dagegen wesentlich seltener Opfer von sexueller Gewalt. Passiert es jedoch, so erzählen 49% der männlichen Opfer niemandem davon.

Neben der seelsorgerlichen Aufarbeitung ist der juristische Aspekt zu beachten, dass auch der sexuelle Missbrauch/die sexuelle Gewalt von Jugendlichen (bis 18 Jahren), der von (jugendlichen) Tätern unter Ausnutzung einer Zwangslage ausgeübt wurde, strafbar ist. Weiter Infos im Aufsatz »Rechtsgrundlagen im Bereich Sexualität« (7.1) .

Sexuelle Übergriffe unter Kindern

Als Letztes ist zu erwähnen, dass auch sexuelle Übergriffe unter Kindern im Vor- oder Grundschulalter zunehmen. Zartbitter Köln e.V. berichtete auf ihrer Homepage[37], dass vermehrt Eltern und Pädagogen um Rat suchen, weil Jungen und Mädchen massive sexuelle Gewalt durch Kinder im Alter zwischen 6 und 10 Jahren erlebt hatten. Die nachfolgenden Texte sind der oben erwähnten Seite entnommen:

Die grenzverletzenden Handlungen reichen von erzwungenen verbalen Manipulationen (»Wenn du das nicht machst, bist du nicht mehr mein Freund!«), über das wiederholte Einführen von Stöcken in den Genitalbereich bis zur Angstmache mit pornografischen Bildern auf dem Handy. In Einzelfällen leiden die Opfer neben den seelischen Belastungen auch unter körperlichen Verletzungen.

Ursachen sexueller Übergriffe unter Kindern

Einige sexuell übergriffige Kinder waren zuvor selber Opfer sexueller Gewalt. Die meisten von ihnen haben diese Gewalterfahrungen jedoch nicht innerhalb, sondern außerhalb der Familie erlebt. So gilt zum Beispiel in Jungenbanden sexuell übergriffiges Verhalten oftmals als »Mutprobe« – zum Beispiel: jüngere oder schwächere Kinder auf dem Klo belästigen oder mit pornografischen Bildern auf dem Handy schocken.

Keinesfalls ist wiederholt oder gezieltes sexuell übergriffiges Verhalten eine Folge eines zufällig beobachteten Geschlechtsverkehrs. Sexuelle Übergriffe unter Kindern können ein Hinweis auf eigene sexuelle Gewalterfahrungen durch andere Kinder, Jugendliche oder Erwachsene sein.

Oftmals haben die Verhaltensauffälligkeiten jedoch andere Ursachen.

Zum Beispiel:

- *zu frühe und emotional überfordernde Konfrontation mit Erwachsenensexualität (zum Beispiel: pornografisches Bildmaterial),*
- *emotionale Vernachlässigung,*
- *Zeugenschaft von (häuslicher) Gewalt,*
- *körperliche Gewalterfahrungen in und außerhalb der Familie,*
- *Mobbing-Erfahrungen in Kita und Grundschule,*
- *Vernachlässigung eines grenzachtenden Umgangs zwischen Kindern in pädagogischen Einrichtungen.*

Zarbitter Köln e.V. hat eine Infobroschüre herausgebracht, die den Unterschied zwischen kindlichen Doktorspielen und sexuellen Übergriffen erläutert. Die Broschüre kann unter www.zartbitter.de angeschaut und bestellt werden.

4.10 Homosexualität

Im letzten Themenbereich der Umfrage ging es um Homosexualität. Die Mehrheit der Befragten (93,4%) empfindet sich als heterosexuell und nur 1,2% als homosexuell. Zwei weitere kleine Gruppen empfinden sich entweder als bisexuell (1,6%) oder sind sich nicht sicher.

Tabelle 10.1: Sexuelle Empfindung im Bereich Hetero- und Homosexualität

Empfindest du dich als ...

männlich	13 – 17 Jahre	18 – 23 Jahre	24 – 29 Jahre
Heterosexuell	92,6%	94,4%	95,1%
Homosexuell	0,9%	1,1%	2,0%
Bisexuell	1,8%	3,2%	2,0%
nicht sicher	3,2%	1,1%	0,0%
Ohne Angabe	1,4%	0,4%	1,0%
(Basis: alle männlichen Teilnehmer der Umfrage)			

weiblich	**13 – 17 Jahre**	**18 – 23 Jahre**	**24 – 29 Jahre**
Heterosexuell	92,2%	93,4%	96,3%
Homosexuell	1,1%	1,3%	1,2%
Bisexuell	1,1%	0,9%	0,0%
nicht sicher	3,3%	3,4%	1,2%
Ohne Angabe	2,2%	0,9%	1,2%
(Basis: alle weiblichen Teilnehmer der Umfrage)			

Insgesamt wird deutlich, dass Personen, die sich als bi- oder homosexuell bezeichnen, nach wie vor eine Minderheit sind. Auffallend ist, dass in jüngeren Jahren bei beiden Geschlechtern eine höhere Unsicherheit über das sexuelle Empfinden vorherrscht. Mit zunehmenden Alter verringert sich oder verschwindet diese Unsicherheit. Bisexualität scheint eher für Männer ein Thema zu sein als für Frauen.

Exkurs: Gleichgeschlechtliche Kontakte:

In der Umfrage »Jugendsexualität 2006«[38] wurde auch nach gleichgeschlechtlichen Kontakten gefragt. »*Nach eigenen Angaben haben 13% der Mädchen und 6% der Jungen schon einmal engen körperlichen Kontakt mit einem gleichgeschlechtlichen Partner gehabt.*« Während der Wert der Jungen dabei in den letzten Jahren überwiegend gleich blieb, hat sich der Anteil der Mädchen von 8% in 2001 heute auf 13% gesteigert. »*Auf dem Land lebende Mädchen haben geringere Erfahrungen mit Gleichgeschlechtlichen als Bewohnerinnen kleiner oder größerer Städte. Bei den Jungen gibt es diesbezüglich keine Unterschiede.*«

Des Weiteren besteht ein Zusammenhang bei den Mädchen zwischen Geschlechtsverkehr und gleichgeschlechtlichen Kontakten: »*Mädchen, die bereits Geschlechtsverkehr gehabt haben, haben mit einer größeren Wahrscheinlichkeit auch enge körperliche Erfahrungen mit Gleichgeschlechtlichen gemacht.*«

»*Je früher der erste Geschlechtsverkehr des Mädchens, desto größer auch die Wahrscheinlichkeit von engen körperlichen Erfahrungen mit dem gleichen Geschlecht.*

Bei der Bewertung von Homo- oder Bisexualität sind 3,3% der Meinung, dass Gott Bi- und Homosexualität egal ist oder dass Gott dafür ist. 86,4% sind der Auffassung, Gott ist gegen Bi- und Homosexualität. Doch immerhin jeder Zehnte (9,3%) ist sich unsicher, wie Gott darüber denkt.

Wie wirkt sich das Denken über Homosexualität und die eigene sexuelle Orientierung auf das Verhalten und Empfinden aus? Jeder zweite Befragte (47,6%) kennt eine bi- oder homosexuelle Person in seinem Umfeld. Weitere 13,9% sind sich darüber nicht sicher.

Tabelle 10.2: Empfindungen beim Umgang mit Bi- und Homosexuellen

»Wie empfindest du den Umgang mit Bi- oder Homosexuellen?« (Mehrfachnennungen waren möglich.)

	Durchschnitt	Männlich	Weiblich
Normal	33%	31%	34%
Unwohl	43%	45%	41%
Interessant	11%	8%	13%
Gehe auf Distanz	28%	31%	24%
Sonstiges	11%	10%	11%
Ohne Angabe	3%	3%	4%
(Basis: alle Teilnehmer der Umfrage)			

Ein Drittel empfindet den Umgang als ganz normal. Somit werden sie sich wahrscheinlich Homosexuellen gegenüber auch so verhalten wie gegenüber heterosexuellen Menschen. Jeder Zehnte findet es interessant, aber zwei von fünf Personen fühlen sich im Umgang mit sexuell anders empfinden Menschen unwohl. Ein Teil von ihnen bringt das auch zum Ausdruck, indem er auf Distanz geht. Besonders stark ist dies bei Männern vorhanden, die keine Homosexuellen kennen: Trotzdem sagen sie zu 38% aus, dass sie auf Distanz gehen würden. Wenn Männer aber Homosexuelle kennen, gehen »nur« 28% von ihnen auf Distanz.

Das Gefühl des Unwohlfühlens und distanziertes Verhalten sind vielleicht mit ein Grund dafür, warum sich Bi- und Homosexuelle häufig diskriminiert fühlen und in Gemeinden und Jugendgruppen nicht angenommen werden. Doch Jesu Liebe gilt allen Menschen gleich. Jesus hat die Sünder angenommen und sich dabei nicht unwohl gefühlt. Gleichzeitig hat er sehr deutlich Sünde beim Namen genannt, aber in der Verbindung mit der Liebe, die Jesus ausstrahlte, war ein Neunanfang möglich. Was würde sich verändern, wenn wir wie Jesus allen Menschen mit einer klaren Theologie und Ethik und ganz viel Liebe begegnen würden? Wäre dann Veränderung erlebbar?

Die Mehrheit der Befragten ist der Meinung, dass eine Veränderung des sexuellen Empfindens möglich ist.

Tabelle 10.3: Einschätzung, ob die sexuelle Empfindung veränderlich ist

»Glaubst du, es besteht die Möglichkeit, dass sich ein homosexuell empfindender Mensch verändern kann und in Zukunft heterosexuell empfindet?«

	Durchschnitt	Männlich	Weiblich
Ja, Veränderung ist möglich.	75%	76%	74%
Nein, wer homosexuell ist, der bleibt es auch.	4%	5%	2%
Eventuell kann ein Homosexueller auch zusätzlich bisexuell werden, aber niemals heterosexuell.	3%	3%	4%
Ich bin mir nicht sicher.	17%	15%	19%
Ohne Angabe	1%	1%	1%
(Basis: alle Teilnehmer der Umfrage)			

7% der Befragten sind der Auffassung, dass eine Veränderung nicht möglich ist. Mehr als doppelt so viele sind sich nicht sicher.

Fazit der Umfrage

Ein Ziel dieser Umfrage war, ein realistisches Bild von Teens und Jugendlichen in Gemeinden zu erhalten. Wir bekamen viele ehrliche Antworten zu Themen, über die oft nicht gesprochen wird. Viele Nöte, Probleme und Orientierungslosigkeit sind offenbar geworden, die wahrscheinlich jeden Teen- und Jugendkreis, jede christliche Gemeinde betreffen. Es besteht Handlungsbedarf, denn evangelikale Gemeinden stellen keine heile Welt dar. Christliche Teenager und Jugendliche kämpfen mit denselben Problemen wie ihre nichtchristlichen Klassenkameraden und Kollegen. Da wird Sexualität pervertiert und egozentrisch ausgelebt, wird Liebe mit Sex verwechselt und viel zu schnell ins Bett gesprungen, da fehlen häufig die Kraft und die Überzeugung, bis zur Ehe zu warten.

Gemeinden sind keine Insel der Seligen, aber Gemeinden kennen Jesus – daher ist Vergebung möglich. Denn Jesus ist am Kreuz gestorben – auch für die sexuellen Sünden. Doch Jesus blieb nicht tot – er lebt, und deshalb können wir in der Gemeinde, im Teen- und Jugendkreis zusammen mit ihm unsere Nöte und Probleme angehen. Letztendlich stammt von ihm die Idee der Gemeinde als Ort der Heilung. Denn an diesen Ort hat er Menschen hingestellt, die sich um Verletzte kümmern und anderen Hilfe und Orientierung anbieten.

Manchmal haben uns die Zahlen und Ergebnisse dieser Umfrage frustriert und entmutigt. Über 1.200 Umfragen – und hinter jedem Datensatz steckt ein Mensch mit Meinungen, Erfahrungen und oft wohl auch tiefen seelischen Verletzungen. Doch immer wieder ist uns deutlich geworden, dass hier eine große Chance von christlichen Gemeinden liegt. Deshalb soll diese Umfrage motivieren: Wir haben die Chance, jungen Leuten Werte zu vermitteln, damit sie nicht in ihrer Sexualität und ihrer Seele verletzt werden. Wir haben die Chance, Verletzten zu helfen und ihnen zu zeigen wie genial der Schöpfer sich Sexualität gedacht hat. Mit Gottes Hilfe kann es gelingen.

5. Der Mitarbeiter

Im letzten Kapitel haben wir gesehen, wie notwendig es ist, dass Teen- und Jugendmitarbeiter den Mund aufbekommen und in ihren Gruppen über das Thema Sexualität reden. Doch bevor wir starten, wollen wir zuerst noch einmal die drei Beteiligten in den Blick nehmen: Zum einen geht es um Gott, den Erfinder der Sexualität. Er vermittelt uns in seinem Wort gute Leitlinien, wie wir mit unserer Sexualität umgehen können. Zum anderen geht es um die Teens, die in einer sexualisierten Gesellschaft aufwachsen und Orientierung suchen. Als dritte Komponente gibt es uns – die Mitarbeiter und Leiter.

Manchmal denken Mitarbeiter, sie wären nichts anderes als der Paketdienst, der den Teens Gottes Leitlinien zustellt. Doch dieses Bild ist unvollständig. Wir sind als Mitarbeiter nicht nur Boten, sondern ebenso Empfänger. Auch Mitarbeiter sind Menschen, die Gott als Frauen und Männer mit Sexualität ausgestattet hat. Dieses Thema betrifft uns also im gleichen Maße wie die Teens. Vielleicht sind für uns andere Fragen aktuell, aber es geht kein Mensch über diese Erde, für den dieses Thema Sexualität komplett unwichtig wäre. Also geht es in diesem Kapitel um uns Mitarbeiter.

5.1 Ein Blick in den Spiegel

Morgens früh – der Wecker klingelt. Nachdem ich ihn drei Mal ausgehauen habe, entscheide ich mich dann doch, irgendwann aufzustehen. Mühsam schleppe ich mich ins Badezimmer. Noch bevor ich die Dusche erreiche, riskiere ich einen Blick in den Spiegel. Ich sehe Bartstoppeln im Gesicht und die Konturen des Kopfkissens auf meiner Stirn. Ich sehe blaue Augen, die mich aus minimal geöffneten Lidern ansehen. Das, was ich dort im Spiegel betrachte, bin ich – ist die Wahrheit über mich. Ich brauche diese Wahrheit, die manchmal hart sein kann, um mit Rasierer und Bürste zu einem anderen Ergebnis zu kommen, einem Ergebnis, das mir (hoffentlich) besser gefällt. Doch manchmal hilft mir der Blick in den Spiegel auch, um während des Tages Reaktionen anderer Leute besser zu verstehen. Wenn ich morgens im Spiegel den dicken Pickel an meinem Kinn nicht bemerkt hätte, wüsste ich nicht, warum mir heute alle Leute dorthin starren.

Das eigene Denken zu reflektieren, ist wie ein Blick in den Spiegel. Ich bekomme dadurch die Chance, Denkstrukturen zu entdecken und eventuell bewusst zu verändern; ich kann dadurch auch Reaktionen anderer auf mein Reden und Verhalten besser einordnen. Wir möchten dir nun einen Spiegel vorhalten. Zu Beginn jedes Abschnitts findest du einige Fragen, die dich zum Nachdenken über dich selbst anregen sollen. Die Fragen und Anregungen sollen dir helfen, manches in deinem Leben klarer zu sehen. Nimm dir die Zeit, ehrlich auf die Fragen einzugehen.

5.1.1 Mein Bild von Sexualität

- Wenn ich das Wort »Liebe« höre, denke ich an ...
- Wenn ich das Wort »Sexualität« höre, denke ich an ...
- Wenn ich Sexualität auf einer Skala von 1-10 benoten müsste, welche Note würde ich geben? (10 = super wichtig; 1 = unwichtig)

Sexualität ist ein gutes und kostbares Geschenk Gottes. Über ein solches Geschenk freut man sich normalerweise, man schützt es vor Verletzungen und ist stolz darauf, es zu besitzen. Ist deine Sexualität für dich so ein besonderes Geschenk? Freust du dich darüber, ein Mann oder eine Frau zu sein? Wie dachtest und denkst du über Sexualität? Wie willst du künftig darüber denken?

5.1.2 Meine Überzeugungen

- Glaube ich, dass Gott mich liebt und das Beste für mich will?
- Glaube ich, dass die Botschaft der Bibel auch in Bezug auf meine Sexualität immer noch aktuell ist?
- Bin ich davon überzeugt, dass es für mein Leben das Beste ist, wenn ich mich an den biblischen Leitlinien orientiere?
- Will ich mich – auch in Bezug auf meine Sexualität – nach den biblischen Vorgaben richten?

Diese Fragen berühren den Kern – deine Beziehung zu Gott. Willst du in deiner Gruppe nur über Sexualität reden, weil das Thema gerade dran ist und deine Gemeinde christliche Werte vertritt? Stecken hinter deinem

Reden vielleicht nur die Anforderungen deines Mitarbeiterteams? Oder redest du aus Überzeugung? Das bedeutet nicht, dass du fehlerfrei sein musst. Es bedeutet, dass du Gott und seinem Wort vertrauen willst, auch wenn dir vielleicht Zweifel kommen, ob das heute noch lebbar ist. Du willst tun, was er sagt – auch dann, wenn es dir schwerfällt; selbst dann, wenn du zurückblickend vielleicht oft versagt hast. Wenn du dich auf diesem Weg befindest, dann mach weiter. Glauben bedeutet nicht, alles zu verstehen und niemals zu zweifeln. Es bedeutet, dass Gott das Navigationsgerät in unserem Lebensauto sein darf, auch dann, wenn er uns vielleicht Wege führt, die wir nicht genommen hätten oder die anstrengend sind (vor der Ehe keinen Sex). Glaube heißt, dass wir trotzdem diese Wege gehen – ohne Abkürzungen. Vielleicht kommst du auch mal ins Zweifeln. Nicht das Zweifeln ist gefährlich, sondern nur, wenn du eine andere Route wählst und das Navi aus dem Fenster wirfst. Wir möchten dir Mut machen, an Gott dran zu bleiben, auch wenn es manchmal nicht einfach ist.

Wenn du in deinem eigenen Leben Gott nicht vertrauen willst, brauchst du mit Teens und Jugendlichen nicht über Sexualität zu reden. Deine Zuhörer merken sehr schnell, ob du hinter dem stehst, was du sagst, oder nicht.

5.1.3 Mein Leben

- Lebe ich, was ich glaube? Können die Teens und Jugendlichen an meinem Umgang mit dem anderen Geschlecht meine Werte erkennen?
- Wie verhalte ich mich, wenn Witze erzählt werden? Was für Witze erzähle ich selbst?
- Welche Gedanken und Fantasien werden in mir wach, wenn ich mit Personen des anderen Geschlechts zusammen bin? Lasse ich diese Gedanken zu? Versuche ich, sie zu unterdrücken oder zu verdrängen?
- Kann ich mich selbst in meiner Identität als Mann oder Frau annehmen oder versuche ich, als Nicht-sexuelles-Wesen aufzutreten?
- Bin ich ein Vorbild für andere?

Die wichtigste Vermittlung von sexualethischen Leitlinien geschieht durch dein Leben. Du bist für deine Teens auch dann ein Vorbild, wenn du am liebsten unbeobachtet wärst. Dabei spielt es keine Rolle, ob du Single, verliebt, verlobt oder verheiratet bist. Vorbild zu sein, bedeutet nicht, dass du perfekt sein musst, bevor du mit anderen über Sexualethik reden darfst – sonst hätten wir bis heute nicht damit anfangen dürfen. Stattdessen geht es um das Vorbild in der Echtheit unserer Jesus-Beziehung. Paulus schreibt: »*Wenn ich schwach bin, dann bin ich stark*.« Vielleicht bin ich schwach, weil ich weiß, dass ich nicht vollkommen bin. Doch aus Jesus heraus können auch wir Vorbilder werden: Vorbilder durch seine Kraft, die stehen und durch Jesus wieder aufstehen können. Bitte lies die folgenden Punkte daher nicht als »Moralkatalog«, den du erfüllen musst, um ein guter Jugendmitarbeiter zu sein. Lies sie als Anregung, wie du dein Leben durch die Kraft Gottes, gestalten kannst.

»Dein Leben redet so laut, dass ich deine Worte nicht hören kann!« Dieser Satz gilt auch in der Teen- und Jugendarbeit. Wenn ein Jugendmitarbeiter sich an jedes weibliche Wesen »ranschmeißt«, kann er den jüngeren Jungs in seiner Gruppe tausendmal sagen, sie könnten sich mit der Partnersuche Zeit lassen. Sie werden nur eins tun – ihn nachahmen. Das Gleiche gilt für den Umgang mit dem eigenen Freund oder Freundin oder dem Ehepartner. Die Teens beobachten dich auch dann, wenn kein offizielles Programm ist.

Zur Vorbildwirkung gehört auch dein Reden. Oft bleiben nicht die bewusst ausgesprochenen Dinge hängen, sondern vielmehr Nebensätze und Nebentöne, manchmal Unausgesprochenes, das sich jeder denken kann. Ist dein Reden und Hören eindeutig oder zweideutig?

Wohin lässt du deine Augen und Gedanken wandern, wenn du mit anderen Personen zusammen bist? Seine eigene Fantasie zu kennen und auch im Bereich der Gedanken vorbildlich zu sein, ist sicherlich am schwierigsten. Auch wenn das ein Bereich ist, der nicht so leicht und schnell für andere erkennbar wird, solltest du dennoch auf die Reinheit deiner Gedanken und Fantasie achten. Im Bereich der Gedanken merken wir am deutlichsten, dass wir nie perfekt werden und immer wieder Vergebung brauchen. Dabei geht es ausschließlich um den Bereich, den wir wirklich steuern können. Denn ein Mensch ist eben kein Auto, das in allen Punkten steuerbar ist. Wenn ein Mann etwas empfindet, wenn er eine schöne Frau sieht, dann gehört das zu seiner Männlichkeit. Wenn er sich in Gedanken bewusst vorstellt, sie auszuziehen oder mit ihr zu schlafen, ist es Sünde.

Zum »eigenen Leben« gehört auch, dass man in Bezug auf den Selbstschutz Vorbild und Vorreiter ist. Jeder Mitarbeiter in der Gemeinde sollte auf seinem PC ein Schutzprogramm gegen Pornografie installiert haben. (Statt einem Filterprogramm bietet sich auch ein »Rechenschaftsprogramm« wie z.B. *www.X3watch.com* an, bei dem der Rechenschaftspartner [Ehefrau oder Freund] über zweifelhafte Seiten informiert wird.) Es lohnt sich für jeden Mitarbeiter, sich selbst zu schützen. Wenn wir unseren Teens ehrlich erzählen, warum wir uns schützen, sind sie eher bereit, sich auch selbst einzugestehen, dass wir Männer einen »*Bund mit unseren Augen*« brauchen. Eine Filtersoftware o.ä. kann dazu eine gute Hilfe sein. Ein solches Schutzprogramm sollte auch nicht erst installiert werden, wenn man ein Problem mit Pornografie hat. Ein Virenschutzprogramm installiert man ja auch nicht erst, wenn der erste Virus auf dem Rechner ist.

5.1.4 Meine Prägung

- Bin ich in einem Elternhaus aufgewachsen, in dem ich meine Fragen offen loswerden konnte und wo man mich und meine Sexualität ernst nahm?
- Kenne ich Ehepaare, bei denen ich denke: »So eine Ehe möchte ich auch mal führen.« Wenn ja, welche?
- Gab es Fragen und Probleme in meinem Leben, auf die ich früher gerne eine Antwort bekommen hätte, aber nie bekam?

Was wir in der Kindheit und Jugendzeit erlebt haben, hat unser Denken und Empfinden geprägt. Diese Prägung beeinflusst, ob und wie wir Gottes Leitplanken wahrnehmen. Hast du zum Beispiel in deiner Kindheit erlebt, dass deine Eltern sich oft gestritten und nach einigen bitteren Jahren getrennt haben, wird es dir schwerer fallen, über Ehe nachzudenken. Jemand, der in einer Familie mit einer harmonischen Ehe aufgewachsen ist, hat damit weniger Probleme.

Unsere Prägung und unser Erleben haben keine Auswirkung darauf, ob Gottes Maßstäbe gültig sind. Sie bleiben konstant. Das gilt auch, wenn wir erlebt haben, dass Menschen ihre Freiheit missbrauchten. Unsere Prägung hat jedoch Auswirkungen darauf, wie wir Gottes Maßstäbe vermitteln. Deshalb brauchen wir eine bewusste Reflexion unseres Denkens. Auch wer negative Erfahrungen im Elternhaus gemacht hat, kann über Ehe sprechen. Denn diese Erfahrungen entsprechen auch heute noch den Erfahrungen von vielen Teens. Es ist eine Hilfe, wenn du sagst: »Ehe ist etwas Gutes, weil Gott es sagt. Ich will ihm vertrauen, obwohl ich bei meinen Eltern eine abschreckende Ehe gesehen habe.« Ebenso wie die Aussage eines anderen, der begeistert von Ehe ist, weil er super Vorbilder hatte und sich deswegen an Gottes Maßstäben orientieren will. Wie bei diesem Beispiel ist es an vielen anderen Punkten in unserem Leben. Unsere Vergangenheit hat unser Denken und Empfinden auch über Sexualität geprägt. Ganz allgemein und ganz individuell. Egal wie du geprägt bist, Gott spricht mit seinem Wort in dein Leben hinein. Er gibt dir Maßstäbe und Hilfen, damit du sein Geschenk der Sexualität genießen kannst. Als Jugendmitarbeiter möchte Gott dich benutzen, damit du mit deiner individuellen Prägung seine guten Leitlinien an andere weitergibst.

5.1.5 Meine Werte und Kultur

- Welches Verhalten und Handeln rechne ich bei mir und anderen dem sexuellen Bereich zu?
- Wurde ich im Bereich der Sexualität eher streng (1 auf einer Skala von 1-10) oder frei und offen (10) erzogen? Wie schätze ich mich heute selbst ein?
- Woher beziehe ich meine Normen und Werte?
- Wurde in meiner Gemeinde oder meinem Jugendkreis über Sexualität gesprochen? Was wurde mir dort vermittelt?

Jeder Mensch wurde bezüglich seiner Sexualität individuell geprägt. Diese Prägung hat Einfluss auf unser Empfinden – bei uns und auch bei anderen. Zur Prägung gehören auch die Werte und die Kultur. Wer nach sehr strengen Wert- und Moralvorstellungen erzogen wurde, hat diese Vorstellung entweder übernommen oder sich sehr stark davon distanziert. Eine gegenteilige Wertvorstellung bzw. Einstellung entwickelt sich, wenn z.B. ein junger Mann, der eine sehr strenge Erziehung hinter sich hat, oft unter dem Gefühl litt, eingeengt zu sein. Als Erwachsener (und Jugend- oder Teenkreismitarbeiter) wird er sich unbewusst bemühen, selbst nicht streng zu sein und dadurch eher (zu) wenige Regeln weitergeben. Dasselbe gilt für Personen, die in ihrer Kindheit zu viel Freiheit hatten und deshalb Orientierung suchten. Sie werden als Gegenreaktion manchmal eher viele Regeln aufstellen und die Freiheit anderer tendenziell leichter einschränken.

Es kann geschehen, dass wir in unserer heutigen Arbeit mit Teens und Jugendlichen Dinge beobachten, die nicht zu unserer eigenen Prägung und den uns vermittelten Werten passen. Dazu ein Beispiel: Ein ca. 30 Jahre alter Jugendmitarbeiter, der in einer strengen und konservativ ausgerichteten Gemeinde aufgewachsen ist, hat als Teenager vermittelt bekommen, dass jegliche Berührungen von Jungs und Mädels nicht gut sind. Das Maximum des Erlaubten war Händeschütteln. Da ihn das damals nicht eingeengt hat, hat er diese Regel immer für gut befunden und für sich übernommen. Nun beobachtet er, dass sich in seiner jetzigen Gemeinde die Jugendlichen bei jeder Begrüßung und Verabschiedung umarmen. Vor 15 Jahren wäre das undenkbar gewesen. Wie soll sich dieser Jugendmitarbeiter verhalten?

Die erste und wichtigste Frage dabei ist, ob die Bibel sich dazu äußert. In unserem Fall, tut sie es nicht. Würde Gott sich in seinem Wort dazu äußern, hätte die Angelegenheit eine hohe Priorität. Doch es gibt viele Dinge, die nicht direkt in der Bibel stehen und dennoch behandelt werden sollten. Eine Hilfe kann die Frage sein, ob es für die Jugendlichen wichtig ist, dass er die Sache anspricht. Dazu muss er sich überlegen: »Warum umarmen die Teens sich zur Begrüßung, und was empfinden sie dabei?« Wenn die Antwort auf die Frage lautet, dass sie dabei nicht mehr empfinden als beim Händeschütteln und sie es machen, weil es in ihrer Altersgruppe normal ist, dann ist es auch nicht erforderlich, das Thema anzusprechen. In diesem Fall wäre das kulturelle Empfinden zwischen dem älteren, konservativ geprägten Jugendmitarbeiter und den heutigen Teens und Jugendlichen einfach unterschiedlich.

Jeder Jugendmitarbeiter sollte sich bewusst sein, dass sein Denken und Empfinden kulturell geprägt ist und dass sich diese Kultur ändern kann. Ähnlich ist es uns ergangen, als wir ein Seminar in einer italienischen Gemeinde hielten. Die meisten Italiener begrüßten sich mit teilweise mehreren Küssen auf die Wange. Wir waren froh, dass sie die deutsche Kultur respektierten und uns »verschonten«. In ihrem kulturellen Kontext war das so in Ordnung. Würde jedoch ein einzelner deutscher Jugendlicher auf einer unserer Freizeiten anfangen, jeden mit einem Kuss zu begrüßen, würden wir ein Gespräch mit ihm führen. Dies gilt genauso, wenn zum Beispiel zwei Teenager die kurze Umarmung bei einer Begrüßung auf 20 Sekunden ausdehnen, obwohl sie nicht miteinander befreundet sind. Dann würden wir es als wichtig ansehen, mit ihnen darüber zu reden, warum sie das tun.

Ein Bereich ist wahrscheinlich kulturbedingt, wenn die beiden folgenden Fragen jeweils mit Nein beantwortet werden:

- Sagt die Bibel etwas dazu?
- Ist es für die Teens wichtig und förderlich, wenn wir etwas dazu sagen?

Natürlich kann nun jemand anmerken, dass man bei dem genannten Beispiel trotzdem mit den Teens reden und ihnen sagen könnte, dass sie sich zukünftig nur per Handschlag begrüßen sollen. Die Gefahr dabei ist jedoch, dass der Rahmen zu einem engen Käfig wird, indem es sich nicht mehr leben lässt. Häufig kommt irgendwann der Zeitpunkt, an dem Jugendliche aus diesem Käfig ausbrechen und nicht nur die gut gemeinten menschlichen Zusatzregeln in die Tonne werfen, sondern auch die guten Regeln Gottes. Wir können dem nur gegenübertreten, indem wir klar zwischen biblischen Werten, wichtigen Themen (die aber keinen biblischen Stellenwert haben) und kulturellen Themen unterscheiden und die Themen auch entsprechend vermitteln. Die Grenze, wann ein Thema wichtig oder (nur) kulturell bedingt ist, ist dabei oft fließend. Je ehrlicher und transparenter wir als Mitarbeiter damit umgehen, desto besser werden wir den Teens- und Jugendlichen helfen.[39] Dabei ist der erste Schritt ein ehrlicher Blick in den Spiegel, um die eigene Prägung zu reflektieren.

5.1.6. Meine Narben und offenen Wunden

- Was empfinde ich in Bezug auf meine Sexualität, wenn ich an meine Kindheit und Jugendzeit zurückdenke?
- Tauchen in meiner Erinnerung Menschen auf, die meine Grenzen missachtet und mir Gewalt angetan haben?
- Habe ich diese Erfahrungen zusammen mit einem/r Seelsorger/in aufgearbeitet?

Vielleicht wurden deine Grenzen in deiner Kindheit und Jugend verletzt. Eventuell dadurch, dass dein Vater immer wieder »rein zufällig« ins Bad kam, wenn du darin warst, oder ins Zimmer platzte, wenn du dich umgezogen hast. Es kann auch sein, dass deine Grenzen noch viel tiefer verletzt wurden und du bei sexuellen Handlungen zusehen oder mitmachen musstest. Egal wie schwerwiegend deine Verletzungen sind, egal zu was du gezwungen wurdest, an zwei wichtige Punkte wollen wir dich erinnern: Gott liebt dich, und er ist traurig über das, was andere Menschen dir angetan haben. Außerdem ist es wichtig, dass du weißt: Du bist nicht

mich, sie dahin zu begleiten, wo ich selbst Vergebung meiner Schuld und Liebe empfangen habe – zu Jesus Christus.

Es kann sein, dass du selbst in einem Bereich noch ungelöste Fragen hast. Vielleicht sind Verletzungen noch nicht geheilt und Sünde noch nicht vergeben worden. Oder du bist schon so häufig mit einem Problem zu Gott gekommen, trotzdem hat sich nichts nachhaltig verändert. In diesem Fall solltest du sehr genau überlegen, ob du diese Themenbereiche in deinem Teen- oder Jugendkreis ansprechen willst. Wir können für andere nämlich nur dort Wegweiser sein, wo der Weg für uns selbst klar ist. Wir können nur dort helfen, wo wir selbst keine akute Hilfe benötigen. Tun wir es trotzdem, besteht die Gefahr, dass wir uns und den anderen schaden. Zumindest sollte man den anderen einen Schritt voraus sein. Deshalb ist es notwendig, sich selbst und seine eigenen Grenzen zu kennen. Habe den Mut, Hilfe für dich in Anspruch zu nehmen und mit einem erfahrenen Christen oder Seelsorger zu reden.

5.1.8 Meine Sicht über Teenager und Jugendliche

- Wenn ich an die Teens und Jugendlichen in meiner Gruppe denke, empfinde ich ...
- Von welchen Nöten und Problemen bei den Teens und Jugendlichen meiner Gruppe weiß ich?
- Welche Chancen und Perspektiven sehe ich für sie?
- Welche hilfreichen Inhalte wurden mir als Teenager vermittelt?
- Was möchte ich davon heute weitergeben?

Welches Bild hast du über Teenager und ihre Sexualität? Was siehst du, wenn du an deine Teenager und Jugendlichen denkst? Siehst du Teenager, denen es schwerfällt, den Versuchungen zu widerstehen, und die bei Dingen mitmachen, die nicht in Ordnung sind? Siehst du Teenager, die nie erfahren haben, was Liebe ist, und Jugendliche, die schon zahlreiche Geschlechtskontakte hinter sich haben? Siehst du vielleicht auch schon beziehungsunfähige Jungendliche, die sich für nichts auf der Welt eine lebenslange Ehe vorstellen können? All das kann deine Teens und Jugendlichen betreffen. Doch egal wie krass es auch ist, es ist wichtig, auch die andere Seite der Medaille zu betrachten. Diese zweite Seite heißt: Gottes Möglichkeiten!

Siehst du Gottes Möglichkeiten für deine Teens? Siehst du, wie sie mit Gottes Kraft Versuchungen widerstehen können? Hast du die Sicht, dass deine Teens mal Ehen führen werden, die vorbildlich sind? Betest du, dass sie Ehen haben werden, bei denen ungläubige Menschen sagen: »So eine Ehe würde ich auch gerne führen«? Hast du die Vision, dass aus deinen Jugendlichen Eltern werden, die ihre Kinder in einer guten Art und Weise erziehen? Glaubst du, dass Gott mit deinen Teens großartige Dinge vorhat und dass Gott mit den Teens und Jugendlichen aus deiner Gruppe Geschichte schreiben wird?

Beide Seiten der Medaille sind wichtig. Es geht nicht darum, die Augen zu schließen und so zu tun, als ob alles in Ordnung wäre. Wir haben zu Beginn des Buches schon beschrieben, dass Sünde im sexuellen Bereich häufig ein Grund ist, dass die Beziehung zu Gott zugrunde geht. Doch um diese Beziehung geht es vorrangig. Durch diese Beziehung und die Kraft der Vergebung kann Gott aus Teens, die in einer sexverseuchten Gesellschaft aufwachsen und vielleicht schon viel Sünde auf dem Kerbholz haben, trotzdem Glaubenshelden machen: Frauen und Männer, die Jesus gebraucht, um durch sie zu wirken. Deshalb überlege dir noch einmal: »Was siehst du, wenn du an die Teens und Jugendlichen in deiner Gruppe denkst?« Wir staunen in diesem Zusammenhang immer wieder über die Geschichte von David und Goliath (1. Samuel 17). David war damals wahrscheinlich kaum älter als 16 Jahre. Trotzdem wollte er gegen Goliath kämpfen. Wären wir damals die Jugendleiter von David gewesen, hätten wir ihm diesen Kampf verboten. Nicht nur aus aufsichtsrechtlichen Gründen, sondern vor allem, weil wir Gottes Möglichkeiten mit dem Teenager David nicht »auf dem Schirm gehabt hätten«. Für David und die Geschichte Israels war es gut, dass wir nicht seine Jugendleiter waren, weil wir mit unserem Kleinglauben Gott im Weg gestanden hätten. Deshalb sei ehrlich zu dir selbst: »Siehst du auch Gottes Möglichkeiten, wenn du an die Teens und Jugendlichen in deiner Gemeinde denkst?«

Nimm dir am besten nun einige Minuten Zeit und bete für dich und deine Gruppe. Bitte Gott, dass er deine Sicht von den Teens verändert und vor allem, dass er mit den Teens und Jugendlichen aus deiner Gemeinde Geschichte schreibt.

Gibt es Punkte, die dir bei dem Blick in den Spiegel aufgefallen sind? Punkte, an denen du dich selbst klarer gesehen hast? Schreibe sie auf, damit deine wertvollen Gedanken nicht verloren gehen.

An welchen Punkten habe ich mich klarer erkannt?
Über welche Punkte möchte ich noch weiter nachdenken?

Bleibe mit dem, was du erkannt hast nicht allein. Besprich es mit Gott im Gebet und am besten auch mit einer Person, der du vertraust.

5.2 Im Gespräch mit Teens und Jugendlichen

Morgens früh im Badezimmer ist der Blick in den Spiegel eine Vorbereitung für den Tag. Genauso kann auch die gedankliche Reflexion eine Vorbereitung für dich sein, bevor du das Gespräch mit Teens und Jugendlichen beginnst. Doch nun wird es konkret. Es geht um das Gespräch über Sexualität, egal ob mit Einzelnen oder in einer Gruppe. Wie kommt man ins Gespräch, und wie kann man es gestalten?

5.2.1 Offene Arme

Teenager sind richtige Gespräche über Sexualität nicht gewohnt. In der Schule wird zwar viel über Sex gesprochen, aber meistens oberflächlich, oft abwertend und erniedrigend. Tatsächliche Gespräche über Sexualität finden nur selten statt. Bernd Siggelkow schreibt in seinem Buch *Deutschlands sexuelle Tragödie*: *»Je aufgeklärter und freizügiger unser Land wird, desto weniger sprechen wir mit unseren Kindern über eines der wichtigsten Themen ihrer Entwicklung. Dabei ist genau das wichtig. Wir müssen mehr reden. Das ist der wichtigste Grundsatz für sexuelle Aufklärung von jungen Menschen. Und hier sind nicht nur die Schulen gefragt, sondern auch Eltern und Kirchen. Kinder und Jugendliche akzeptieren ein authentisches Gegenüber, sie merken schnell, wer nur einen Eiertanz macht und wer wirklich an ihnen interessiert ist.«*[41]

Doch wie schafft man es, authentisch über Sexualität zu reden? Bei Schulungen zum Thema »Mit Teens über Sex reden« haben wir den Teilnehmern häufig die Aufgabe gestellt, in Kleingruppen darüber zu reden, welche Informationen über Sexualität sie in ihrer Jugendzeit gerne gehabt hätten, aber nicht bekommen haben. Nach Abschluss der Gesprächsrunde fragten wir nicht zuerst nach den Themen, sondern wie sie sich beim Erzählen gefühlt haben. Die Antworten waren fast immer gleich. Obwohl bereits ein größerer zeitlicher Abstand zu dem Erzählten bestand, war es dennoch ein komisches Gefühl, darüber zu reden. Außerdem wurde immer wieder berichtet, dass es leichter gefallen sei, den Mund aufzubekommen, nachdem irgendein anderer den ersten Schritt gemacht hatte. In der Realität ist es genauso wie in dieser Seminarsituation. Es fällt uns nicht leicht über Sexualität zu reden. Das liegt vor allem daran, dass es ein persönliches Thema ist. Ein Thema, das mit unserem Innersten und unserer Identität verknüpft ist. Allein das Reden über Sexualität stellt schon eine persönliche Nähe her. Genauso wie den Seminarteilnehmern, geht es auch den Teens. Wir können nicht erwarten, dass die Teens den Mund aufmachen, wenn wir Mitarbeiter uns bei diesem Thema schämen und warten, dass sie anfangen. Bei Gesprächen über Sexualität sind Mitarbeiter wichtig, die das Schweigen durchbrechen und signalisieren: »Ich bin bereit darüber zu reden!« Mitarbeiter, die über Sexualität reden, sind daher wie offene Arme, die zeigen: »Komm zu mir – bei mir bist du willkommen!«

5.2.2 Eine gute Balance

Gerade weil Sexualität ein sehr persönliches Thema ist, fällt es uns schwer, uns anderen zu öffnen und persönlich zu werden. Daher brauchen wir eine gute Balance zwischen Nähe und Distanz, zwischen Offenheit und Verschwiegenheit. Eine Balance zwischen einem trockenen lexikalischen Erzählen und einem Bericht, der so mit intimen Details gespickt ist, dass alle rot werden und die Fantasie angeheizt wird. Ein Vorbild für diese Balance ist die Bibel. Auf der einen Seite redet sie offen über Sexualität: in Liebesliedern wie zum Beispiel dem Hohenlied, in Berichten über Geschlechtsverkehr in der Ehe oder auch Vergewaltigungen. Doch auf der anderen Seite geht die Bibel mit diesen Themen nicht billig um. Sie versteht Sex als etwas sehr Persönliches und Intimes von zwei Menschen. Detaillierte Schilderungen suchen wir in der Bibel daher vergeblich. Stattdessen gebraucht die Bibel Umschreibungen wie »*erkennen*«, »*er lag bei ihr*« oder auch »*Blöße aufdecken*«. Die Intimität wird also bewahrt. Wenn wir Gespräche über Sexualität führen, gilt es, die Balance zu finden. Von daher gilt der Grundsatz: »So viel Offenheit wie möglich und so viel Intimität wie nötig!«[42]

Der Grundsatz bedeutet, dass Offenheit notwendig ist, um überhaupt ins Gespräch zu kommen, aber dass wir trotzdem die Intimität, die dieses

Thema mit sich bringt, bewahren und schützen, sowohl bei unseren Gesprächspartnern als auch bei uns.

Wenn wir diese Grenzen beachten und Intimität bewahren, machen wir deutlich, dass Sexualität etwas sehr Wertvolles ist. Jugendliche dürfen merken, dass sie so wichtig ist, dass es uns Überwindung kostet, darüber zu sprechen. Dazu gehört auch, ehrlich zu sagen, wenn man über ein Thema nicht mehr weiterreden möchte, weil es für einen selbst zu persönlich wird oder weil man nicht ausreichend Ahnung von der Thematik hat. Bei beiden Punkten ist es gut, dies offen und ehrlich zuzugeben. Bei dem, was man erzählt, ist es wichtig, abzuwägen und Grenzen zu ziehen. Hier ein Beispiel dazu:

> *Ein Mitarbeiter hat in seiner Jugend gelegentlich am Kiosk Zeitschriften gekauft, die seine Eltern nicht sehen durften. Es fing mit der Bravo an, doch irgendwann reichten ihm die Bilder dort nicht mehr, und er wollte mehr. Er kaufte sich noch andere Zeitschriften, bis seine Eltern irgendwann seine Sammlung entdeckten und er Rechenschaft über sein Taschengeld ablegen musste. Da er damals noch keine anderen Wege kannte, an Pornos zu kommen, hatte sich das Thema für ihn erledigt.*

Wie viele Informationen sollte der Mitarbeiter im Rahmen einer Jugendstunde weitergeben? Wie viel Intimität sollte bewahrt werden? Es kann sein, dass in seiner Gruppe Personen sitzen, die keine Pornos konsumieren; die Fantasie und Neugier dieser Personen sollte also mit dem Bericht nicht angeheizt werden. Von daher verbieten sich auf jeden Fall Schilderungen, was auf den Fotos zu sehen war – selbst dann, wenn heute im öffentlich-rechtlichen Vorabendprogramm schon mehr zu sehen ist. Auf der anderen Seite sitzen im Teenkreis auch Personen, die ein Problem mit Pornografie haben und vielleicht schon abhängig sind. Für sie ist es wichtig zu erfahren, dass ihr Leiter auch mal mit diesem Problem zu kämpfen hatte. Der Erfahrungshorizont der Zielgruppe ist beim Finden der notwendigen Balance von Offenheit und Intimität zu beachten. So kann man vor einer Gruppe verheirateter Personen offener über Sexualität reden als vor Teenagern. Die notwendige Offenheit würde in unserem Beispiel also daraus bestehen, dass der Mitarbeiter sagt, dass er einmal ein Problem mit Pornografie hatte. Mehr ist erstmal nicht notwendig. Doch schon diese kurze Information kann für die Teens sehr hilfreich sein. Besonders Jungen glauben manchmal, sie wären die einzigen Wesen auf der Erde, die mit ihrer Sexualität nicht klar kommen, da sie mit niemandem darüber reden können. Einmal zu hören, dass es anderen (und sogar Mitarbeitern) ähnlich ging oder geht, kann sehr befreiend wirken. Vor allem gibt die Offenheit des Mitarbeiters ihnen die Chance, daran anzuknüpfen und das Gespräch zu suchen.

Besonders auf Freizeiten erleben wir immer wieder, wie gerne Jugendliche darauf eingehen, wenn wir einen ersten Schritt gemacht haben, indem wir offen und ehrlich waren. Viele Jugendliche haben danach starkes Vertrauen gezeigt und uns mit in ihr Leben und ihre Sorgen hineingenommen.

5.2.3 Schwere Zunge und rote Ohren

Die richtige Balance ist nicht nur beim Inhalt, sondern auch bei der Wortwahl wichtig. Um vernünftig über Sexualität zu reden, muss ich die Dinge beim Namen nennen können. Aber bei welchem? Bei manchen Begriffen wird die Zunge schwer und die Worte kommen nicht über die Lippen, bei anderen Wörtern laufen die Ohren von einzelnen Teens und Jugendlichen rot an. In einem Leitfaden für Eltern fanden wir folgenden hilfreichen Text, der nicht nur für Eltern gilt:

»Die Suche nach einem geeigneten Vokabular gestaltet sich in der Regel schwierig: Entweder die Begriffe hören sich sehr medizinisch, kühl und langweilig an, oder sie wirken schnell anzüglich und vulgär. Aus diesem Grund gilt bei der Wahl der »richtigen« Worte: ***Es wäre gut, wenn sowohl Eltern als auch Kinder sie ohne schlechte Gefühle hören und aussprechen wollen.*** *Dazu gehört auch, dass sich keine störenden und missverständlichen Assoziationen einstellen. Die verwendeten Begriffe sollten allgemein verständlich und eindeutig sein. Doch was soll man konkret sagen, wenn man über den ›Akt‹, die ›Zeugung‹ oder den ›Koitus‹ sprechen möchte? Kinder sagen eher ›sexen‹ oder ›bumsen‹ dazu, Jugendliche vielleicht ›poppen‹ oder ›ficken‹. Gebräuchliche Wörter, die von den meisten verstanden werden, sind ›Geschlechtsverkehr‹, ›Miteinander schlafen‹ oder schlicht ›Sex haben‹.«*[43]

5.2.4 Voll Herz

Bei Einzelgesprächen mit Teens oder Jugendlichen über Sex benötigst du viel Geduld und Liebe. Geduld brauchst du, da wir niemals erwarten können, dass der Teenager sich wirklich öffnet und über sich selbst spricht. Es geht hier um das Intimste, über das ein Mensch berichten kann. Er sollte sich daher niemals gedrängt fühlen, etwas zu erzählen, was er nicht will. Sage deinem Gesprächspartner, dass er nur das zu erzählen braucht, was er möchte. Vielleicht berichtet er dann heute ein bisschen und nächste Woche ein wenig mehr. Respektiere das und lass ihm die Zeit, die er braucht. Rückfragen sind sicherlich notwendig, aber dabei ist deutlich zu machen, dass es nicht schlimm ist, wenn er nicht darauf antworten will. Falls du deinen Gesprächspartner durch Manipulation oder Druck dazu bringst, etwas zu erzählen, was er eigentlich nicht erzählen möchte, wäre das zum einen vollkommen lieblos und zum anderen schon eine Form von sexueller Gewalt.

Liebe die Teens und Jugendlichen – auch dann, wenn in ihrem Leben im Bereich der Sexualität schon etwas schief gelaufen ist. Mach ihnen deutlich, dass du sie (genauso wie Jesus) trotzdem liebst und annimmst.

5.2.5 Ein sicherer Tresor

Wenn Teens dir etwas über sich erzählt haben, dann verstau diese Informationen in einem »Tresor«. Stell dir vor, du würdest mit jemandem über deine Sexualität reden – würdest du wollen, dass die Informationen weiterwandern? Sicherlich nicht. Deshalb gilt bei allen Gesprächen über Sexualität, dass man über den Inhalt schweigt – auch gegenüber dem Mitarbeiterkreis. Sei ein Tresor, bei dem dein Gesprächspartner seine persönlichen Nöte und Geschichten sicher aufgehoben weiß. Ausnahmen gibt es nur in sehr begründeten Einzelfällen und nur mit Erlaubnis des Teens.

Wenn wir zu Gruppengesprächen eingeladen sind, legen wir viel Wert auf eine vertrauensvolle Atmosphäre. Zu Beginn des Abends vereinbaren wir daher mit den Teens oder Jugendlichen immer einen »geschützten Bereich«. Das heißt: Alles, was in dieser Gruppe gesagt wird, wird niemandem weitererzählt. Dies betrifft persönliche Erlebnisse, die jemand aus der Runde erzählt, aber auch alle Fragen, die die Teens stellen. Konkret bedeutete das zum Beispiel bei JUMP-Abenden (siehe 6.3.6), dass die Jungs sich verpflichten, keinem Mädchen zu sagen, wer welche Frage gestellt hat oder wer in der Diskussionsrunde welche Meinung hatte. Inwieweit die Teens und Jugendlichen sich an diese Regelung halten, kann man leider nicht beeinflussen. Trotzdem hilft es den Teens, sicher zu sein, dass ihre Frage und Beiträge nicht über Umwege zwei Wochen später in der ganzen Gemeinde, bei den Eltern oder beim anderen Geschlecht kursieren.

5.2.6 Den Menschen im Blick

Wenn wir über Sexualität reden, sprechen wir niemals über eine Sache. Wir reden über Menschen! Gerade dann, wenn man in Gruppen oder mit Einzelnen schon häufiger über Sexualität gesprochen hat, besteht die Gefahr, ein Programm abzuspulen. Doch es geht nicht darum den vorbereiteten Vortrag in der festgesetzten Zeit möglichst verständlich rüberzubringen. Ganz besonders bei Themen rund um Sexualität müssen wir aufpassen, dass es nicht nur um theologische Richtigkeiten geht, sondern dass wir die Menschen im Blick behalten. Das darf nicht dazu führen, dass wir unsere Botschaft abschwächen. Im Gegenteil: Gottes Botschaft muss gerade in diesem Lebensbereich klar vermittelt werden. Wir wollen die Wahrheit in Liebe sagen. Doch wer sind unsere Zuhörer? Es sind ...

- Menschen, die genau wie wir unter den Folgen des Sündenfalls leiden,
- Jugendliche, die vielleicht schon sexuelle Erfahrungen haben und/oder Verletzungen in diesem Bereich erlebten,
- Jungen und Mädchen, die wenig damit anfangen können, wenn sie das biblische Idealbild hören, weil sie denken: »Hätte ich das mal früher gehört.«

In Gesprächen, Seminaren und Jugendstunden wollen wir daher immer auch die im Blick haben, die Vergebung und einen neuen Start mit Jesus brauchen. Wir wollen die beachten, die an Gott und seinem Wort zweifeln, und ihnen anbieten, mit uns zu reden. Manchmal warten Teens nur auf eine Gelegenheit, um endlich mit der Sprache herauszukommen und nach Hilfe und Rat zu fragen – ein Abend über Sexualethik kann eine solche Gelegenheit sein, wenn wir dabei den Menschen im Blick haben und Gesprächsbereitschaft signalisieren.

5.3 Kurze Einführung in die Seelsorge

Wenn man im Vier-Augen-Gespräch über Sexualethik redet, ist das häufig schon Seelsorge. Oftmals entstehen Gespräche, nachdem man durch eine Andacht oder ein Thema etwas in den Teens aufgewühlt hat. Deshalb ist es gut, wenn man sich vorab auf Gespräche einstellt und eventuell Gelegenheiten schafft, in denen Teens sich trauen, das Gespräch zu suchen. Das kann eine Nachtwanderung oder ein Lagerfeuerabend sein, aber auch das Gespräch im Auto, während man die Teens nach Hause fährt.

Da es im Bereich der Seelsorge viele gute Bücher gibt, geben wir nur einen kurzen Überblick über die wichtigsten DOs und DON'Ts in der Seelsoge[44]:

DOs

Gebet
Einer der wichtigsten Punkte in der Seelsorge ist unsere Abhängigkeit von Gott. Letztendlich ist Gott derjenige, der dem Ratsuchenden hilft und ihn heilt. Ein Ausdruck dieser Abhängigkeit von Gott ist unser Gebet. Falls du das Gespräch geplant hast, reserviere dir vorher Zeit, um mit Gott über das Gespräch zu reden. Aber auch während eines seelsorgerlichen Gesprächs können wir immer wieder in Gedanken mit Gott reden und ihn um Hilfe und die richtige Erkenntnis bitten.

Ungeteilte Aufmerksamkeit
Als Seelsorger solltest du dein Gegenüber wertschätzen, indem du ihm deine ganze Aufmerksamkeit widmest. Dies betrifft zuerst deine Einstellung. Es gibt viele Dinge, die ablenken können: Wortfetzen, die man von einem anderen Tisch im Jugendcafé aufgefangen hat, oder das ungelöste Problem an deinem Arbeitsplatz, über das du schon den ganzen Tag grübelst. All das solltest du in einem Gespräch von dir fernhalten. Wenn möglich, sorge dafür, dass auch während des Gesprächs nichts deine Aufmerksamkeit ablenkt. Konkret kann das zum Beispiel bedeuten, dein Handy auszuschalten. Gegenüber deinem Gesprächspartner kannst du deine Aufmerksamkeit durch Blickkontakt (aber ohne zu starren), Körperhaltung und Gestik zeigen.

Zuhören

Zuhören bedeutet nicht nur die Aufnahme von Wörtern. Echtes Zuhören beachtet auch das, was nicht gesagt wurde, und achtet auf Tonfall, Gestik und Mimik, um »zwischen den Zeilen zu lesen«. Effektives Zuhören bedeutet Geduld haben und schließt Zeiten des Schweigens und der Tränen mit ein. Ein guter Zuhörer legt dabei eigene Vorurteile, Meinungen und Befangenheiten ab, um wirklich zu erkennen, was den Ratsuchenden beschäftigt.

Die Situation erfassen

Um eine Situation zu erfassen, ist es manchmal hilfreich, wenn man das Gesagte noch einmal mit eigenen Worten wiederholt und zusammenfasst. Außerdem kann man mit gezieltem Nachfragen genauer erkennen, worin das Problem besteht. Fragen wie »Was geschah danach?«, oder: »Erkläre mir bitte, was du mit .... meinst«, können das Gespräch steuern und voranbringen. Bei Nachfragen ist zu beachten, dass man möglichst offene Fragen stellt, also Fragen, die man nicht mit Ja oder Nein beantworten kann.

Wegbegleiter und Wegweiser sein

Seelsorge bleibt nicht beim Zuhören und Erfassen einer Situation stehen. Sie muss weitergehen. Ein erster Schritt ist dabei, dass man dem Ratsuchenden Verständnis und Liebe zeigt. Jesus Christus hat jeden Sünder, der zu ihm kam, in Liebe angenommen und dabei aber gleichzeitig, wie kein anderer, die Sünde verurteilt. Auch wir dürfen den Sünder als Person in Liebe annehmen. Es geht nicht darum, etwas Schlechtes gut zu nennen oder uns mit Sünde einzulassen, sondern um den Menschen, der vor uns sitzt: einen Menschen, den Gott liebt und dem Gott helfen will.

Die Aufgabe des Seelsorgers ist es, ein Wegweiser zu sein, der dem Ratsuchenden Orientierung gibt. Die Entscheidung, ob er den Weg einschlägt, den wir ihm aufgezeigt haben, trifft er alleine. Manchmal besteht die Orientierung, die wir als Seelsorge-Wegweiser geben, auch »nur« darin, dass wir bei der Suche nach einem qualifizierten Seelsorger helfen. Manche Probleme und Verletzungen erfordern erfahrene und ausgebildete Seelsorger und manchmal auch Ärzte. Dennoch ist es wichtig, dass man erst einmal zuhört. Vielleicht ist man sogar der Erste, der dem Ratsuchenden zuhört, ihn annimmt und ihm Verständnis zeigt; und zum anderen braucht der Ratsuchende vielleicht Hilfe, weil er sich von allein nie an einen qualifizierten Seelsorger gewendet hätte.

Deine Grenzen kennen
In der Seelsorge ist es wichtig, dass du deine Grenzen kennst. Drei Grenzen wollen wir dir aufzeigen, die du beachten solltest. Die erste Grenze nennen wir *Kompetenz-Grenze.* Wenn du im seelsorgerlichen Gespräch feststellst, dass dein Gesprächspartner professionelle Hilfe braucht, solltest du auch professionelle Hilfe für ihn suchen. Du tust dir und dem Ratsuchenden keinen Gefallen, wenn du selbst irgendwie versuchst weiterzukommen. Wenn man merkt, dass bei einem bestimmten Thema die eigene Kompetenz und Weisheit überschritten sind, ist es kein Problem, das im Gespräch auch zuzugeben. Gott vergleicht die Gemeinde mit einem Leib, wo verschiedene Glieder unterschiedliche Aufgaben haben. Es macht also nichts, zuzugeben, dass man selber nicht mehr weiterkommt. Gleichzeitig dürfen wir auf entsprechende Menschen hinweisen bzw. dem anderen helfen, zu einem erfahrenen Seelsorger zu gehen.

Die zweite Grenze ist die *persönliche Grenze.* Sie hat nichts mit unserem Fachwissen und unserer Kompetenz zu tun, sondern mit unserem Leben. Wenn ein Ratsuchender von dir in einem Bereich Hilfe sucht, in dem du selbst Hilfe brauchst, kannst du dich nicht um ihn kümmern. Wir dürfen als Seelsorger nur dort Antworten geben, wo wir selbst Antworten von Gott erhalten haben. Tun wir es dennoch, streuen wir bei uns selber Salz in nicht verheilte Wunden und können dem anderen dabei trotzdem nicht weiterhelfen. Diese Grenze einzuhalten fällt oft sehr schwer, da sich Betroffene häufig Gesprächspartner mit ähnlichen Erfahrungen suchen, weil sie sich von ihnen besser verstanden fühlen. Bitte sei dann ganz ehrlich zu dir und deinem Gegenüber und hilf ihm, einen anderen Ansprechpartner zu finden, damit du nicht zum »blinden Führer der Blinden« wirst.

Als letzte Grenze gibt es noch die *Geschlechter-Grenze.* Seelsorge sollte immer nur gleichgeschlechtlich durchgeführt werden. Wenn es um Sexualität geht, ist diese Regel noch konsequenter einzuhalten als sonst. Ausnahmen gibt es dazu keine. Auch nicht, wenn man schon verheiratet ist oder schon viel Erfahrung in der Seelsorge besitzt. Ihren Ursprung und ihre Begründung hat diese Regel vor allem im Schutz des Seelsorgers. Schließlich ist es in der Seelsorge normal, dass der Betroffene erzählt, wie er denkt und fühlt und damit ein Stück von seinem Inneren offenlegt. Leider sind schon viele Ehen von Seelsorgern zerbrochen, die meinten, sie könnten trotzdem die nötige Distanz einhalten und zwischengeschlechtliche Seelsorge anbieten. Manchmal mag das auch jahrelang gut gehen, doch irgendwann bemerkt man, dass man in Gedanken (oder auch im

Tun) Grenzen überschritten hat, und es ist in dieser Position/Rolle besonders schwer, umzukehren und Buße zu tun.

Manchmal glauben Seelsorger, sie seien gegenüber solchen Versuchungen immun, sie hätten eine glückliche und starke Ehe und bräuchten selbst keine Seelsorge (Supervision). Doch in zwei oder drei Jahren kann eine Unzufriedenheit mit der eigenen Ehe alles ändern. Wer schon vorher zwischengeschlechtliche Seelsorge angeboten hat, wird dann nur in den seltensten Fällen die Kraft haben, weitere Gespräche abzulehnen. Vielleicht ist sexuelle Versuchung die beliebteste und erfolgreichste Methode des Teufels, um christliche Mitarbeiter schachmatt zu setzen. Die eigene Stärke zu überschätzen, ist dabei der erste Schritt an den Rand des Abgrundes. Paulus sagt dazu: *»Daher, wer zu stehen meint, sehe zu, dass er nicht falle«* (1Kor 10,12).

Seelsorge empfangen

Ein Seelsorger ist wie ein Kaufhaus. Er gibt und versorgt die Menschen mit offenen Ohren, Zeit, Liebe und begleitet sie auf ihrem Weg. Ein Seelsorger ist ein Gebender. Doch wie bei einem Kaufhaus reicht es nicht, wenn man immer nur gibt. Irgendwann ist das Regal leer. Deswegen ist es wichtig, dass Seelsorger auch Empfangende sind. Zuerst bezieht sich dies auf die Beziehung zu Jesus. Hier schließt sich der Kreis vom ersten Punkt, in dem es auch schon um die Abhängigkeit von Gott ging. Doch in einer andauernden Seelsorgebeziehung geht es um mehr. Es geht darum, eine enge Beziehung zu Jesus zu pflegen und mit ihm auch Zeiten der Ruhe und des Empfangens zu haben. Jesus benutzt oft auch andere Menschen, durch die er uns beschenkt. Daher ist es für einen Seelsorger gut, wenn er auch selbst einen Seelsorger und Begleiter (Supervisor) hat, der ihm zuhört, rät und hilft.

DON'Ts

Sei nicht zu schnell

Schnelligkeit ist in der Seelsorge fehl am Platz. Eine Gefahr sind schnelle Diagnosen. Du hörst ein paar Sätze und denkst: »Das ist ja das gleiche Problem, wie bei Klaus vor einem Monat.« Doch vorschnelle Diagnosen sind schädlich und zusätzlich meistens falsch. Sie sind schädlich, weil du automatisch nicht mehr auf den Ratsuchenden achtest und auf das, was er dir erzählt, sondern nur noch überlegst, in welche Schublade er hineinpasst. Menschen passen aber (glücklicherweise) sehr selten in Schubladen. Deshalb nimm dir Zeit, und lass deinen Gesprächspartner sein Problem selbst formulieren.

Nicht nur bei der Diagnose sollte man einen Gang herunter schalten, sondern auch bei den Antworten, die man gibt. Mit leeren Floskeln wie: »Ach, das Problem ist mir schon ‛zig mal begegnet!«, kann man ein Gespräch sehr schnell beenden. Doch auch mit dem vorschnellen Zitieren von Bibelversen kann man eine Unterhaltung sehr leicht töten. (»Hast du denn noch nie gelesen, dass denen, die Gott lieben, alle Dinge etwas Gutes bewirken?« [nach Römer 8,28]). Lass dir selbst mit dem gemeinsamen Gebet Zeit. Wenn du vorschlägst, für das Problem zu beten, und der andere noch gar nicht begonnen hat, von seinem eigentlichen Problem zu erzählen, wird er wahrscheinlich euer Gebet als Abschluss des Gesprächs verstehen. Seelsorge braucht Zeit, in der der Ratsuchende sich öffnen kann, und Zeit, die Gott benutzt, um einen Heilungsprozess anzustoßen.

Verallgemeinere nicht

Wenn dir ein Teenager von seinem ganz persönlichen Problem oder einer Sünde erzählt, verallgemeinere das nicht. Sag nicht: »Das machen viele.« Oder: »Davon habe ich schon oft gehört.« Es geht nicht um die Sünde oder das Problem der Vielen, sondern um die Person, die vor dir sitzt oder neben dir geht. Es geht darum, dass diese Person Sünde aus dem Leben räumt und Heilung erfährt. Das Wissen um die Probleme von anderen ist in erster Instanz nicht unbedingt hilfreich.

Verurteile nicht

Erhöhte Nasen und ausgestreckte Zeigefinger haben in der Seelsorge nichts zu suchen. Behandle deinen Gesprächspartner niemals von oben herab. Das fängt im Denken an. Wenn du dich selbst für etwas Besseres hältst, wird dein Gesprächspartner das merken. Egal, ob du es verbal oder nonverbal ausgedrückt hast. Sätze wie: »Wie kann man bloß so ein Problem haben?!«, »Das hätte ich nie von dir gedacht!«, oder: »Du solltest dich schämen!«, gehören in die Tonne, aber nicht in ein Gespräch. Mach den anderen niemals zum Objekt deiner Beurteilung und Wertvorstellung. Sieh in ihm stattdessen einen Menschen, für den Jesus am Kreuz gestorben ist. Dir gegenüber sitzt ein Mensch, zu dem der lebendige, allmächtige Gott eine Beziehung haben möchte. Dir gegenüber sitzt ein Ebenbild Gottes.

Verharmlose nicht
Mach aus dem, was Gott Sünde nennt, und aus dem, was dem anderen Sorge bereitet, keine Bagatelle. Auch wenn dein Gewissen sich vielleicht bei dieser Sache gar nicht gerührt hätte oder es dich nicht belasten würde, ist die Angelegenheit für den anderen wichtig. Es ist ein Zeichen von Achtung und Respekt, ihn und sein Anliegen nicht nach deinen Wertmaßstäben zu beurteilen, sondern ernst zu nehmen. Aussagen wie: »Das wird schon nicht so schlimm sein«, »Das ist schon dein ganzes Problem, mehr nicht!?«, oder: »Wenn du sonst nichts hast, dann geht es dir doch gut. Weißt du, wie vielen Menschen es dreckiger geht?«, solltest du ganz tief einbuddeln und nie wieder ausgraben.

Widersprich Gott nicht
Sag nicht »Ja« zu einem Verhalten, zu dem Gott »Nein« sagt. Unser »Ja« betrifft den Sünder, aber niemals die Sünde. Seelsorge ist vergeblich, wenn du dein Einverständnis zu einem sündigen Verhalten gibst. Sei ein Gegenüber und kein Abnicker.

Sündige nicht
Schwelge nicht in der Sünde anderer. Sei ehrlich zu dir und beobachte, wie du auf den Gesprächsinhalt reagierst (ob er deine Gedanken anregt und du Lust auf diese Sünde bekommst). Wenn das zutrifft, bitte Gott um Vergebung und wende dich an deinen Seelsorger (Supervisior), um mit ihm zu besprechen, wie es weitergehen kann. Eventuell musst du die Notbremse ziehen und den Ratsuchenden an einen anderen Seelsorger vermitteln.

Zehn Tipps, wie du ein zweites seelsorgerisches Gespräch vermeiden kannst:

PACKUNGSBEILAGE:
Dieser Artikel enthält den Wirkstoff »Ironie«. Bei Unverträglichkeit dieses Wirkstoffes ist der Artikel nicht zur Einnahme geeignet. Nebenwirkungen bei unreflektierter Befolgung werden garantiert.

1. Wenn du einen Termin vereinbarst, komme grundsätzlich zu spät und sage den ursprünglich vereinbarten Termin mindestens einmal ab. Der andere merkt dadurch, dass du eine beschäftigte Person bist und behelligt dich nicht zu lange. Wenn du einen Termin zum dritten Mal verschoben hast, hat die Zeit manchmal schon alle Wunden geheilt, und es kommt gar nicht mehr zu einem Treffen.
2. Vermeide Zeitverschwendung und behalte die Uhr im Blick. Smalltalk in einem Gespräch ist unwichtig. Wer nicht den Mut hat, sofort zur Sache zu kommen, hat auch kein Problem. Schaue mindestens alle zwei Minuten auf die Uhr, damit der andere merkt, dass deine Zeit kostbar ist.
3. Mache deinem Gesprächspartner deutlich, wie kompetent du bist. Stelle daher nach wenigen Minuten fest, wo das Problem liegt, und gib dem Ratsuchenden mindestens fünf Punkte mit auf den Weg, die er alle dringend verändern muss. Merke: Zuhören tun nur Amateure.
4. Wenn du deinen Gesprächspartner öfter (möglichst schon nach wenigen Sekunden) unterbrichst und eine passende Bibelstelle zitierst, merkt er, wie bibelfest du bist. Besonders beliebt bei Trauerfällen ist zum Beispiel Römer 8,28, verbunden mit einem aufmunternden Schlag zwischen die Schulterblätter und einem liebevollen: »Ach, stell dich nicht so an!«
5. Natürlich sollte der andere deutlich merken, was du von ihm und seinem Problem hältst. Eine gute Möglichkeit ist, das durch Mimik (Nase rümpfen und Ekel zeigen), Körpersprache (möglichst weit weg rücken und Arme verschränken) auszudrücken. Man kann es auch leicht mit Sätzen wie: »Wie kannst du denn so was machen? Das hätte ich nie von dir gedacht! Du solltest dich schämen!« unterstreichen.
6. Hilfreich ist es auch, wenn man das Problem auf eine breitere Ebene bringt. Es tut gut zu erfahren, dass alle das machen. Man kann auch

anführen: »Das habe ich auch schon gemacht«, um persönliche Erfahrung zu vermitteln. Der geübte Seelsorger spricht allerdings mehr aus distanzierter Erfahrung und sagt: »Dieses Problem ist mir schon oft begegnet!« Bei einem solchen Generalisieren vergisst der Ratsuchenden ganz schnell, dass es ihn persönlich betrifft und dass er eigentlich Hilfe sucht.

7. Noch mehr hilft es deinem Gesprächspartner, wenn du ihm klar machst, dass er eigentlich gar kein Problem hat. Mach ihm deutlich, dass das alles gar nicht so schlimm ist. Je harmloser eine Sache scheint, desto weniger beschäftigt man sich mit ihr. Schließlich sollen die Leute, wenn sie z.B. Pornos schauen, nicht auch noch wegen ihrem Gewissen schlecht einschlafen können. Unterstützend kann man hierzu auch gut Punkt 6 einsetzen.
8. Zeige Begeisterung und Bestätigung für das Verhalten deines Gegenübers. Egal, um was es geht. Dadurch fühlt dein Gesprächspartner sich und sein Verhalten angenommen und geliebt. Okay, Jesus hat die Sünde verurteilt und den Sünder geliebt, aber wir könnten ja heute auch noch ein wenig liebevoller gegenüber der Sünde sein. Nicke daher am Besten einfach alles ab.
9. Dein Gegenüber sollte mitkriegen, wie locker du drauf bist und was für einen offenen Charakter du hast. Um das zu erreichen, solltest du immer wieder Details aus früheren Seelsorgegesprächen erwähnen. Der Erfolg dieser Methode ist noch größer, wenn du die Namen der anderen Personen miteinfließen lässt. Am Besten ist es, wenn dein Gesprächspartner diese Personen auch kennt. Der Ratsuchende soll auf jeden Fall merken, dass die persönlichen Dinge, die er dir erzählt, nicht vergammeln, sondern nutzbringend für die Öffentlichkeit eingesetzt werden.
10. Optimal für den anderen und auch deine eigene Persönlichkeit ist, wenn du Gespräche zu Themen führst, mit denen du selbst ein Problem oder bei denen du nicht aufgearbeitete Verletzungen aus der Vergangenheit hast. Das schafft Verbundenheit und sorgt dafür, dass du dir deiner eigenen offenen Wunden bewusst bleibst.

PS: Ein letzter Tipp für dauerhaftere Seelsorgebeziehungen: Führe seelsorgerliche Gespräche vorrangig mit Personen des anderen Geschlechts. Insbesondere dann solltest du auf eine besondere Gesprächsatmosphäre achten. Dein Zimmer mit Kerzen und leiser Musik ist ideal dafür.

6. Materialpool

6.1 Sexualethik im Teen- und Jugendprogramm 139
6.1.1 Programm »bauen« 139
6.1.2 Themenliste 140
6.2 »Unfallverhütung« in der Programmplanung 142
6.2.1 Geschützten Raum vereinbaren 143
6.2.2 Vorsicht bei Veränderung des Themas 143
6.2.3 Vorsicht bei gruppendynamischen Prozessen 144
6.2.4 Niemanden bloßstellen 145
6.2.5 Die unterschiedlichen Menschen im Blick haben 146
6.2.6 Programme ersetzen keine Gespräche 147
6.2.7 Keine Sexualaufklärung betreiben 148
6.2.8 An die Eltern denken 149
6.3 Grundrisse 149
6.3.1 Bibelarbeiten 149
6.3.2 Andachten 150
6.3.3 Themenabende 150
6.3.4 Interview, Talk, Diskussion 150
6.3.5 Frageabende 151
6.3.6 JUMP (Jungs und Mädels parallel) 152
6.3.6.1 JUMP-Frageabend 152
6.3.6.2 Jungen/Mädchen und das andere Geschlecht 153
6.3.7 Erlebnisorientierte Ansätze 154
6.3.7.1 Knigge-Abend 154
6.3.7.2 Versuchungs-Spiel 155
6.3.7.3 Tagesprogramm zur Frustrationstoleranz 155
6.3.7.4 Selbstverteidigungsseminar für Mädchen 156
6.4 Bausteine 156
6.4.1 Einstiege 157
6.4.1.1 Eisbrecher »Anmachen und Körbe verteilen« 157
6.4.1.2 Gegenstandslektion »Edelstein und Kondom« 157
6.4.1.3 Aktuelle Situationen aufgreifen 157
6.4.1.4 Akrostichon 157
6.4.1.5 Spiel »Ich packe meinen Koffer« 158
6.4.1.6 Anspiel: Die Rose 159

schuld! Wenn Erwachsene deine Grenzen als Kind oder Teenager missachtet haben, ist das deren Verantwortung – und nicht deine.

Vielleicht trägst du diese Verletzungen immer noch als offene Wunden mit dir herum, weil du noch niemandem gestattet hast, dir zu helfen – weder Gott noch anderen Menschen. Doch auch offene Wunden können heilen. Je tiefer sie sind desto länger kann der Heilungsprozess dauern, aber Heilung und Vergebung ist möglich. Das passiert nicht von jetzt auf gleich. Stell dir vor, in einem großen Sack mit einer kleinen Öffnung liegen viele Steine. Will man den Sack ausschütten, blockieren sich die Steine gegenseitig und der Sack wird nicht leerer. Während eines heilenden Prozesses geht es darum, die Steine einzeln aus dem Sack zu holen und an Jesus abzugeben. Es kann schmerzhaft sein, wenn Dinge wieder an die Oberfläche kommen, die vorher tief im Sack versteckt waren. Doch am Ende steht ein befreites Leben, weil der Sack, den man vorher mit sich rumgeschleppt hat, mit Gottes Hilfe leer geworden ist. Hab den Mut, einen solchen Prozess zu beginnen. Wenn du es noch nicht getan hast, such dir einen Seelsorger, um mit ihm gemeinsam die Steine zu Jesus zu bringen. Adressen, wo du Hilfe bekommst, findest du im Materialpool unter 6.5.3.

5.1.7. Meine Sünde

- Welche Vergangenheit habe ich?
- Wie bin ich in meinem Leben mit dem Thema Sexualität umgegangen?
- Wie habe ich Vergebung und Heilung erfahren?
- Wann konnte ich Versuchungen nicht widerstehen, oder wie habe ich es geschafft?
- In welchen Situationen ist es mir schwer gefallen, mich an Gottes gute Leitlinien zu halten?
- Was hat mir geholfen, Gott zu gehorchen?

Wenn ich ehrlich an mein Leben denke, entdecke ich mich immer wieder als Sünder: als ein Mensch, der Vergebung benötigt und von Jesus Christus begnadigt und gerechtfertigt wurde. Es geht um die Erkenntnis, dass *»ich sündiger bin, als ich jemals geglaubt habe, aber in Jesus geliebter bin, als ich jemals gehofft habe.«*[40] Diese Erkenntnis bewahrt mich vor Hochmut. Sie bewahrt mich davor, andere Sünder zu verachten, und motiviert

6.4.1.7 Respekt ... 159
6.4.2 Spiele und Rollenspiele ... 161
6.4.2.1 Spiel: Decke umklappen ... 161
6.4.2.2 Spiel: Menschenknäuel ... 161
6.4.2.3 Spiel: Schöpfungsquiz ... 161
6.4.2.4 Rollenspiel: Nacktbaden ... 162
6.4.2.5 Rollenspiel: Konsequenzen und Vergebung ... 163
6.4.2.6 Rollenspiel: Teenagerschwangerschaft ... 164
6.4.3 Schriftliche Interaktion ... 167
6.4.3.1 Love Chat ... 167
6.4.3.2 Typisch Jungs / Typisch Mädels ... 167
6.4.3.3 Umfrage erstellen ... 168
6.4.3.4 Traumprinz / Traumprinzessin ... 168
6.4.4 Interaktive Elemente ... 171
6.4.4.1 Identity (Positive Paper) ... 171
6.4.4.2 Wertvoll ... 171
6.4.4.3 Spalierübung ... 172
6.4.4.4 Mutproben ... 173
6.4.4.5 Hot-Chair ... 174
6.4.5 Sonstige Gestaltungselemente ... 175
6.4.5.1 Filme und Filmsequenzen ... 175
6.4.5.2 Lieder ... 176
6.4.5.3 Advocatus Diaboli ... 176
6.4.5.4 Verfremdung von Bibeltexten ... 177
6.4.5.5 Anspiel / Video drehen ... 178
6.4.5.6 Foto-Lovestory ... 179
6.4.5.7 Gegenstandslektionen ... 180
6.4.5.8 Geschichte und Vergleiche ... 183
6.4.6 Vertiefungen ... 188
6.4.6.1 Brief schreiben ... 188
6.4.6.2 Freundschafts-Checkliste ... 188
6.4.6.3 Freiwillige Verpflichtungserklärung ... 189
6.4.6.4 Erinnerungsbrief ... 190
6.5 Materialtipps ... 191
6.5.1 Bücher für Teens ... 191
6.5.2 Bücher für Mitarbeiter ... 192
6.5.3 Internetseiten zu speziellen Themenbereichen ... 193

6.1 Sexualethik im Teen- und Jugendprogramm

Neben persönlichen Gesprächen und Begegnungen bietet christliche Teen- und Jugendarbeit auch in offiziellen Programmen und Aktionen die Möglichkeit, Sexualethik zu vermitteln. Zu Beginn dieses Buches haben wir als Ziel genannt, Teens und Jugendlichen mit geeigneten Methoden Gottes Gedanken zu vermitteln, die liebevoll, kreativ, geduldig, klar und nachvollziehbar sind.

Dieses Kapitel will dir helfen, dieses Ziel zu verwirklichen. Wir werden dir viele verschiedene Methoden und Bausteine vorstellen, mit deren Hilfe du bei »deinen« Teens oder Jugendlichen über Sexualität reden kannst. Vielleicht liefern dir die beschriebenen Methoden und Bausteine auch Ideen, die noch besser zu deiner Situation passen. Wir hoffen, dass für jede Gruppe etwas dabei sein wird. Gottes Segen beim »Bau« deines Teen- oder Jugendprogramms.

6.1.1 Programm »bauen«

Sexualität ist nicht das wichtigste Thema christlicher Teen- und Jugendarbeit. Doch Sexualität gehört zu unserem Menschsein dazu. Im vierten Kapitel haben wir gesehen, wie notwendig es ist, über Sexualität zu reden, da viele junge Christen Orientierung suchen und keine Ansprechpartner haben. Deshalb ist es sinnvoll, ein bis zwei Mal pro Jahr Sexualität (im weiteren Sinne – siehe auch die Themenübersicht in der Liste unter 6.2) als Bestandteil des Teen- oder Jungendtreffs zu planen. Neben besonderen Themenabenden, kann das Thema in Kurzandachten oder bei Bibelarbeiten gestreift werden. Dadurch können die Teens- und Jugendlichen erkennen, dass sie in ihren Mitarbeitern kompetente Ansprechpartner haben, zu denen sie auch mit ihren Fragen und Problemen kommen können.

Dabei muss keine Langeweile aufkommen, selbst wenn mehrmals pro Jahr »Sexualität« auftaucht. Natürlich wird es langweilig, wenn man alle sechs Monate darüber spricht, dass Sex in die Ehe gehört. Doch durch die Vielzahl an möglichen Aspekten braucht es keinem Teenager bewusst auffallen, dass »schon wieder« das Thema Nr. 1 dran ist. Dazu gehört auch eine kreative Titelfindung. Wir sind schon etliche Male in Jugendgruppen eingeladen worden, wo die Mitarbeiter »Von Bienchen und Blümchen« aufs Programm geschrieben haben. Das ist vielleicht lustig gemeint, aber wir hatten eher den Eindruck, dass die Jugendlichen durch diese Formulierung abgeschreckt wurden.

In diesem Kapitel findest du verschiedene Materialien, um Sexualethik im Programm einzubauen. Stell dir dabei den Bau eines Hauses vor.

Das Wichtigste bei einem Haus ist das Fundament. Dieses Fundament bilden Gottes Gedanken, die wir im zweiten Kapitel dargestellt haben. Auf das vorgegebene Fundament können wir nun bauen.

Überlege dir nun das Thema des Abends. Was ist das Ziel dieser Stunde? Was bewegt deine Teens/Jugendlichen? (Schließlich musst du vor der Bauplanung überlegen, ob es ein Gartenhaus oder ein Hochhaus werden soll.)

Im Abschnitt »Grundrisse« werden wir dir verschiedene Arten vorstellen, wie du ein Programm aufbauen kannst. Der Grundriss entscheidet dabei schon mit, wie das fertige Programm ungefähr aussieht und welche Bausteine du verwenden kannst.

Im nächsten Abschnitt präsentieren wir dir verschiedene »Bausteine«, die du für die Gestaltung eines Programms verwenden kannst. Nicht alle Bausteine sind für jeden Grundrisstyp verwendbar. Die Bausteine können dir helfen, deine individuelles »Programm« komplett aufzubauen.

»Fertighäuser«, also komplette Stundenentwürfe, haben wir bewusst nicht in dieses Buch aufgenommen. Wir möchten, dass das Reden über Sexualität in Teen- und Jugendgruppen auf jeden Fall etwas Echtes und Persönliches bleibt. Fertige Stundenentwürfe, die man nur aus einem Buch abliest, helfen den Teens und Jugendlichen nicht weiter. Darum möchten wir dich herausfordern, mit dem vorgegebenen Fundament, den Grundrissen und Bausteinen dein ganz individuelles Programm zu bauen.

6.1.2 Themenliste

Sexualität ist ein weites Thema. Viele Bereiche unseres Lebens, die vordergründig nicht viel oder scheinbar gar nichts damit zu tun haben, spielen mit in den Bereich des Sexuellen hinein. Die folgende Themenliste soll dir das Spektrum der direkt und indirekt betroffenen Themen aufzeigen:

- Sexualität nach Gottes Idee
  - Identität als Mann bzw. Frau
  (Was bedeutet es, dass Gott mich als Mann geschaffen hat? Besonderheiten und Geschlechterrollen können thematisiert werden.)
  - Gottes Rahmen für Sexualität
  - Nacktheit und Scham
- Sexuelle Versuchung
  - Wenn Jungen Stielaugen bekommen
    - Verantwortung und Aufgabe der Jungen!
    - Bewusstmachung bei den Mädels wie Jungs ticken
  - Pornografie
  - Sucht
  - Sonstige Versuchungen
- Selbstbefriedigung
  - Grundsätzliche Information
  - Zusammenhang von Selbstbefriedigung und Pornografie
  - Sucht
- NEIN-Sagen
  - Persönlichkeit stärken
  - Gruppenzwang und Gruppendynamik
  - Du darfst dich wehren[45], zum Beispiel bei ...
    - sexuellen Belästigungen im Alltag oder im Chat
      - Hinweise auf Verhalten in Chat-Rooms (siehe 7.3)
      - Selbstsicherheitstraining
    - sexueller Gewalt
- Homosexualität
  - Biblische Bewertung von Homosexualität
  - Respekt und liebevoller Umgang mit Homosexuellen
- Jungs sind anders, Mädels auch
- Respektvoller Umgang miteinander (Jungs und Mädels)
  - Reden und Verhalten gegenüber dem anderen Geschlecht
  - Statussymbol-Freundschaften[46]
  - Kumpelfreundschaften
    - Welche Gefahren beinhalten sie?
    - Wie kann man sie gestalten?
  - Berührungen/Umarmungen – Was bewirkt das beim anderen Geschlecht?
  - Kleidung

    - Was will ich mit meiner Kleidung beim anderen Geschlecht auslösen?
  - Bester Freund, beste Freundin (gleichgeschlechtlich)
  - Vom Wert und Nutzen eines besten Freundes bzw. einer besten Freundin
- Selbstwert und Umgang mit dem eigenen Körper
  - Zwischen körperfeindlich und körperverliebt
  - Schönheitsideale
  - Klamotten
  - Mit Reizen geizen
  - Magersucht / Bulimie
  - Ritzen
- Single-Sein
  - Vorteile des Single-Seins
- Gottes Willen erkennen
- Freundschaft und Co.
  - Ab welchem Alter/welcher Lebenssituation ist eine Freundschaft sinnvoll?
  - Wie finde ich den/die Richtige/n?
  - Wie gestalte ich eine Freundschaft?
  - Freundschaft und sexuelle Reinheit – ein Gegensatz?
  - Auf dem Weg zur Ehe (Ehevorbereitung)
- Vergebung
  - Vergebung für alle Sünden
  - Zwischenmenschliche Vergebung als Prozess

Zu vielen Themen findest du später weitere Informationen.

6.2 »Unfallverhütung« in der Programmplanung

Um Probleme bzw. Unfälle beim Reden über Sexualität zu vermeiden, haben wir ein paar Hinweise zusammengestellt, die dir und deiner Gruppe Sicherheit geben können (wie die Unfallverhütungsvorschriften auf einer Baustelle). Denn auch bei einem gut gemeinten Aufbau eines Programms, können Unfälle und unvorhergesehene Dinge geschehen, gegen die man sich – zumindest zu einem Teil – mit ein paar guten Regeln schützen kann.

6.2.1 Geschützten Raum vereinbaren

Vertrauen ist bei Gesprächen über Sexualität unbedingt notwendig. Darum empfiehlt es sich, bei Gesprächsgruppen gemeinsam mit den Teens und Jugendlichen zu vereinbaren, dass nichts von den Äußerungen in der Gruppe weitererzählt wird. Die Gesprächsgruppe bzw. der Raum wird geschützt. Nichts Persönliches soll den Raum verlassen, dazu gehören zum einen Erlebnisse, zum anderen aber auch Fragen. Die Teens und Jugendlichen sollen sicher sein, dass ihre Fragen nicht über Umwege in der nächsten Woche in der Schule und der Gemeinde kursieren oder sie von ihren Eltern darauf angesprochen werden. Der »geschützte Raum« gilt auch bei nach Geschlechtern getrennten Abenden. Gerade hier sollten die Jungs auch nicht erfahren, wer von den Mädels was gesagt hat. Gleiches gilt natürlich auch umgekehrt.

Zum »geschützten Raum« gehört auch die Regel, dass nicht übereinander gelacht wird. Sexualität ist ein Thema, bei dem es um Annahme und Geborgenheit geht. Einander auszulachen, ist deshalb fehl am Platz.

6.2.2 Vorsicht bei Veränderung des Themas bzw. bei Gruppen mit unterschiedlicher Alters- und Erfahrungsstruktur

Bei einem Jugendkreis veränderte sich das Gesprächsthema während des Jugendabends unbeabsichtigt vom Thema »Sexualität vor der Ehe« hin zum Thema »Sexualität in der Ehe«, obwohl nur wenige Personen aus der Gruppe verheiratet waren. Die Leiter nahmen jedoch das neue Thema auf und erzählten offen. Da die meisten Personen aus der Gruppe aber nicht verheiratet waren, empfanden sie das Erzählte als zu intim. Einige Teens und Eltern beschwerten sich später, weil ihnen die Gestaltung des Themas zu offen war.

Bei geplanten Inhalten kann man gut eine Balance zwischen Offenheit und Intimität behalten. Wenn jedoch in einer Gesprächsrunde die älteren und vielleicht auch verheirateten Teilnehmer das Gespräch auf andere Inhalte lenken, wird es schwierig. Die Älteren wollen offene, gute Antworten; doch bei einer offenen Antwort würden die Intimitätsgrenzen der Jüngeren überschritten. Bei einer solchen Konstellation ist es für die Einzelnen hilfreicher, die Gruppen von Anfang an entsprechend ihres Alters bzw. ihrer Beziehungssituation aufzuteilen. Ist dies nicht möglich, sollte man während der Gesprächsrunde deutlich machen, dass man die Fragen, die nur einen Teil der Gruppe betreffen, lieber später in einem kleineren Kreis beantworten will. Natürlich ist es wichtig, dann auch für entsprechende Gesprächsmöglichkeiten zu sorgen. Es ist gut, wenn man vor allem die empfindlicheren Personen einer Gruppe im Auge hat, damit man bei keinem Gruppenmitglied die Intimitätsgrenze verletzt.

6.2.3 Vorsicht bei gruppendynamischen Prozessen

Das Gespräch über Sexualität ist etwas sehr Persönliches. Wir haben festgestellt, dass wir Liebe und Geduld brauchen, wenn wir mit Teens über Sex reden. Geduld, um auch Schweigen auszuhalten, denn jeder darf selbst entscheiden, ob und wie viel man über sich erzählt. Das gilt im persönlichen Gespräch genauso wie in Gruppen. Es sollte deshalb niemals Druck aufgebaut werden, der Teens und Jugendliche zwingen könnte, Dinge zu erzählen, die sie freiwillig nicht erzählen würden. Ein solcher Druck kann durch eine direkte Aufforderung entstehen, aber auch indirekt durch gruppendynamische Prozesse.

Eine direkte Aufforderung wäre zum Beispiel, wenn man in einer Gruppe von acht Jungs sagt, dass jeder von ihnen reihum etwas erzählen soll. Ein gruppendynamischer Prozess entwickelt sich, wenn man zwar die Beteiligung an der Austauschrunde auf eine freiwillige Basis stellt, aber dann freiwillig vier Jungs, die alle nebeneinander sitzen, der Reihe nach erzählen. Falls der fünfte in der Reihe eigentlich lieber schweigen würde, hat er jetzt ein Problem. Er hat den Eindruck, dass die Gruppe (die ersten vier Jungs) von ihm erwarten, dass er auch etwas erzählt. In diesem Fall ist es die Aufgabe des Gesprächsleiters, rechtzeitig die Reihe zu durchbrechen. Er kann darauf hinweisen, dass der Austausch nicht entlang der Reihe gemacht werden muss und jetzt auch jemand anderes etwas sagen darf. Dabei kann er noch einmal deutlich aussprechen, dass die Beteiligung freiwillig ist.

Überhaupt ist Gruppendynamik gerade beim Thema Sexualität fehl am Platz, denn es darf niemals das Ziel sein, persönliche Grenzen durch Gruppendynamik zu überschreiten. Dies gilt auch bei Spielen. Ein Beispiel dazu wäre das Spiel »Kleiderschlange«. Bei diesem Spiel werden gleich große Mannschaften gebildet, die möglichst viele Kleidungsstücke von sich ausziehen und aneinander knoten sollen. Starke Persönlichkeiten werden ihre Grenzen bewahren können. Ehrgeizige Personen, die unbedingt gewinnen wollen, werden sich von mehr Kleidung trennen, als sie es in ihrem »normalen« Leben tun würden. Unser Augenmerk sollte vor allem auf schwächeren Charakteren liegen, die ihre eigenen Grenzen nicht einhalten, weil es eben alle machen und den Druck von Anforderungen anderer (»Du kannst noch mehr ausziehen!«) nicht aushalten. Auf der einen Seite wäre dies Spiel geeignet, um die Themen Gruppendruck und eigene Grenzen zu thematisieren. Doch der Preis dafür ist zu hoch, weil mit diesem Spiel eine Grenzverletzung bei einigen Spielteilnehmern bewusst in Kauf genommen wird.

6.2.4 Niemanden bloßstellen

Schon bei dem vorherigen Punkt haben wir gesehen, dass eine direkte Aufforderung, etwas zu erzählen oder die eigene Meinung zu sagen, die Regel bricht, dass Gespräche über Sexualität immer freiwillig sein müssen. Außerdem bergen solche Gespräche die Gefahr, dass Einzelne vor der Gruppe bloßgestellt werden. Eine Bloßstellung kann auch erfolgen, wenn man in einem Spiel oder Rollenspiel nur mit Einzelnen arbeitet. Wenn zum Beispiel bei einem Rollenspiel über voreheliche Sexualität nur zwei Personen beteiligt sind, besteht die Gefahr, dass einer irgendwann nicht mehr weiterweiß. Eine solche Situation ist für den Betroffenen sehr peinlich. Der Gruppe (und vor allem dem Betroffenen) muss deutlich sein, dass er ein Teil der Gruppe ist und es jedem anderen wahrscheinlich ähnlich ergangen wäre. Kommt es nicht zu einem solchen Identifizierungsprozess, verliert der Rollenspieler vor der Gruppe sein Gesicht. Er steht als jemand da, der keine Antwort wusste oder komische Dinge gesagt hat. Ob diese Identifizierung zwischen dem Rollenspieler und der Gruppe stattfindet, hängt an vielen Faktoren, die nicht alle beeinflussbar sind. Deswegen sollte man auch bei Spielen und Rollenspielen nach Möglichkeit darauf achten, dass mehrere Personen beteiligt sind. Das begünstigt zum einen die Identifizierung (»Die haben alle keine Antwort gewusst und ich auch nicht«). Zum anderen ist durch das Mitmachen der Lerneffekt viel höher, als wenn man eine Situation nur sieht und hört. Je mehr Gruppenmitglieder beteiligt sind, desto besser. Bei den nachfolgenden Rollenspielen gehen wir daher immer von Kleingruppen aus, die eine Rolle besetzen.

6.2.5 Die unterschiedlichen Menschen im Blick haben

Bei der Planung eines Programms über Sexualität sollte man immer die ganze Gruppe im Blick haben: Da sind ...

- Jungen und Mädchen, die noch keine Freundschaften oder Beziehung haben,
- junge Männer, die schon sexsüchtig sind und nicht mehr von Pornografie und Selbstbefriedigung loskommen,
- Menschen, die wahrscheinlich schon Erfahrungen mit Geschlechtsverkehr und Petting hatten,
- Personen, die homosexuell empfinden und
- einzelne, die sexuelle Gewalt erleben mussten und müssen.

Es ist unmöglich, ein Programm zu gestalten, das alle diese Lebenssituationen ausreichend berücksichtigt und jedem Jugendlichen individuell weiterhilft. Doch das ist auch nicht die Aufgabe eines Teen- oder Jugendkreisthemas. Viel sinnvoller ist es, sich auf eine Zielgruppe und einen Themenbereich zu konzentrieren und diesen Bereich gut abzudecken, ohne das Bewusstsein für die anderen zu verlieren.

Dazu ein Beispiel: *Bei einem Missionseinsatz fragten ein paar Teammitglieder beim Abendessen nach den Ursachen für Homosexualität. Es entwickelte sich ein lockeres Gespräch, an dem sich auch die Mitarbeiter beteiligten. Keinem fiel auf, dass eine Person – ein paar Plätze weiter – immer stiller wurde. Dieser junge Mann hatte Freunde, die homosexuell waren. Die Diskussion beim Essen, bei der sich scheinbar alle einig waren, kam ihm vor, als würde man über die Ursachen von Schnupfen sprechen. Doch er kannte auch die andere Seite. Für ihn ging es um seine Freunde, und das hat diesen jungen Mann verletzt.*

Es ist wichtig, auch an die Menschen zu denken, die es betrifft und die vielleicht unentdeckt irgendwo in der Gruppe auf Tauchstation gegangen sind. Deshalb sollten wir mit der Art, wie wir reden, und vielleicht auch mit ein paar Sätzen gerade auf diese Personen eingehen. Wie kann das in der Praxis aussehen? Bei Themenabenden, die wir über Gottes Rahmen der Sexualität gestalten, bemühen wir uns, Gottes gute Gedanken in den Vordergrund zu stellen und eine Vision zu vermitteln, statt nur das Verbot als Ausgangsbasis zu nehmen. In unserem Reden versuchen wir, nicht verurteilend über die zu sprechen, die bereits sexuelle Erfahrungen gemacht haben, die in die Ehe gehören. Im letzten Teil gehören dann ein paar Minuten nur diesen Personen: Wir sprechen über die Chance, dass Gott auch sexuelle Sünden vergibt und jedem die Chance für einen Neuanfang mit Jesus ermöglicht. Auch für Menschen, die bereits mit anderen geschlafen haben, besteht durch Gottes Kraft die Möglichkeit, sich künftig an Gottes Maßstäbe zu halten. Egal, ob daraus eine Schwangerschaft entstanden ist oder nicht. Bitte verknüpft damit auch immer das Angebot von Seelsorge.

6.2.6 Programme ersetzen keine Gespräche

Zwei Teenager im Teenkreis sind frisch verliebt. Sie freuen sich, wenn sie sich sehen und einander die Zuneigung ausdrücken können. Also konkret: Sie sind ständig am Kuscheln, Küsschen geben und haben nur noch Augen füreinander – auch im Teenkreis. Bei der Andacht schauen die meisten Teens nicht auf dich, sondern mehr auf das neue Paar. Das ist schließlich viel interessanter. Die einen schauen hin und schütteln den Kopf: »Wie kann man sich bloß so verhalten?« Die anderen schauen hin und denken: »Ich würde auch gerne eine(n) Freund(in) haben.« Nach dem Teenkreis sprechen die Mitarbeiter darüber, was sie tun wollen.

Was würdest du an ihrer Stelle tun? Vielleicht kennst du ein ähnliches Beispiel aus deiner Praxis.

Eine Standardantwort bei einer solchen Frage ist immer wieder: »Lasst uns doch mal ein Thema darüber machen.« Auf den ersten Blick erscheint es einfacher, ein Thema im Teen- und Jugendkreis zu halten, als das persönliche Gespräch zu suchen. Doch dieser Schuss kann nach hinten losgehen: Behandelt man das Thema öffentlich, fühlen sich die Betroffenen im wahrsten Sinne des Wortes abgekanzelt. Das Resultat kann sein, dass sie blockieren und vielleicht lange Zeit nicht mehr zur Gruppe kommen. Zusätzlich merken alle anderen, dass dieses Thema eigentlich nur für zwei Personen gedacht ist und hören auch nur für diese beiden. In solchen Situationen kann ein Programm deshalb ein persönliches Gespräch niemals ersetzen.

Die zweite Alternative ist die scheinbar leichteste: nichts tun und nichts sagen. Vielleicht hofft ihr, dass sich alles von selbst reguliert. Doch die Erfahrung zeigt, dass das eben nicht passiert.

Es ist auf jeden Fall wichtig, dass keine Pauschalantworten gegeben werden, mit denen Leute öffentlich verurteilt werden. Wie schwierig das manchmal ist, erlebte eine Jugendgruppe, bei der ein Mädchen schwanger wurde. Diese Gruppe hatte in den Jahren vorher nie über das Thema Sexualität gesprochen. Das Mädchen wurde weiterhin liebevoll im Teenkreis aufgenommen und integriert, ohne dass man es verurteilte. Das hat es dem Mädchen erleichtert, das es schwer genug gehabt hatte, sich für das Leben des Kindes zu entscheiden. Während der Umgang mit dem Mädchen sehr gut lief, wurde auch jetzt das Thema Sexualität in der Gruppe nicht angesprochen. Über die Wirkung dieses Verhaltens der Mitarbeiter auf die anderen Teenkreismitglieder hat sich keiner Gedanken gemacht. Dadurch konnte der Eindruck entstehen: »Ist ja gar nicht so schlimm!« Diese Vorbildwirkung war mit dem richtigen Verhalten dem Mädchen gegenüber aber nicht beabsichtigt. Der notwendige Spagat ist sehr schwierig: Zum einen müssen die notwendigen persönlichen Gespräche mit dem betroffenen Mädchen geführt werden. Zum anderen muss den anderen Mitgliedern im Teenkreis Orientierung vermittelt werden - auch Orientierung dahingehend, was Vergebung bedeutet und wie man Betroffenen helfen kann. Beides ist ohne persönliche Gespräche nur sehr schwer möglich.

6.2.7 Keine Sexualaufklärung betreiben

Die meisten Teens- und Jugendlichen in unseren Gruppen sind längst aufgeklärt. Von daher steht wohl kaum ein Mitarbeiter in der Verantwortung, die biologischen Zusammenhänge zu erklären – die wenigsten wären wohl auch auf die Idee gekommen. Trotzdem wollen wir der Vollständigkeit halber darauf hinweisen, dass du auch keine Sexualaufklärung leisten darfst. Dieses Privileg steht kraft Gesetz den Eltern zu. Das gilt auch dann, wenn sie dieses Recht und diese Verpflichtung nur unzureichend oder gar nicht wahrnehmen. In der christlichen Jugendarbeit sollte es um den ethischen Rahmen gehen, wie die Teens und Jugendlichen mit ihrer Sexualität umgehen können, und nicht um eine biologische Aufklärung.

6.2.8 An die Eltern denken

Gerade dann, wenn bei jüngeren Teens in der Gruppe über Sexualität gesprochen wird, kann es hilfreich sein, die Eltern vorab zu informieren, über was man reden möchte. Auf jeden Fall muss man sich auf Rückfragen der Eltern einstellen. Außerdem solltest du Material, das du den Teens mitgibst, überprüfen, wie es auf (eventuell auch auf nichtchristliche) Eltern wirkt. Gib nur die Materialien und Bücher mit, deren Aussage du selbst gut vertreten kannst.

6.3 Grundrisse

6.3.1 Bibelarbeiten

Bei vielen biblischen Geschichten geht es zwar nicht vorrangig um Sexualität, aber sie kommt darin vor. Mit einer Bibelarbeit über diese Texte kann man daher gut sexualethische Leitlinien weitergeben. Die folgende Tabelle gibt einen Überblick über mögliche Texte:

Geschichte:	**Themenbereich:**	**Bibelstelle:**
David und Batseba	Umgang mit Lust, Versuchung, Vergebung	2Sam 11
Josef und Frau Potiphar	Versuchung	1Mo 39
Jesus und die Frau am Jakobsbrunnen	Lebenserfüllung, Sex	Joh 4
Jesus und die Ehebrecherin	Vergebung, Urteilen über Sünde	Joh 8
Sündenfall	Nacktheit und Scham	1Mo 3
Simson und seine Frauen	Delilas Falle (ungläubige Partnerin [Philisterin])	Ri 14–16
Amnon und Tamar	»krank vor Liebe«, Sexsucht, Vergewaltigung, sexuelle Gewalt in der Familie	2Sam 13
Maria und Josef	sexuelle Reinheit, Josefs Treue	Lk 1,34

Hinweise für die abwechslungsreiche Gestaltung von Bibelarbeiten gibt es im Buch »Pro-Teens I«, Hrsg. Lothar Jung und Markus Wäsch, CV Dillenburg, 2000.

6.3.2 Andachten

Andachten sind eine Möglichkeit, um immer mal wieder kurz auf das Thema Sexualität hinzuweisen. Als Aufhänger eignen sich einzelne Bibelverse oder Geschichten, aktuelle Lieder, aktuelle Filme, Werbespots, Plakatwerbung und vieles andere mehr. Ebenso ist es möglich, in Andachten persönliche Erlebnisse miteinzuflechten und vorhandene Lebensbezüge der Teens zu nutzen. Weitere Hinweise findest du in den Bausteinen unter »Einstiege« und »Sonstige Gestaltungselemente«.

6.3.3 Themen-Abende

Der Themenabend ist wohl die häufigste Form, bei der in der Jugendarbeit über Sexualität gesprochen wird. Die meisten »Bausteine« können dabei eingesetzt werden. Bei Themenabenden kann es sinnvoll sein, Jungen und Mädchen zu trennen und getrennte Programminhalte anzubieten. Möglich wäre dabei auch ein gemeinsames Oberthema, wie z.B. »Die Macht der Bilder«, bei der die Jungen sich über ihre Augen, Fantasie und Pornografie Gedanken machen, während die Mädchen über Schönheitsbilder und den Zusammenhang mit ihrem Körper reden.

6.3.4 Interview, Talk, Diskussion

Statt der Präsentation eines Themas erfolgt bei diesem »Grundriss« die Vermittlung vor allem durch persönlich Erlebtes. Zu einem Interview kann man ein Pärchen oder Einzelpersonen einladen und befragen. Bei den Pärchen kann es sich um verliebte, verlobte, jung verheiratete Paare handeln, aber genauso gut auch um Senioren, die z.B. die Goldene Hochzeit schon hinter sich haben. Wenn 80-Jährige über die (erste) große Liebe berichten, hat das einen besonderen Reiz. Doch nicht nur Paare können interviewt werden: Warum nicht auch mal ein paar Singles einladen, die erzählen, warum sie Single sind und wie sie als Single mit ihrer Sexualität umgehen?

Abwechslungsreicher wird ein Abend, wenn man mehrere Pärchen oder zum Beispiel ein Pärchen und einen Single einlädt. Vielleicht ergeben sich dann Punkte, die unterschiedlich gesehen werden und über die man diskutieren kann.

Die Eingeladenen sollten die gleichen Werte repräsentieren, die ihr als Team vermitteln wollt. Außerdem ist ein wichtiger Punkt, wie sie mit Schwächen umgehen können, denn daran entscheidet sich, ob sie zu Vorbildern für die Zuhörer werden können.

Ein Interview ist allerdings keine zeitsparende Möglichkeit der Programmgestaltung, denn die Fragen müssen gut überlegt und auch abgesprochen werden. Dabei sollte mit den Interviewpartnern auch besprochen werden, wie persönlich die Fragen gestellt werden dürfen. Auch hier gilt es wieder, die Grenzen der Zuhörer und der Talkgäste zu bewahren und trotzdem offen und ehrlich zu bleiben.

Wenn die zu interviewenden Personen dazu bereit sind, bietet sich die Möglichkeit, die Zuhörer mit einzubeziehen und spontane Fragen der Teens und Jugendlichen zuzulassen. Dies kann entweder live geschehen oder über Zettel, die beim Moderator abzugeben sind.

6.3.5 Frage-Abende

Die Methode des Frageabends eignet sich besonders im Rahmen einer Themenreihe zur Sexualität oder wenn bekannt ist, dass viele Fragen bestehen. Bei einem Frageabend haben die Teens und Jugendlichen bereits ein oder zwei Woche vorher die Möglichkeit, anonym Fragen zum Thema Sexualität aufzuschreiben. Der Inhalt des Programms besteht aus der Beantwortung der Fragen. Die Antworten müssen natürlich nicht als Vortrag gegeben werden. Auch hier gibt es verschiedene Möglichkeiten, die Gruppe mit einzubeziehen, indem man zum Beispiel alle Fragen gemeinsam mit der Gruppe nach Themenbereichen sortiert.[47] Es empfiehlt sich, den Abgabetermin für die Fragen so früh zu legen, dass man sich noch vorbereiten kann. Lässt man die Möglichkeit auch kurz vor dem Abend noch Fragen abzugeben, so ist eine hohe Fachkompetenz erforderlich. Sollten die Fragen gemeinsam mit der Gruppe sortiert und dann besprochen werden, ist es gut, wenn man alle Fragen vorher abschreibt, damit die »Spezialisten« in einer Gruppe nicht mit Schriftidentifizierung anfangen können und nachher genau wissen, wer welche Fragen gestellt hat.

In letzter Zeit stellen wir vermehrt fest, dass wir vor allem dann mit vielen Fragen konfrontiert wurden, wenn wir vorher schon etwas von uns erzählt oder bereits ein Thema behandelt haben. Erst danach waren die Fragen präsent oder genug Mut vorhanden, sie zu stellen.

6.3.6 JUMP (Jungs und Mädels parallel)

6.3.6.1 JUMP-Frage-Abend

Im Gegensatz zu einem »normalen« Frageabend werden die Antworten zu den Fragen hier nicht von den Mitarbeitern beantwortet, sondern von den Teens und Jugendlichen. In zwei verschiedenen Räumen treffen sich Jungs und Mädchen getrennt voneinander und überlegen, was sie vom anderen Geschlecht gerne wissen möchten. Diese Fragen werden aufgeschrieben und an die andere Gruppe weitergeleitet. Danach tauschen sie sich innerhalb der Gruppen über die Fragen des anderen Geschlechts aus. Gemeinsam wird versucht, eine Antwort zu finden. Damit die Antworten auch ankommen, gibt es drei Möglichkeiten, das Ganze abzuschließen:

- Die Antworten werden aufgeschrieben. Der Nachteil dabei ist, dass diese Methode sehr lange dauert. Alternativ könnte man die Fragen und Antworten auch über einen Chat (Skype, o.ä.) geben. Dazu müssten in beiden Räumen ein Internetanschluss und am besten ein Beamer vorhanden sein, damit alle Beteiligten mitlesen können.
- Ein Mitarbeiter fasst nachher die Antworten des jeweiligen Geschlechts zusammen. Zum Abschluss des Abends haben sich alle wieder gemeinsam getroffen, und eine weibliche Mitarbeiterin hat die Antworten der Mädchen auf die Fragen der Jungs vorgestellt und ein männlicher Mitarbeiter die Antworten der Jungs auf die Fragen der Mädels.
- Bei älteren Jugendlichen und jungen Erwachsenen könnte man die Beantwortung im Plenum auch den Jugendlichen überlassen. Man sollte aber sicherstellen und deutlich machen, dass wirklich die Meinung der Gruppe wiedergegeben wird und nicht nur die Meinung des Sprechers.

JUMP ist eine Methode, die altersunabhängig eingesetzt werden kann. Sie ist sowohl bei einer Gruppe mit 12- bis 13-Jährigen (da fragten die Mädels die Jungs: »Warum sind Jungs eigentlich immer so doof, dass sie meinen, sie könnten mit irgendwas Blödem unsere Aufmerksamkeit auf sich lenken?«) als auch bei einem Jungen-Erwachsenen-Kreis im Alter von 19-29 Jahren sehr herausfordernd. Die gestellten Fragen variieren je nach Alter. Einige Fragen werden fast in jeder Altersgruppe gestellt:

- Warum schminkt ihr euch?
- Worauf achtet ihr bei uns als Erstes? (i.d.R. von Mädels an Jungs)

- Was ist euch wichtiger: Aussehen oder Charakter?
- Findet ihr es in Ordnung, wenn wir Mädels euch nach dem Beginn einer Freundschaft fragen?

6.3.6.2 Jungen/Mädchen und das andere Geschlecht

Auch bei diesem Entwurf treffen sich Jungen und Mädchen getrennt voneinander. In beiden Gruppen wird zuerst die Frage behandelt: »Wie geht es mir mit dem anderen Geschlecht? Was wünsche ich mir von den Jungen / Mädchen?« Dabei sollen in jeder Gruppe zwei Plakate mit positiven und negativen Wünschen gestaltet werden. Beispiele für positive Wünsche sind: »stark sein, Gentleman sein, zuhören können« oder »schön aussehen, verlässlich sein, ehrlich sein«. Negative Wünsche wären z.B.: »Mädchen nicht ärgern, aufziehen, immer an das eine denken« oder »sollen nicht rumzicken, sich nicht so aufdonnern«. Bevor die Plakate gestaltet werden, sollte zusammen mit dem Mitarbeiter innerhalb einer Gruppe eine kurze Reflektion der eigenen Wünsche durchgeführt werden. Hilfreich sind dabei folgende Fragen:

- Wie realistisch sind unsere Wünsche?
- Ist etwas verletzend oder herabwürdigend?
- Wie würde ich mich als Mitglied des anderen Geschlechts fühlen, wenn solche Wünsche an mich herangetragen würden?
- Gibt es inhaltliche Schwerpunkte, und wenn ja, welche haben wir gewählt (Äußerlichkeiten, innere Werte, Kameradschaftlichkeit, Modetrends ...)?

Zum Abschluss der getrennt-geschlechtlichen Runde sollte noch überlegt werden, wer die Ergebnisse in einer gemeinsamen Runde mit dem anderen Geschlecht präsentiert. Das Plakat mit den Negativ-Wünschen muss nicht unbedingt präsentiert und im Jugendraum aufgehängt werden, da es vor allem um die positiven Wünsche gehen soll. Nachdem die jeweiligen Wünsche vorgestellt wurden, geht es um das Feedback des jeweils anderen Geschlechts. »Wie geht es uns als Jungen/Mädchen mit dem, was die anderen aufgeschrieben haben?

Was wünschen wir uns anders?« Dabei sollten die Jugendlichen darauf achten, »Ich-Botschaften« zu senden und einander zuzuhören. Gibt es Verständnisprobleme, ist es hilfreich, das Gesagte des anderen so zu wiederholen: »Ich habe XY so verstanden, dass er meint, Mädchen sollten so und so gekleidet sein. Habe ich dich damit richtig verstanden?« Dann hat XY nun noch mal die Möglichkeit, seinen Standpunkt zu erläutern.

Beispiel:
Gutes Feedback: *Wenn ich lese, dass ihr Jungen euch schöne Kleidung, schicke Frisur, lange Beine, tiefen Ausschnitt usw. wünscht, dann fühle ich mich als Mädchen wie eine Ware, Modepuppe auf Abruf...*

Schlechtes Feedback: *Euch interessieren ja nur Äußerlichkeiten, ihr seid voll Panne, total mies drauf, wollt immer nur das eine...*

6.3.7 Erlebnisorientierte Ansätze

Bei erlebnisorientierten Programmen steht nicht die theoretische Wissensvermittlung im Vordergrund, sondern dass die Teens eine Sache erleben und dadurch lernen. Das Erlebnis macht den wesentlichen Teil aus und vermittelt Wissen bzw. Kompetenz. In der klassischen Erlebnispädagogik spricht man davon, dass »der Berg für sich allein spricht«.

Das bedeutet nichts anderes, als dass das Erlebnis an sich schon ausreicht. Dennoch ist auch bei der Erlebnispädagogik oft eine Reflexion mit inbegriffen. In dieser Reflexionsphase kann ich das Erlebte Revue passieren lassen und auf den Alltag übertragen. Im Folgenden sind ein paar erlebnisorientierte Abende aufgelistet:

6.3.7.1 Knigge-Abend

Ziel: Respekt, Umgang von Jungs und Mädels
Beim Knigge-Abend geht es um gute Umgangsformen. Auf spielerische Art wird trainiert, wie man dem anderen Geschlecht begegnen kann. Anregungen zu Spielen geben alte und aktuelle Bücher zum Thema. Was ist höflich und zuvorkommend und was nicht? In der Reflexionsphase kann es darum gehen, was von dem Erlebten alltagstauglich ist.

6.3.7.2 Versuchungs-Spiel

Ziel: Umgang mit Versuchung, Spannung aushalten, Sünde kommt irgendwann ans Licht
In einem großen Raum oder innerhalb eines abgetrennten Geländes wird ein Spiel durchgeführt, bei dem die einzelnen Gruppen möglichst viel Geld verdienen sollen. Für alle Gruppen besteht die Regel, dass man dabei den vorgegebenen Raum bzw. das Gelände nicht verlassen darf, bis der Spielleiter das Spiel beendet. Während des Spiels bauen andere Mitarbeiter Versuchungen ein. So kann man die Information streuen, dass im Nachbarraum die Reste des Spielgeldes liegen und scheinbar nur darauf warten abgeholt zu werden. Alternativ können Mitarbeiter auch außerhalb des erlaubten Spielgeländes eine *Chill-Out-Area* einrichten, wo die Teens kostenlos Süßigkeiten, Liegesessel und Massagen angeboten bekommen. Nachdem das Spiel beendet ist, werden allerdings alle Regelverstöße mit Disqualifikation geahndet und der Sieger und alle ehrlichen Gruppen bekommen einen Preis, der alle Versuchungen in den Schatten stellt. (Wichtig: Der Preis muss auf jeden Fall etwas Besonderes sein, nicht dass einzelne Teilnehmer zu dem Schluss kommen, dass es für sie besser war, auf die Versuchung zu reagieren.) In der Reflexion bzw. Andacht kann das Erlebte auf sexuelle (und natürlich auch auf sonstige) Versuchungen übertragen werden.

6.3.7.3 Tagesprogramm zur Frustrationstoleranz

Ziel: Spannung und Frustration aushalten, Umgang mit Versuchung
Mit diesem Programm soll die Fähigkeit trainiert werden, Frustration (in diesem Fall in Form von Hunger) auszuhalten, weil man ein großes Ziel vor Augen hat. Am Besten eignet sich dieses Programm im Rahmen einer Freizeit.

Statt eines reichhaltigen Frühstücks, ist das Frühstücksbuffet an einem Morgen eher leer und es gibt statt frischer Brötchen nur trockenes Brot. Zum Mittagessen gibt es nur eine sehr dünne Suppe. Am Nachmittag sollte irgendein körperlich anspruchsvolles Programm geboten werden, damit nun auch wirklich jeder Hunger bekommt. Dabei sollte der Tagesablauf so gestaltet werden, dass niemand die Chance hat, zum nächsten Supermarkt oder zu McDonald's zu fahren. Am Ende des Tages bekommt jeder einen großen Schokoriegel (Mars, Snickers o.ä.) mit dem Hinweis geschenkt, ihn nicht zu essen. Dieser Schokoriegel ist nämlich ein Gutschein für etwas super Gutes, das aber noch nicht verraten wird. Die Teens und Jugendlichen sollten danach ein wenig Zeit für sich haben. Einige werden den Schokoriegel aus Heißhunger verzehren. Andere werden die Kraft haben zu warten. Nach einer gewissen Zeit, dürfen alle in einen vorbereiteten Raum kommen, in dem ein super Buffet, mit vielen leckeren Speisen (inkl. vieler Schokoriegel), aufgebaut ist. Alle, die ihren Schokoriegel noch haben, können ihn nun gegen die Berechtigung eintauschen, sich nach Lust und Laune am Buffet zu bedienen. Alle, die den Schokoriegel gegessen haben, müssen zuschauen. In der Andachts- und Reflexionsphase gilt es nun darauf einzugehen, dass es oft besser ist, auf sofortigen Genuss (z.B. Sex, Selbstbefriedigung) zu verzichten, weil am Ende ein Ziel liegt, für das sich das Warten lohnt (Ehe). Um den Abend nicht total brutal zu beenden, könnte man nach einer angemessenen Wartezeit und der Reflexion das Buffet für alle freigeben und damit noch verdeutlichen, was Gnade und Vergebung bedeuten.

6.3.7.4 Selbstverteidigungsseminar für Mädchen

Ziel: Nein-Sagen
Im Rahmen eines Selbstverteidigung- bzw. Selbstbehauptungstrainings lernen Mädchen, dass es okay ist, wenn sie Nein sagen und wie sie ihr Nein deutlich machen können. Dieser Kurs kann zum Beispiel als Samstags-Aktion angeboten werden, wozu auch Freundinnen eingeladen werden können.

6.4 Bausteine

Die nachfolgenden Bausteine kannst du nach Belieben zum Bau deines Programms zusammensetzen. Bei einigen Bausteinen haben wir Zielgedanken formuliert. Sie können aber trotzdem auch für andere Zielgedanken passen.

6.4.1 Einstiege

6.4.1.1 Eisbrecher »Anmachen und Körbe verteilen«[48]

»Anmachen und Körbe verteilen« eignet sich gut, um locker zu werden. Bei diesem Spiel überlegen sich die Männer möglichst originelle Anmachsprüche und schreiben sie auf. Die Frauen überlegen sich möglichst lässige Erwiderungen auf dumme Anmachversuche und schreiben sie ebenfalls auf. Die Sprüche werden in getrennten Boxen gesammelt, bevor das eigentliche Spiel losgeht. Jeweils ein Junge zieht einen Spruch und liest ihn vor. Daraufhin zieht ein Mädel einen Abblitzspruch und gibt dem Jungen einen Korb. Das Lustige daran ist, dass die Sprüche oft überhaupt nicht zusammen passen. Ein Spiel zum Lachen, um das Eis zu brechen.

6.4.1.2 Gegenstandslektion »Edelstein und Kondom«[49]

Ein Edelstein und ein Kondom werden der Gruppe gezeigt. Gleichzeitig wird gefragt, was diese beiden Gegenstände miteinander zu tun haben.

Der Edelstein ist Gottes Idee von Sexualität und das Kondom ist das, was die Menschen daraus gemacht haben.

6.4.1.3 Aktuelle Situationen aufgreifen

Aktuelle Situationen eigenen sich besonders als Einstieg in einen Themenbereich. Dies können allgemein bekannte Situationen aus den Medien sein oder auch aus einem aktuellen Kinofilm, den bereits fast alle gesehen haben. Ebenso kann es etwas sein, was alle erlebt haben oder ein Song aus den Charts.

6.4.1.4 Akrostichon[50]

Aus den einzelnen Buchstaben eines Begriffes (des Themas) sollen Worte und weitere Begriffe genannt werden, die mit dem Thema unmittelbar verbunden sind.

Beispiel: Aus dem Wort L-I-E-B-E sollen durch die Einzelbuchstaben andere Begriffe entstehen. Entweder gibt man vor, dass der genannte Begriff mit dem jeweiligen Buchstaben aus dem *Akrostichon* als erstem Buchstaben beginnen muss, oder der Buchstabe kann auch mittendrin sein. Als Variation ist es auch möglich, dass ein Satz aus den Einzelwörtern herauskommen muss.

Sehr gut geeignet als Einstiegs-Aktivität. Das Vorwissen wird geweckt und mit einer kreativen Aufgabe verknüpft.

6.4.1.5 Spiel »Ich packe meinen Koffer«

Ziel: Einstieg in einen Abend über das Thema »Freundschaft und Partnerschaft«
Dieses Grundschulspiel wird in einer Variation gespielt. Statt »Ich packe meinen Koffer« lautet die Ausgangssituation »Ich plane eine Reise und bereite mich darauf vor, indem ich ...« Danach dürfen die Mitspieler der Reihe nach aufsagen, wie sie sich auf einen Urlaub vorbereiten, und wiederholen dabei auch alles, was die vorherigen Mitspieler aufgezählt haben. Nach einer Weile (8 bis 10 Beiträgen) wird die Spielrunde abgebrochen und die Ausgangsituation verändert. Die nächste Spielrunde läuft mit »Ich plane eine Freundschaft und bereite mich darauf vor, indem ich ...«

Ob man diese Runde tatsächlich spielt oder nicht, muss in der jeweiligen Situation entschieden werden. Man kann die Runde auch nur ankündigen und die Gruppe kurz »zappeln« lassen. Danach erfolgt eine Abstimmung, ob man Freundschaften überhaupt planen kann. Im weiteren Verlauf kann aufgezeigt werden, dass man bei einer Urlaubsreise auch nicht alles planen kann. Das Ziel sollte jedoch klar sein: Will ich einen Badeurlaub machen oder Skifahren, nur am Strand liegen oder etwas erleben, Alaska oder Afrika, Kultur oder Sport? Die Ziele, die ich mit einem Urlaub habe, werden vieles in meinem Urlaub bestimmen. Trotzdem wird manches anders laufen, wenn man erst einmal vor Ort ist. Genauso ist es auch mit einer Freundschaft. Man kann nicht alles planen, und manches wird anders laufen, wenn man erst befreundet ist. Dennoch sollte man sich schon vorher über die grundsätzliche Ausrichtung Gedanken machen. Im weiteren Verlauf könnte die »Freundschafts-Checkliste« besprochen werden.

6.4.1.6 Anspiel: Die Rose (siehe S. 160)

Ziel: Verdeutlichen, das Sexualität ein gutes Geschenk Gottes ist, dass es aber auch wichtig ist, wie wir damit umgehen
Das folgende Anspiel kann ohne Ankündigung in den Einstieg integriert werden. Idealerweise dann, wenn man den Abend über Freundschaft und Sexualität als Ehepaar gemeinsam gestaltet.

Das Anspiel soll verdeutlichen, dass Warten sich lohnt. Gottes Idee von Sexualität ist sehr gut. Wir können jedoch mit etwas sehr Gutem auch so umgehen, dass es für uns an Schönheit und Genialität verliert. Nach dem Anspiel kann man eine (vollständige) Rose in den Mittelpunkt stellen, um die Schönheit der Sexualität zu verdeutlichen und nicht nur den menschlichen Umgang damit.

6.4.1.7 Respekt

Ziel: Jeder Mensch möchte respektiert werden. Im Anspiel werden einzelne Situationen aufgezeigt, wie respektlos miteinander umgegangen wird.

Beschreibung:
Gespielt wird eine Szene im Restaurant mit bis zu fünf Gästen. Alle Gäste nehmen im Restaurant Platz und stöbern in den ausgelegten Speisekarten. Der Kellner bedient alle Gäste unterschiedlich: den ersten Gast respektvoll und höflich, den Zweiten ignoriert er, dem Dritten bringt er etwas völlig anderes, als er bestellt hat (Wasser statt Cola), den vierten Gast beleidigt er (»Wie sehen sie denn aus?!«), und den Letzten bedient er sehr unhöflich und laut (zum Beispiel anschreien: »Sie sind noch nicht dran!«).
Die Teens sollen überlegen, welchem Gast respektvoll begegnet wurde und welche Formen Respektlosigkeit haben kann. In der Übertragung kann es darum gehen, wo im sexuellen Bereich respektlos miteinander umgegangen wird. Das kann sowohl ...

- das abfällige Reden über Männer oder Frauen sein, als auch
- das Ausziehen von Frauen mit Blicken,
- Kleidung, die bewusst verführend wirken soll,
- Freundschaften, bei denen es nur um mich geht, aber nicht um den Partner
- und vieles andere mehr.

Anspiel: Die Rose

Er Heute Abend geht es um Liebe. Was geht euch beim Thema Liebe durch den Kopf? Viele Menschen verbinden rote Rosen mit Liebe. *(Zur Partnerin gewandt)* Ich habe dir übrigens eine Rose mitgebracht. Nachher bekommst du sie von mir. Aber machen wir ...

Sie *(Fällt ihm ins Wort)* Wieso nachher, kann ich sie nicht jetzt schon haben?

Er Nein, im Moment kannst du sie noch nicht brauchen. Du könntest sie gar nicht richtig genießen.

Sie Ich möchte sie aber lieber jetzt schon haben.

Er Es ist besser für dich, wenn du sie erst nachher bekommst. Ich habe etwas ganz Besonderes vor. Hier ist jetzt nicht der richtige Rahmen dafür.

Sie Das kannst du doch gar nicht beurteilen. Ich hol sie mir jetzt! *(Holt die Rose und riecht daran.)*

Die ist ja schön. Und wie die riecht ... *(Zu ihm)* Und die wolltest du mir vorenthalten.

Er Ich wollte sie dir nicht vorenthalten. Ich denke nur, dass es besser gewesen wäre, wenn du sie erst später bekommen hättest.

Sie Du gönnst sie mir nicht. Du glaubst wohl, ich könnte nicht damit umgehen. *(Schlägt mit der Rose in sein Richtung, sticht sich dabei das erste Mal.)*

Aber es sind ja genug andere da, die sich mit mir darüber freuen. *(Geht rum, zeigt den anderen die Rose, anfangs eher heimlich, dann immer großspuriger, dreht ihrem Partner dabei immer den Rücken zu.)*

Seht mal, meine Rose, ist die nicht klasse? Und merkt ihr was, ich habe hier die allerschönste Rose im Raum... *(Sticht sich wieder. Geht zu irgendwem [Mann] zurück:)*

Dich mag ich, ich gebe dir was von meiner Rose ab. *(Zupft ein paar Blütenblätter ab und verschenkt sie:)* Pass gut darauf auf, das ist etwas ganz Besonderes.

(Geht weiter [Mann]): Hier du bekommst auch ein paar ... und du auch. *(Bleibt auf einmal bei einer Frau stehen:)* Ich will ja nicht einseitig sein. Du bekommst auch was. Das ist die allerschönste Rose, die es hier gibt. *(Verteilt noch etwas wahllos im Raum, sticht sich wieder, schimpft, sieht dabei auf die Rose, die inzwischen ziemlich mitgenommen ist. Hält inne.)*

Zu ihm: Was hast du mir da eigentlich für ein Ding angedreht? Das sticht und wird immer hässlicher, je mehr ich es mit anderen teile. *(Hält ihm das hässliche Ding vor die Nase.)*

Glaubst du wirklich, du könntest mir damit eine Freude machen? Du hast ja gar keine Ahnung von Rosen, ansonsten wäre die ganz anders. Sie wäre einfach perfekt. *(Schlägt mit der Rose nach ihm.)*

Weißt du, du hast mich so dermaßen enttäuscht, ich will nichts mehr mit dir zu tun haben. *(Wirft die Rose auf den Boden, tritt darauf rum.)*

6.4.2 Spiele und Rollenspiele

Diese Spiele und Rollenspiele können irgendwann als Auflockerung oder Veranschaulichung in das Programm integriert werden.

6.4.2.1 Spiel: Decke umklappen

Mehrere Gruppen stehen jeweils auf einer Decke. Die Decke darf nur so groß sein, dass die Mitspieler eng wie in einem vollen Schulbus stehen. Jede Gruppe muss die Decke einmal umdrehen, während sie darauf stehen bleibt. Der Boden neben der Decke darf nicht berührt werden.

Bei diesem Spiel kommt man sich näher. Im Anschluss kann reflektiert werden, wie das Empfinden über Distanz und Nähe in den einzelnen Gruppen war.

6.4.2.2 Spiel: Menschenknäuel

Mehrere Personen müssen sich gemeinsam auf ein DIN-A4 Blatt stellen, ohne den Boden zu berühren. Die Reflexion ist genauso wie bei dem vorangegangenen Spiel.

6.4.2.3 Spiel: Schöpfungsquiz

Ziel: Verdeutlichen, dass Mann und Frau nach dem Ebenbild Gottes geschaffen wurden.

Beschreibung:
Der Gruppe werden verschiedene Aussagen zur Schöpfung vorgestellt. Nach jeder Aussage wird entschieden, ob sie wahr oder falsch ist. Ist sie wahr, hebt jeder die Hand. Ist die Aussage falsch, bleibt die Hand unten. Dadurch ist gewährleistet, dass jedes Gruppenmitglied mitmacht und keine Enthaltungen vorkommen. Mögliche Aussagen wären zum Beispiel:

- Gott schuf die Welt in sechs Tagen. (Richtig, da Gott am siebten Tag ruhte)
- Gott schuf die Sonne am zweiten Tag. (Falsch, am vierten Tag)

- Gott schuf den Löwen am sechsten Tag. (Richtig, alle Landtiere am sechsten Tag)
- Gott schuf Eva nach seinem Bild. (Richtig, 1. Mose 1,27)

Das Spiel soll verdeutlichen, dass Mann und Frau beide nach dem Ebenbild Gottes geschaffen wurden und beide gleich wertvoll sind.

6.4.2.4 Rollenspiel: Nacktbaden

Mit diesem Rollenspiel sollen die Teens erfahren, dass es wichtig ist, den eigenen Standpunkt gut begründen zu können. Außerdem dient es als Einstieg in die Themen »Nacktheit« und »Petting«.

Folgender Fall wird der Gruppe vorgestellt:
»Die Jugendgruppe macht eine Freizeit. In dem gemieteten Ferienhaus befindet sich auch eine Sauna. Die Hälfte der Gruppe schlägt vor, mit allen einen schönen, gemütlichen Saunaabend zu machen. Jegliche Kleidung behindert das Schwitzen, so dass man selbstverständlich nackt in die Sauna geht. Die andere Hälfte der Gruppe möchte das nicht.« (Alternativ könnte man auch einen gemeinsamen Besuch des FKK-Strandes einbauen.)

Nachdem der »Fall« dargelegt wurde, wird die Gruppe nun in zwei Hälften aufgeteilt: in Saunafans und Saunagegner. Jede Gruppe bekommt einige Minuten Vorbereitungszeit, sich Argumente für die jeweilige Rolle zu überlegen. Danach dürfen die Gruppen miteinander diskutieren und sollen versuchen, die jeweils andere Gruppe mit Argumenten für ihre Sichtweise zu überzeugen. Nach Abschluss (oder Abbruch) der Diskussion, kann das Thema von der Bibel her entfaltet werden.

Hinweise zu Rollenspielen:
Bei Rollenspielen bitte deutlich machen, dass jeder Beteiligte nur eine *Rolle* spielt. Sämtliche Aussagen entsprechen dadurch nicht unbedingt der Meinung der Beteiligten. Damit das gewährleistet ist, ist es sinnvoll die Gruppeneinteilung vorzugeben. Manche Teilnehmer können dadurch leichter ihre Rolle »spielen«. Rollenspiele sollten darüber hinaus nur gemacht werden, wenn es keinen Bezug zu tatsächlichen Ereignissen in der Gemeinde bzw. dem Wohnort gibt.

6.4.2.5 Rollenspiel: Konsequenzen und Vergebung

Ziel: Umgang mit Personen, die Fehler gemacht haben

Beschreibung:
Folgender Fall wird der Gruppe vorgestellt:
»Eine Gruppe von Teenagern (Jungen und Mädchen) aus dem Teenkreis der Gemeinde sind an einem Abend in einem See nackt baden gegangen. Dummerweise wurden sie dabei gesehen und erkannt. Im Stadtteil bzw. Dorf, in dem sich die Gemeinde befindet, schmunzeln die Leute nun und erzählen sich, dass zum Programm der Christen nun auch Nacktbaden gehört.«

In der Gruppe werden verschiedene Rollen aufgeteilt:

- die Gruppe der Nacktbader
- die unbeteiligten Teens
- die Mitarbeiter des Teenkreises und
- die Gemeindeleitung
- (evtl. auch noch unbeteiligte Personen aus der Gemeinde)

Jede Gruppe bekommt eine Vorbereitungszeit und überlegt, wie sie reagieren will. Dann setzen sich alle an einen »runden Tisch« und sprechen gemeinsam über den Vorfall. Nachdem alle ihre Position vorgestellt haben, dürfen sich die Gruppen noch einmal zurückziehen und ihre eigene Position überdenken. Danach treffen sich die Gruppen wieder am »runden Tisch« und versuchen, zu einer möglichst einvernehmlichen Lösung zu gelangen. Eventuell sollte in jeder Gruppe ein Mitarbeiter dabei sein, um notfalls das Gespräch zu lenken. Auf jeden Fall benötigt man einen Gesprächsleiter für den Austausch am runden Tisch. Herausgestellt werden sollte auch, was Vergebung bedeutet.

Alternative:

»Ein 16 Jahre altes Mädchen aus der Jugendgruppe ist im dritten Monat schwanger«
Die restlichen Jugendlichen und die Mitarbeiter reden gemeinsam, wie sie sich ihr gegenüber verhalten wollen. Die Rolle des Mädchens sollte nicht besetzt werden, aber vielleicht verschiedene Möglichkeiten zum Diskutieren angeboten werden. Dies können zum Beispiel sein:

- Die Jugendgruppe weiß nicht, wer der Vater ist.
- Der Vater ist ein Jugendlicher aus der gleichen Jugendgruppe, mit dem das Mädchen aber schon vor ca. zwei Monaten Schluss gemacht hat (bevor es wusste, dass es schwanger ist).
- Das Mädchen lebt seit sieben Monaten mit seinem Freund zusammen, die beiden sind aber nicht verheiratet.

(Das Thema Abtreibung soll in diesem Rollenspiel nicht behandelt werden.)

6.4.2.6 Rollenspiel: Teenagerschwangerschaft

Zusammenstellung von Dr. Ute Buth mit freundlicher Genehmigung des © Weisskreuz-Verlag, Lindhübelstraße 4, CH-5724 Dürrenäsch, 2008

Vorspann:
Ein 15-jähriges Mädchen hat einen Freund (17), mit dem es seit einiger Zeit auch intim ist. Vor ein paar Wochen hatten sie zum ersten Mal richtigen Sex. Es ging plötzlich so schnell und kam so überraschend, dass sie an Verhütung überhaupt nicht gedacht hatten. Die Regel des Mädchens ist nun schon seit vier Wochen ausgeblieben, ihm ist morgens schlecht, und es ahnt, dass es schwanger ist. Völlig aufgelöst sucht es Rat und Hilfe bei seinen Bezugspersonen:

Bitte sieben Personen – drei Mädchen und vier Jungen – nach vorn, und verteile unter ihnen die Rollen. Stelle sie in einem Halbkreis mit Blick gegen den Rest der Gruppe auf. Frage die Schauspieler, wer von ihnen spontan seine Rolle so verändern möchte, dass sie oder er den vorgegeben Text unbeachtet lässt und aktiv für das Leben argumentiert (nur *eine* Person!)

Lass nun die Schauspieler/innen nacheinander ihre Rolle vortragen.

Frage die zuschauenden Mitglieder der Gruppe, wie es ihnen geht, wie sie sich fühlen.

Wähle nun aus dieser Gruppe zwei Mädchen aus – eins, das sich eine Abtreibung in gewissen Situationen vorstellen könnte, und ein anderes, das sich vehement gegen Abtreibung wehrt.

Erkläre, dass einige Zeit verstrichen ist, eins der beiden Mädchen sich für die Schwangerschaft entschieden hat, das andere – wähle nach Möglichkeit jenes aus, das sich eher für eine Abtreibung entschieden hätte – in der zehnten Woche abgetrieben hat. Dieses Mädchen kommt mit der Abtreibung aber nicht zurecht. Es ist nachträglich tief verunsichert über seinen Entscheid, fühlt sich schlecht, schuldig, weint oft »grundlos« und braucht Hilfe.

Biete der jungen Frau an, sie zu ihren Bezugspersonen zu begleiten. Sie soll selber wählen, mit wem sie über ihre Not sprechen will. Moderiere nur, wenn nötig. In der Regel entwickelt sich eine Eigendynamik, und die »Betroffene« wählt sich selbst aus, mit wem sie sprechen will.

Lass die ganze Gruppe (inkl. der Schauspieler/innen) über das Rollenspiel diskutieren, und zeige auf, dass beide Entscheidungen folgenschwer sind und eine begleitende Person oder eine Fachstelle hinzugezogen werden sollte.

Rollenverteilung:

Rolle 1: Freundin (unbekümmert, freundschaftlich, ihren guten Rat abgebend)

- »Stell dir mal vor, wie die Leute quatschen, wenn sie dich mit Bauch sehen würden! So peinlich, da würde ich vor Scham im Boden versinken!«
- »Dann stell dir mal bildlich vor, du bekommst das Balg (...), dann kannst du NICHTS mehr machen als, zu Hause sitzen, fett werden und das ganze Leben verpassen. Da wird mir ja schon nur bei der Vorstellung speiübel. Also ich an deiner Stelle müsste keine Minute darüber nachdenken, was ich tun würde.«

Rolle 2: Mutter (fürsorglich, mitfühlend, überzeugt)

- »Wie kommst du auf die Idee, dass du dich um ein Baby kümmern könntest, wenn du noch nicht einmal in der Lage bist, für dich selber zu sorgen?«
- »Wie glaubst du, würdest du die Schwangerschaft und die Geburt überstehen, wenn du schon bei deiner Mens so ein Affentheater machst?«
- »Ich auf jeden Fall, werde mich nicht um dein Kind kümmern. Auf meine Hilfe musst du nicht bauen!«

Rolle 3: Großmutter (bedächtig, voll Liebe und Mitleid)

- »Mir würde dieser kleine Wurm leid tun, weil du doch gar nicht in der Lage dazu bist, dich um ein Kind zu kümmern!«
- »Man ist es einem Kind schuldig, für es sorgen zu können, ein Nest zu haben und ihm etwas bieten zu können.«
- »Früher hättest du keine andere Wahl gehabt, als das Kind auf die Welt zu bringen; heute aber, bist du es ihm schuldig, es nicht zu bekommen.«

- »Lass nicht das kleine Würmchen für deine Dummheit büßen, und triff eine vernünftige Entscheidung!«

Rolle 4: Freund (verzweifelt, bittend, am Schluss drohend)

- »Wenn du mich wirklich liebst, würdest du auf mich hören und den Abbruch machen lassen.«
- »Es ist ja noch gar kein Kind, und wenn du dich für die Schwangerschaft entscheidest, versaust du die Zukunft von uns beiden.«
- »Ich liebe dich!«
- »Du musst dich entscheiden – entweder für mich oder das Kind!«

Rolle 5: Vater (schockiert und entrüstet)

- »Diese Schande lasse ich in unserer Familie nicht zu!«
- »Wenn nötig, begleite ich dich persönlich zum Arzt und warte dort, bis du die Abtreibung hinter dich gebracht hast!«
- »Bis du 18 Jahre alt bist, habe immer noch ich zu sagen, was in meinem Haus gemacht wird!«

Rolle 6: Lehrer (mitfühlend)

- »Es ist deine persönliche Entscheidung, was du tun willst. Ich an deiner Stelle würde mit einem Notendurchschnitt von 4 eher zu einem Abbruch tendieren.«
- »Kinder bekommen kannst du noch dein ganzes Leben lang, deinen Schulabschluss machen nur jetzt.«
- »Ich glaube an dich und kann mir vorstellen, dass du, wenn du dich ein bisschen mehr ins Zeug legst, um eine ganze Note besser werden könntest. Natürlich nur ohne Kind.«
- »Aber wie gesagt, es ist allein deine Entscheidung.«

Rolle 7: Arzt (väterlich, professionell, keine Zweifel zulassend)

- »Wie vermutet, ist der Test positiv ausgefallen. Aber das ist kein Problem, innerhalb einer Woche sind Sie ihr Problem los, und Sie können wieder fröhlich sein.«
- »Lassen Sie sich von meiner Sekretärin die nötigen Informationen und Termine geben.«
- »Kopf hoch, es wird alles gut, ist ja nur ein Routineeingriff.«

6.4.3 Schriftliche Interaktion

6.4.3.1 Love Chat[51]

Früher Schreibgespräch oder stummes Gespräch genannt. Ein DIN-A3 Blatt (oder Flip Chart-Bogen) wird mit einer Überschrift versehen und an einen bestimmten Platz im Raum gelegt oder angeheftet. Wenn mehrere Räume zur Verfügung stehen kann man pro Raum ein Thema (oder Statement) nehmen, über das diskutiert und sich ausgetauscht werden soll (ansonsten im Raum verteilen). Es funktioniert wie beim Chatten – man kann Fragen stellen, Ideen einwerfen, anderen zustimmen, widersprechen, Antworten kommentieren, ...

Wichtig bei dieser Methode ist, dass nicht gesprochen wird – das Gespräch findet ausschließlich in geschriebener Weise statt. Ausgehen kann man von Statements wie: »Liebe ist ...«, »Kein Sex vor der Ehe – aber wie?«; »Ich liebe mich, und dazu brauch' ich dich!«

6.4.3.2 Typisch Jungs / Typisch Mädels[52]

Ziel: Die Unterschiedlichkeit von Männern und Frauen herausarbeiten
Der Einstieg kann mit folgendem humorvollem Vergleich gemacht werden:

Sind Computer männlich oder weiblich?
Um festzustellen, ob Computer nun eigentlich eher männlich oder eher weiblich sind, bildete ein Professor zwei Gruppen von Computer-Experten. Die erste bestand aus Frauen, die zweite aus Männern. Jede Gruppe wurde gefragt, welches Geschlecht sie einem Computer zuordnen würde und warum. Dies sollte mit jeweils vier Punkten begründet werden.

Die Gruppe der Frauen meinte, Computer seien typisch männlich:
1. *Um ihre Aufmerksamkeit zu bekommen, muss man sie anmachen.*
2. *Sie haben eine Menge Daten, aber wissen trotzdem nichts.*
3. *Sie sollten eigentlich dabei helfen, Probleme zu lösen, aber in der Hälfte aller Fälle sind sie selbst das Problem.*
4. *Sobald man sich für einen entschieden hat, findet man heraus, dass man noch etwas länger hätte warten sollen, dann hätte man einen besseren bekommen.*

Die Gruppe der Männer meinte jedoch, Computer seien ganz klar weiblich, denn:

1. *Keiner außer ihrem Schöpfer versteht ihre interne Logik.*
2. *Die Sprache, die sie untereinander zur Kommunikation benutzen, ist völlig unverständlich für andere.*
3. *Sogar deine kleinsten Fehler bleiben für immer sicher gespeichert.*
4. *Sobald man sich für einen entschlossen hat, gibt man seinen halben Lohn für Zusatzkomponenten dafür aus.*

Danach erfolgt eine Gruppenarbeit in geschlechtsgetrennten Gruppen! Jede Gruppe erhält zwei Plakate. Dabei wird die Frage gestellt: »Was ist typisch für uns Jungen?« bzw. »Was ist typisch für uns Mädchen?« (Kann auch variiert werden: Jungs erarbeiten »Typisch Mädchen«, Mädchen erarbeiten »Typisch Jungs«.) Anschließend wird im Plenum ein Vergleich gemacht.

6.4.3.3 Umfrage erstellen

Ziel: Einführung ins Thema / Meinungsbild erfassen
Bei der Erstellung der Meinungsumfrage sollte darauf geachtet werden, dass die Umfrage anonym bleibt. Konkret heißt das:

- Nur Fragen, auf die man mit ankreuzen antworten kann, damit keine Schrifterkennung möglich ist.
- Bei kleinen Gruppen keine Frage nach dem Alter oder Ähnlichem, wodurch die Fragebögen den Personen zuzuordnen wären.

Auf den Seiten 169-170 ist noch ein Beispiel für eine Umfrage die in einem Teenkreis zu Beginn einer Themenreihe durchgeführt wurde.[53]

6.4.3.4 Traumprinz / Traumprinzessin

Ziel: Zum Nachdenken über den zukünftigen Partner anregen
Die Jugendlichen sollen einzeln oder in gleichgeschlechtlichen Kleingruppen überlegen, wie ihr Traumprinz oder ihre Traumprinzessin sein sollte. Aufschreiben kann man Eigenschaften, Charakter, Hobbys, Aussehen und Beruf. Im weiteren Verlauf kann aus den abgegebenen Listen (anonym) eine Hitliste erstellt werden, was den Jungs bzw. Mädchen beim anderen Geschlecht am Wichtigsten ist. Eine solche Hitliste eignet sich gut, um ins Gespräch über die Frage: »Wie finde ich den Partner fürs Leben?« zu kommen.

»Talk about« – der Teenkreis-Check!

(1) »Respekt« – zum Umgang miteinander

Wie viele Leute aus dem Teenkreis würdest du zu deiner Geburtstagsparty einladen?

niemand

☐ 1 ☐ mehr als 10
☐ 3-5 ☐ alle
☐ mehr als 5

Wie viele davon sind Jungs? ______ / Wie viele Mädchen? ______

Nur für Jungs:

Was glaubst du, wie die meisten Mädchen im Teenkreis über dich denken? Kreuze alles an, was du denkst!

☐ ist ein Angeber
☐ ist unfreundlich
☐ sieht nett aus
☐ ist langweilig
☐ ist witzig
☐ ist nett und freundlich
☐ weiß gar nicht, wer er ist
☐ habe Angst, von ihm verarscht zu werden
☐ habe Interesse, ihn näher kennenzulernen
☐ habe kein Interesse, ihn näher kennenzulernen

Nur für Mädchen:

Was glaubst du, wie die Jungs im Teenkreis über dich denken? Kreuze alles an, was du denkst!

☐ ist ein Zicke
☐ ist unfreundlich
☐ sieht nett aus
☐ ist langweilig
☐ ist witzig
☐ ist nett und freundlich
☐ weiß gar nicht, wer sie ist
☐ habe Angst, von ihr verarscht zu werden
☐ habe Interesse, sie näher kennenzulernen
☐ habe kein Interesse, sie näher kennenzulernen

Wie stark empfindest du es, dass du im Teenkreis willkommen bist?
(gar nicht) 0 | 1 | 2 | 3 | 4 | 5 | 6 | 7 | 8 | 9 | 10 (sehr stark)

Was denkst du, wie stark hängt dein Empfinden davon ab, wie die anderen Leute im Teenkreis mit dir umgehen?
(gar nicht) 0 | 1 | 2 | 3 | 4 | 5 | 6 | 7 | 8 | 9 | 10 (sehr stark)

Was denkst du, wie musst du sein, um beliebt und anerkannt zu sein? (Du kannst auch mehrere Punkte ankreuzen.)

☐ witzig sein
☐ gut singen können
☐ sportlich sein
☐ gut aussehen
☐ gute Familie haben
☐ gut in der Schule sein
☐ Marken-Klamotten tragen
☐ hilfsbereit sein
☐ freundlich sein
☐ ehrlich sein

(2) Und ums Thema Sex

Ist es aus deiner Sicht in Ordnung, vor der Ehe miteinander zu schlafen?
☐ ja ☐ nein

Wer hat es dir genau erklärt, was in der Pubertät bei dir passiert?

☐ bisher niemand
☐ mein Vater
☐ meine Mutter
☐ ein Freund
☐ Zeitschrift/Internet
☐ Buch
☐ Opa/Oma
☐ Schule/Lehrer

Hast du schon mal pornografische Bild gesehen?
☐ ja ☐ nein ☐ weiß nicht
Wenn ja, wo?

☐ Internet
☐ Zeitschriften
☐ Video
☐ TV

Würdest du das gerne rückgängig machen?
☐ ja ☐ nein

Was denkst du über Selbstbefriedigung?

☐ ist in Ordnung
☐ ist manchmal in Ordnung
☐ ist nicht in Ordnung
☐ weiß nicht

Kennst du Selbstbefriedigung aus eigener Erfahrung?
☐ ja ☐ nein

(3) »Verliebt im Teenkreis« – Was denkst du über Beziehungen?

Bist du zurzeit verliebt?
☐ ja ☐ nein
Hattest du schon mal eine feste Freundin / einen festen Freund?
☐ ja ☐ nein ☐ weiß nicht

Wenn du es dir aussuchen könntest: Mit welchem Alter hättest du gerne eine feste Freundin / einen festen Freund?

☐ jetzt, sofort
☐ 12-13
☐ 14-15
☐ 16-17
☐ 18-19
☐ 20 und älter

Wie viele deiner guten Freunde haben eine Freundin bzw. einen Freund?

☐ keine(r)
☐ eine(r)
☐ wenige
☐ die meisten
☐ alle

Was denkst du, wie groß ist der Anteil der Jugendlichen zwischen 14 und 17, die schon mal Sex hatten?
☐ 3% ☐ 13% ☐ 33% ☐ 53% ☐ 63% ☐ 83%

6.4.4 Interaktive Elemente

6.4.4.1 Identity (Positive Paper)[54]

Ziel: Ermutigung; erkennen, wie Gott mich gebraucht
Jeder Jugendliche bekommt einen Zettel auf den Rücken geklebt. Hierauf sollen die anderen Jugendlichen die Stärken und die positiven Charaktereigenschaften dieser jeweiligen Person drauf schreiben.

Achtet darauf, dass wirklich jeder etwas auf seinem Zettel stehen hat.

6.4.4.2 Wertvoll

Ziel: Mein Wert wird nicht von anderen bestimmt
Bei diesem Spiel geht es darum, dass die Meinung anderer uns nicht kalt lässt, auch wenn wir nicht nachvollziehen können, warum sie sich entsprechend äußern oder verhalten. Zu Beginn des Spiels werden fünf (freiwillige) Personen gebeten, den Raum zu verlassen. Während dieser Zeit gibt der Mitarbeiter Instruktionen an den Rest der Gruppe weiter. Wenn jeder der Fünf nacheinander wieder in den Raum gerufen wird, bekommt er vom Mitarbeiter wie in einer Talkshow ein paar harmlose Fragen gestellt. Die Gruppe soll jedoch bei jedem anders reagieren. Bei der ersten Person Bewunderung ausdrücken, die zweite Person ignorieren (miteinander leise reden, nicht anschauen, etc.), den dritten Jugendlichen auslachen, als wenn er ein Clown wäre, den Vierten ausbuhen und beschimpfen und die letzte Person feiern und bejubeln. Die fünf Talkshowgäste haben natürlich keine Ahnung, welche Absprachen der Mitarbeiter mit dem Publikum getroffen hat. Nachdem sie nacheinander in den Raum zurückgerufen wurden, empfängt sie der Mitarbeiter als wenn sie Gäste in einer Talkshow wären und fragt sie nach Name, Alter, Schuhgröße, leichte Matheaufgaben (2+2=?) oder Hobbys. Dabei reagiert das Publikum entsprechend den Anweisungen. Nach ein paar Fragen wird das Interview abgebrochen und der nächste Talkgast hereingerufen. Wenn alle Talkgäste interviewt wurden, wird die Talkshow offiziell beendet. Im Anschluss daran kann man bei den Talkgästen gut anknüpfen durch Fragen wie »Wie hast du dich gefühlt? Hast du gedacht (empfunden), mit dir wäre etwas nicht in Ordnung? Was hast du gedacht, als die nächsten Talkgäste an der Reihe waren?« Wichtig ist darauf hinauszuarbeiten, dass der Wert einer

Person nicht von der Reaktion und Meinung anderer abhängt. Danach erfolgt eine Vertiefung zum Thema: »Was gibt meinem Leben Wert?« Nicht mein Aussehen und meine Leistung (ob andere mich begehren) oder ob ich der Norm anderer entspreche (z.B. »Mit 16 Jahren muss man schon sexuelle Erfahrungen haben«) entscheiden meinen Wert, sondern Gott. Mögliche Texte wären 1. Mose 1,27 (geschaffen im Bild Gottes) oder Psalm 139.

6.4.4.3 Spalierübung

© Weißes Kreuz e.V.

Aus dem Teenkreis werden sechs Teens vor die Tür geschickt. Die übrige Gruppe stellt sich als Spalier auf, sobald diese den Raum verlassen haben. (Tische und Stühle an die Wand rücken.) Die Spaliergruppe wird jeweils vor jedem Durchgang aktuell vom Leiter instruiert, welche Aufgabe sie hat. Die Teens, die hinaus geschickt wurden, werden einzeln reingeholt und erhalten noch vor der Tür vom Leiter ihre Instruktionen als Zettel oder ins Ohr geflüstert. »Gehe langsam geradeaus durch, ohne dich beirren zu lassen! Tue genau das, was deine Aufgabe (siehe unten) ist.«

<table>
<tr><th>Teen</th><th>Aufgabe des Teens</th><th>Aufgabe der Gruppe</th></tr>
<tr><td>1</td><td rowspan="4">Langsam durchs Spalier gehen, bewusst Blickkontakt zu den anderen suchen.</td><td>Augenkontakt zum durchgehenden Teen suchen</td></tr>
<tr><td>2</td><td>Bewusst keinen(!) Augenkontakt zum Durchgehenden suchen</td></tr>
<tr><td>3</td><td>Auf den Halsbereich des durchgehenden Teens sehen</td></tr>
<tr><td>4</td><td>Wenn der Teen durchgeht, kichern und dann wegsehen</td></tr>
<tr><td>5</td><td>Langsam durchs Spalier gehen, bewusst den anderen nicht in die Augen sehen</td><td>Bewusst versuchen, dem durchgehenden Teenager in die Augen zu gucken</td></tr>
<tr><td>6</td><td>Wird vorab instruiert, dass die Gruppe versuchen wird, Augenkontakt zu ihm zu vermeiden. Er soll versuchen, dennoch Augenkontakt zu bekommen.</td><td>Bewusst keinen(!) Augenkontakt zum durchgehenden Teen suchen</td></tr>
</table>

Auswertung:
Zum Schluss setzen sich alle zum Gespräch in eine Stuhl-Runde, und die Teens 1 bis 6 berichten über ihre Wahrnehmungen beim Spalierlauf. Mit der Gruppe gemeinsam überlegen, was der Hintergrund der Übung sein könnte. Gegebenenfalls Ziele am Ende offen ansprechen.

Ziel:
- Gruppendynamik verstehen lernen. Selbstbewusstsein entwickeln.
- zu sich stehen, Gruppendruck entgegenstehen, Gefühle verstehen: Was löst das bei mir aus?
- Durch gezieltes Vorgehen, z.B. durch Blicke, können Personen verunsichert werden. Die Verunsicherung ist eine Reaktion darauf und ist ursächlich nicht unbedingt in mir selbst zu suchen!
- Thema »Ich bin manipulierbar« erfahrbar machen.
- Manipulationsversuch geht bei selbstsicherem Auftreten ins Leere.

6.4.4.4 Mutproben

Ziel: Nein-Sagen trotz Gruppendruck, Gruppendynamik
Die Gruppe wird in drei Gruppen (a1, a2 und b) aufgeteilt. Die a-Gruppen und Gruppe b machen nun getrennt voneinander dieselben Mutproben (irgendetwas Ekliges, Ungefährliches, zu dem man sich nicht so leicht überwindet).

Die beiden **a-Gruppen** spielen dabei gegeneinander. Es wird jeweils eine Person aus jeder Gruppe ausgelost, die die Mutprobe machen darf. Diese Person darf entscheiden, ob sie mitmacht oder nicht. Macht sie mit und besteht die Mutprobe, **bekommt die Gruppe** eine Mini-Haribo-Packung (o.ä.) als Prämie.

Bei **Gruppe b** spielt jeder für sich. Bei jeder Mutprobe wird nur eine Person ausgelost, die die Aufgabe machen darf. Auch diese Person darf entscheiden, ob sie mitmachen will oder nicht. Macht sie mit und besteht die Mutprobe, **bekommt diese Person** eine Mini-Haribo-Packung.

Voraussichtlich entwickelt sich bei den beiden a-Gruppen eine gewisse Gruppendynamik. Die ausgelosten Personen werden von den anderen Gruppenmitgliedern angefeuert und vielleicht auch überredet. Außerdem besteht die Möglichkeit sich zu vergleichen. Wenn die Person aus der Gruppe a1 schon gesagt hat, dass sie mitmacht, ist es für die Person aus a2 viel schwerer nein zu sagen, als wenn man nur allein vor der Wahl steht.

Nach Abschluss der Mutproben, werden die Ergebnisse der Gruppen a und b miteinander verglichen. Die Teens sollen überlegen, warum die Anzahl der mitgemachten Mutproben bei der Gruppe a1 und a2 höher sind als bei Gruppe b. Die Personen, die bei Gruppe a an den Aufgaben teilgenommen haben, werden gefragt, ob sie auch teilgenommen hätten, wenn sie in Gruppe b gewesen wären. Herausgearbeitet werden soll, welche Einflüsse die Gruppe auf die eigene Entscheidungsfindung hat. Das Ziel dieses Programms ist, dass die Teens gestärkt werden, ihre Überzeugung auch gegen die Meinung der Gruppe durchzusetzen.

Bei diesem Entwurf ist unbedingt zu beachten: Wir haben es mit Menschen zu tun, und Menschen passen nicht immer in ein Schema. Es kann also auch passieren, dass die Teens anders reagieren, als erwartet.

6.4.4.5 Hot-Chair[55]

Ein Stuhl wird in die Mitte gestellt – das ist der *Hot-Chair*. Eine freiwillige Person darf sich auf den Stuhl setzen und muss nach abwägen von Pro- und Kontra-Argumenten eine Entscheidung treffen. Diese Argumente kommen aber jeweils von der Gruppe. Man kann dazu zwei Gruppen bilden (eine Pro- und eine Kontra-), die sich zuerst in der Gruppe austauchen und Argumente sammeln. Nach dieser Gruppenarbeitsphase können die Argumente nun vorgetragen werden, indem hinter dem *Hot-Chair* zwei Stühle stehen (ein Pro und ein Kontra Stuhl). Wer ein Pro–Argument nennt, geht leise zum Stuhl, setzt sich drauf, und sagt der Person (die auf dem *Hot-Chair*) sitzt das Argument (über die Schulter). Dann ist der nächste dran. So geht das dann nacheinander und abwechselnd, bis alle Argumente genannt sind (ähnlich wie bei Cartoons – Teufelchen und Engelchen reden die jeweiligen Argumente ein). Nachdem die Argumente vorgetragen sind, muss die Person auf dem *Hot-Chair* eine Entscheidung treffen, und diese begründen.

Es handelt sich dabei um eine Pro- und Kontra-Erarbeitung, doch in einer anderen Verpackung. Folgende Themen sind als Beispiele hier möglich:

- Partnerschaftliche Freundschaft mit Ungläubigen?
- Abtreibung?
- Sex vor der Ehe?
- Petting mit Freund?
- Saunabesuch mit der Schulklasse?

6.4.5 Sonstige Gestaltungselemente

6.4.5.1 Filme und Filmsequenzen

Christliche Filme
In der Reihe »Folgen hat Folgen« hat der ERF einen Film mit dem Thema »Sex – nichts ist unmöglich« produziert. Die Sendung kann über www.erf.de online angesehen oder als DVD bestellt werden.

Säkulare Filme
Auch mit säkularen Filmen lässt sich hervorragend arbeiten. Zum einen kann ein geschauter Film zum Anlass genommen werden, um über das vermittelte Bild von Liebe und Sexualität zu reden. Oft reichen schon einzelne Filmsequenzen, um in ein Thema hineinzufinden. Zum Beispiel eine Szene aus:

- »Wie werde ich ihn in 10 Tagen los« – es kann gut die Szene am Ende verwendet werden, in der die beiden Hauptdarsteller sich gegenseitig vorwerfen, dass die Beziehung nur für egoistische Zwecke aufgenommen wurde. Im Anschluss wird in der Gruppe über die Frage geredet, was eine tragfähige Grundlage für eine Beziehung sein kann.
- »Club der Cäsaren« – drei Schüler eines Internats beschließen, eine (verbotene) Bootstour zu einem Mädchengymnasium zu machen. Einer hat Angst und will eigentlich nicht, macht aber aufgrund des Gruppendrucks mit. Bei der Mädchenschule angekommen, schlägt einer der Jungs vor, nackt baden zu gehen. Da die Mädels auch mitmachen wollen, sind mittlerweile alle Hemmschwellen des vorher zögerlichen Jungen vorüber. (FSK ab 6 Jahren, da die Nonnen der Mädchenschule noch rechtzeitig kommen).
- Den Pixar-Kurzfilm »Knick Knack« – bietet sich an, um über Jungs (Schneemänner) und ihre Stielaugen zu reden.

Diese Beispiele sollen verdeutlichen, wie groß das Spektrum an Möglichkeiten im säkularen Filmbereich ist. Je aktueller die Filme sind, desto besser.

6.4.5.2 Lieder

Viele ältere und neue Lieder bieten gute Anknüpfungsmöglichkeiten. Egal, ob es sich um das Musikvideo von Kate Perry »Hot'n cold« oder das »Unbekannte Wesen« von den Wise Guys handelt. Einen interessanten Text zum Thema »Verletzte Sexualität« hat auch die Gruppe *Rapsoul* in dem Lied »Gott schenk ihr Flügel«. Auch hier gilt: Einfach bei aktuellen Songs im Radio genau hinhören.

6.4.5.3 Advocatus Diaboli (Anwalt des Teufels)

Hier handelt es sich um ein rhetorisches Mittel, bei dem eine Person Argumente der Gegenseite vertritt, ohne ihr anzugehören. Konkret kann der *Advocatus* zum Beispiel die Position einnehmen: »Die biblischen Leitlinien galten früher, aber inzwischen hat sich die Kultur verändert – deshalb brauchen wir uns heute nicht mehr daran zu halten.« Der Rest der Gruppe oder ausgewählte Personen müssen ihre Position gegen die Argumente des *Advocatus Diaboli* verteidigen und in diesem Fall verdeutlichen, warum Gottes Anweisungen zeitlos und kulturübergreifend gültig sind.

Für den *Advocatus* eigenen sich sehr gut die Positionen, die heute auch real vertreten werden und denen die Teens und Jugendlichen in Schule und Beruf ausgesetzt sind. Häufige Argumente gegen eine christliche Sexualethik sind zum Beispiel:

- »Christliche Sexualethik ist in der heutigen Zeit nicht mehr lebbar, darum brauchen wir uns auch nicht daran zu halten.«
- »Du kannst doch nicht die ›Katze im Sack‹ kaufen! Du musst doch vorher ausprobieren, ob ihr miteinander könnt.«
- »Wenn wir uns lieben und uns sicher sind, dann reicht das doch. Wir brauchen keinen Zettel vom Standesamt um zusammenleben zu können.«

In der Auseinandersetzung mit solchen Argumenten lernen die Teens und Jugendlichen, dass es gute Gründe und Argumente für die Orientierung an den biblischen Leitlinien gibt. Bei einer Gruppe, die zu einem großen Teil aus gemeindefremden Teens oder Jugendlichen besteht, kann dieses Element allerdings schwierig sein. Wenn die Teens in den Argumenten des *Advocatus Diaboli* ihre eigenen Positionen wiederfinden, so werden sie kaum dagegen argumentieren. Hier kann der Mitarbeiter in eine Zwickmühle geraten. Deshalb sollte die Methode nur bei passender Gruppenzusammensetzung angewandt werden.

6.4.5.4 Verfremdung von Bibeltexten

Wie wären die biblischen Geschichten abgelaufen, wenn sie heute passiert wären? Gerade für Teens und Jugendliche, die meinen, alles zu kennen, kann es hilfreich sein, den Text aus der damaligen Kultur zu lösen und in die heutige Zeit und Gesellschaft hineinzupflanzen. Wie hätten die Zeitungen über die Vorfälle berichtet? Welche Handlungen wären anders? Welche Wörter und Redewendungen wären heute benutzt worden?

Einsetzbar ist diese Methode sowohl zum Einstieg (neugierig machen auf den Bibeltext) als auch als auch zur Vertiefung, indem man die Teens einen Zeitungsbericht darüber schreiben lässt oder eine Dokumentation über die Ereignisse dreht. Ein Bespiel für einen Zeitungsbericht wäre[56]:

Brutaler Triebtäter im Haus von Minister P. gefasst

Gewaltverbrechen in letzter Sekunde verhindert – Täter war ausländischer Bediensteter

Kairo. Wie unser Korrespondent Faisal exklusiv für FOTO erfuhr, konnte gestern in den Abendstunden ein Sexualverbrechen durch den mutigen Widerstand der Angegriffenen verhindert werden. Ziel des scheußlichen Angriffs war die bildhübsche Frau P., die Gattin des Ministers für innere Sicherheit. Bei dem brutalen Täter handelt es sich um den ausländischen (kanaanitischen!) Hausbediensteten Josef ben Jakov, der hinterlistig einen Zeitpunkt abwartete, an dem die Schöne allein im Haus war (Badezimmer). Der Täter konnte unmittelbar nach der Tat gefasst werden. Allerdings streitet er jegliches Fehlverhalten ab. Er verteidigt sich mit altmodischen Moralvorstellungen und behauptet hartnäckig, dass er aufgrund seines Glaubens an eine ausländische Gottheit zu einem solchen Schritt nie in der Lage wäre. Inspektor Infadal: »Absolut lächerlich, dieses Gerede. Schließlich leben wir nicht mehr in Höhlen, sondern im aufgeklärten 17. Jahrhundert vor Christus.« Lesen sie bitte den ausführlichen Bericht auf Seite 3.

Eine weitere Möglichkeit einen Bibeltext zu verfremden ist, aus dem Geschehen des Bibeltextes einen Brief (an das Dr. Sommer-Team oder die beste Freundin) zu formulieren. Gemeinsam mit der Gruppe kann überlegt werden, wie man auf diesen Brief antworten würde und gemeinsam schauen, wie die Geschichte in der Bibel weiterging. Ein Beispiel dafür ist ein Brief von Tanja[57]:

> *Mir ist etwas ganz Schreckliches passiert. Mein Halbbruder Andy (17 Jahre) ist schon seit einiger Zeit verknallt in mich. Obwohl er in der gleichen Stadt wohnt, sehen wir uns nur selten, denn er wohnt bei seiner Mutter. Wenn ich jedoch abends nach Hause komme, habe ich schon öfter gemerkt, dass er mir heimlich nachspioniert. Einer meiner Freundinnen hat er kürzlich erzählt, dass er »krank vor Liebe« nach mir ist. Dabei will ich von dem Kerl gar nichts wissen.*
> *Gestern ließ mir sein Freund Johnny ausrichten, dass Andy plötzlich ganz schwer krank geworden sei. Der Arzt habe ihm Arznei verschrieben, die er möglichst schnell bekommen soll. Da Andys Mutter zur Arbeit war, Johnny zum Fußballtraining musste und auch sonst niemand greifbar war, bat er mich, die Arznei aus der Apotheke abzuholen. Weil ich in dieser Notlage nicht »Nein« sagen wollte, holte ich das Medikament und brachte es Andy. Als ich in sein Zimmer kam, lag er wirklich total schlapp da und wirkte echt krank. In dem Augenblick aber, als ich an sein Bett trat, überfiel er mich, zerrte mir die Kleider vom Leib und vergewaltigte mich. All mein Bitten und Betteln, mir nichts anzutun, nützte nichts. Niemand hörte mich. Ich konnte doch nicht ahnen, dass Johnny und er einen so fiesen Plan gegen mich geschmiedet hatten.*
> *Was soll ich jetzt tun? Wenn ich meinem Vater sage, was passiert ist, bringt er Andy um.*
>
> *Tanja, 16 Jahre*

6.4.5.5 Anspiel / Video drehen

Bei einem Anspiel geht es nicht darum, dass den Teens ein fertiger Text und Handlungsrahmen vorgegeben werden, die sie nachspielen sollen. Stattdessen sollen sie selbst eine Handlung erfinden und überlegen, wie sie sich selbst in dieser Situation verhalten hätten. Es geht vorrangig um die Frage: Welche Lösungen würden die Teens auf die beschriebene Situation finden? Warum favorisieren sie diese Lösung? Die Vermittlung von Werten erfolgt bei dieser Methode entweder bei der gemeinsamen Erarbeitung des Drehbuches und/oder, nachdem die Anspiele (live oder im Film) vorgeführt wurden.

Als möglicher Einstieg zu einem Schauspiel eignet sich zum Beispiel die Geschichte »Anna und die Clique« (siehe 6.4.5.8). In diesem Fall würde die Geschichte nicht komplett vorgestellt, sondern irgendwann in der Mitte abgebrochen. Die Teens würden dann überlegen, wie sie an Annas Stelle weitergemacht hätten.

Alternativ dazu kann auch ein Film oder Anspiel erstellt werden, nachdem ein Thema besprochen und behandelt wurde. Im Anspiel würde es dann darum gehen, wie man das Gelernte in einer Alltagssituation umsetzen kann.

6.4.5.6 Foto-Lovestory

Foto-Lovestory erstellen

In vielen Zeitschriften gibt es *Foto-Lovestorys*. Warum nicht mal mit der eigenen Gruppe eine Lovestory erstellen? Zum Beispiel zum Thema »Wie mache ich meinen Traumboy auf mich aufmerksam?« oder »Wie kann ich ihr zeigen, dass ich sie mag?«. Zum einen lernt man dabei als Mitarbeiter viel über die Einstellung seiner Teens und Jugendlichen. Zum anderen ist dies eine Möglichkeit, deutlich zu machen, dass Liebe und Freundschaft etwas Gutes sind und dass es auch schöne und romantische Methoden gibt, Aufmerksamkeit und Liebe zu wecken.

Foto-Lovestory besprechen

Außerdem kann eine Lovestory aus einer Jugendzeitschrift gemeinsam besprochen werden. Die Teens und Jugendlichen sollen dabei merken, dass es sich bei solchen Geschichten nicht nur um nette Storys handelt, sondern dass hier auch Werte dahinter stehen. Diese Werte sollen erkannt und gemeinsam reflektiert werden. Eine große Auswahl an Foto-Lovestorys findet man auf www.bravo.de.

6.4.5.7 Gegenstandslektionen

Ankleben

Diese Gegenstandslektion beruht auf 1. Mose 2,24: *»Darum wird ein Mann Vater und Mutter verlassen und seiner Frau anhängen* (ankleben)…«

Um dies zu verdeutlichen, kann man zwei verschiedenfarbige Papiere aufeinander kleben. Beide Papiere sind gemeinsam zu einer neuen Einheit geworden. Dennoch haben sie ihre Eigenart (hier die Farbe) nicht aufgegeben. Genauso gibt ein Mensch seine Eigenarten (Charakter, Persönlichkeit) in einer Ehe nicht auf, dennoch entsteht etwas Neues. Gut zu verdeutlichen ist dies auch mit einem kaputten Fahrradschlauch und einem Flicken. Der Kleber sorgt dafür, dass Gummi und Flicken miteinander verschmelzen und so zu einer neuen Einheit werden. Mit beiden Gegenstandslektionen kann auch verdeutlicht werden, warum Gott gegen Scheidung ist – denn was einmal zusammengeklebt wurde, kann nicht mehr so einfach getrennt werden. Wenn der Klebstoff zwischen den Papieren gehärtet ist, gehen bei dem Versuch, die Papiere von einander zu lösen, beide kaputt. Genauso bleiben nach einer Trennung oder Scheidung immer Narben und Verletzungen zurück, die ein Leben lang halten.

Malen (Nach einer Idee von Andre Wilkes, *www.inJesus-Steps.de*)

Auf einer Tafel oder einem Flipchart wird ein Blatt befestigt, worauf ein rotes Herz gemalt ist. Darüber wird ein zweites Blatt angebracht, auf dessen Rückseite sich Kohlepapier befindet. Das untere Blatt mit Herz und das Kohlepapier müssen vollständig verdeckt sein. Bei der Gegenstandslektion malt man mit Kugelschreiber oder Buntstiften auf dem oberen Papier wild rum und kommentiert es mit doppeldeutigen Aussagen und Anspielungen zum sexuellen Bereich (»Malen macht Spaß; das macht doch jeder; ›Mann‹ muss doch ausprobieren, ob der Stift schreibt; man kann ja schließlich nicht die Katze im Sack kaufen; wenn man sich mal vermalt, dann kann man es auch wieder wegmachen lassen; ist doch alles nur äußerlich« u.v.a.m.). Nach einiger Zeit erklärt man, dass es nun Zeit ist, etwas Vernünftiges zu malen. Noch einmal ganz neu anfangen. Da ja alles nur äußerlich war, nehmen wir einfach einen neuen Papierbogen. Das oberste Blatt wird abgezogen, und darunter erscheint das zweite Blatt mit dem Herzen, das durch das Malen stark in Mitleidenschaft gezogen wurde und hässlich und verletzt aussieht. In der darauf folgenden Andacht kann man nun gut darauf eingehen, dass unser Inneres durch das, was wir mit unserem Körper tun, beeinflusst wird.

Stab (3 Halteseile)

Auf einen Stab (Besenstiel o.ä.) wird eine biblische Leitlinie aufgeschrieben. »Kein Sex vor der Ehe«. Parallel zu der Frage »Wie schaffe ich es, dass der Stab auf einem festen Untergrund stehen bleibt (ohne ihn in den Boden zu stecken)?«, wird die Frage beantwortet: »Wie schaffe ich es, das in meinem Leben umzusetzen?«

Da der Stab nicht auf dem Boden stehen bleibt, braucht er Halteseile. Das eine Ende eines Seils wird am Stab befestigt, das andere Ende darf ein Jugendlicher halten. Dieses erste Seil heißt »Gottes Gebote kennen«. Wenn ich gar nicht weiß, dass Gott der Meinung ist, Sex gehöre in die Ehe, kann ich es in meinem Leben auch nicht umsetzen. Doch mit *einem* Seil ist es schwierig, den Stab aufrecht zu halten. Der Name des zweiten Seils, das nötig ist, lautet: »Verstehen, warum Gott dieses Gebot gibt.« Wenn ich verstehe, dass Gott die Gebote nicht gibt, weil er mich einengen will, sondern weil er mich liebt, fällt es mir leichter, mich daran zu halten. Doch selbst mit zwei Seilen, steht der Stab noch nicht stabil. Das dritte Seil, das benötigt wird, heißt: »Beziehung zu Gott«. Weil ich weiß, dass Gott mich liebt und alles für mich gegeben hat, will ich auch ihn lieben. Ein Ausdruck meiner Liebe ist, dass ich seine Gebote halte. Mit allen drei Seilen zusammen steht der Stab stabil.

Tisch

Ein Beispiel von C. H. Spurgeon zum Thema Partnerschaft mit einem Ungläubigen: Eine Person stellt sich auf einen Tisch (ein Stuhl geht auch). Diese Person stellt den gläubigen Partner dar. Der Tisch ist das Zeichen für den Glauben. Daneben steht der ungläubige Partner, allerdings (da er nicht gläubig ist) nicht auf dem Tisch, sondern daneben. Die beiden reichen sich als Zeichen ihrer Partnerschaft die Hand. Nun soll die Person auf dem Tisch den Partner auf den Tisch ziehen. Sie probiert es mit aller Kraft und unter größten Anstrengungen, doch es klappt nicht. Der Partner merkt das nicht einmal wirklich und muss für sich nicht einmal richtig dagegen wehren. Dann zieht er selbst nur einmal ganz kurz, und schon ist der Partner nicht mehr auf dem Tisch. Es hat ihn nicht viel Kraft und Energie gekostet, dies zu tun.

Dadurch kann verdeutlicht werden, dass eine Freundschaft mit einem Ungläubigen keine Evangelisationsmethode ist. Im Gegenteil, es besteht die Gefahr, dass sie sich von Gott entfernen.

Geldschein

Mit diesem Beispiel können wir über den Wert eines Menschen ins Gespräch kommen und darüber, warum wir wertvoll sind.

Der Gruppe wird ein Geldschein (mind. 10 Euro) gezeigt und man fragt, warum dieses Stück Papier wertvoll ist. Auf Einwürfe, wie »Da steht 10 Euro drauf« kann man ein Blatt Papier nehmen, 10 Euro darauf schreiben und den Betreffenden damit zum Einkaufen schicken. Letztendlich sollte herauskommen, dass dieser Schein wertvoll ist, weil die Europäische Zentralbank ihm Wert verliehen hat. Ausgedrückt wird dies durch die Unterschrift des Präsidenten der Zentralbank. Dieser Wert bleibt auch dann bestehen, wenn man von dem Schein eine Ecke abreißt, darauf rumtrampelt oder sich damit die Nase putzt. Der Wert bleibt der gleiche. Genauso wird der Wert bei einem zweiten kunstvoll gefalteten Schein (Schiffchen oder ähnliches), der vorher vorbereitet wurde, auch nicht durch das Falten größer. Verdeutlicht werden sollte, dass wir wertvoll sind, weil Gott uns in seinem Ebenbild erschaffen hat. Dieser Wert, den Gott uns zuspricht, bleibt der gleiche, egal ob wir verletzt wurden, bespuckt werden oder auf der Straße liegen. Er wird aber auch nicht höher, wenn ich ein toller Hecht bin. Für Gott bin ich wertvoll.

Hören und Tun

Diese Gegenstandslektion will deutlich machen, dass sich das, was wir von Gott hören, auch in unserem Leben zeigen muss – sonst nützt es nichts. In Hebräer 4,2b steht: »*... aber das gehörte Wort nützte jenen* [dem Volk Israel] *nicht, weil es bei denen, die es hörten, sich nicht mit dem Glauben verband.*« Das ist genauso wie bei einem Teebeutel (Gottes Botschaft an uns), den man in ein Glas heißen Wassers (mein Kopf oder mein Leben) hineinhält, und nichts passiert. Jesus dagegen möchte, dass wir seine Worte hören und sie tun. Dies ist vergleichbar mit einem Teebeutel, der in ein Glas heißen Wassers hineinkommt und sofort beginnt die Farbe und den Geschmack des Wassers zu verändern.

Um die Gegenstandslektion durchzuführen, benötigt man einen normalen Teebeutel mit einem stark färbenden Tee (Himbeere oder Kirsch). Zusätzlich benötigt man einen weiteren Teebeutel, der vorher präpariert wurde. Die Klammer, die den Teebeutel verschließt, wird vorsichtig geöffnet und der Tee aus dem Beutel entfernt. Danach befüllt man den Beutel mit leichten, sich nicht auflösenden Dingen, wie zum Beispiel feinen Sägespäne, zerstampften Müsli oder Kekskrümeln. Danach wird der Beutel wieder verschlossen, so dass er wie ein handelsüblicher Teebeutel aussieht, bei dem allerdings nichts geschieht, wenn man ihn ins Wasser hinein hält. An diese Gegenstandslektion kann gut mit einer Verpflichtungserklärung angeschlossen werden.

Vergebung

Um Vergebung zu verdeutlichen, gibt es viele Gegenstandslektionen bzw. Interaktionen, die von der Gruppe in Anspruch genommen werden können.

- Sünden an ein Kreuz nageln: An ein vorbereitetes Holzkreuz können Zettel angenagelt werden, auf die man vorher seine Sünden notieren konnte.
- Sünden vernichten: Ebenso kann ein kleines Feuer gemacht werden, in dem man die Zettel verbrennt, auf denen man seine Schuld notiert hat. Dies verdeutlicht, dass Gott an unsere Schuld nicht mehr denken wird. Alternativ dazu kann man auch mit Disolvo-Papier arbeiten, das sich in Wasser auflöst.
- Steine versenken: Einzelne Sünden werden auf Steine geschrieben, die man in einem tiefen Fluss oder See versenkt.

6.4.5.8 Geschichte und Vergleiche

© von Dr. med. Ute Buth/Weißes Kreuz Deutschland e.V.

Anna und die Clique

Anna (15 Jahre) ist seit drei Monaten in ihrer neuen Klasse. Ihre Eltern waren umgezogen – was ihr gar nicht so recht war –, doch was blieb ihr anderes übrig? Sie musste mit. Und dann auch noch die neue Schule – wie sie sich da zurechtfinden würde? Kontakt zu ihrer alten Clique hat sie fast keinen mehr, immerhin sind sie von Nord- nach Süddeutschland gezogen. Nicht ganz, aber eigentlich fühlte es sich schon an, als sei sie fast an der österreichischen Grenze. Weiter ging es wohl nicht. Puh. Und irgendwie ist hier alles anders. Sie versteht die Leute oft kaum – ist halt ein anderer Dialekt. Ja, und Freunde? Die zu finden, ist gar nicht so einfach. Umso mehr freute Anna sich, dass Jenny (16) aus ihrer neuen Klasse sie einlud, in ihrer Clique mal mit dabei zu sein. Naja, so ganz waren die nicht Annas Fall. Die Mädels waren alle schon ziemlich weit entwickelt, und manche sprachen offen über ihre sexuellen Erfahrungen. Ob das alles stimmte? Aber die waren in der Klasse halt voll angesagt und liefen auch wirklich so sexy rum, immer wieder sah sie sie mit Jungs rumstehen, und nicht nur das ... Eines Tages lud Jenny Anna ein, am Wochenende bei ihr zu übernachten. – Welche Ehre! – »Meine Eltern sind nicht da, und wir wollen ein wenig abfeiern, magst du auch?« Na klar wollte sie, da sagt man doch nicht nein, so eine Chance, in die Clique der anderen reinzukommen, bietet sich ja schließlich nicht alle Tage.

Am Anfang fühlte sie sich noch recht wohl bei dem Gedanken – ihre Eltern hatten auch nichts dagegen, sie hatte ihnen mitgeteilt, was sie selbst auch wusste, dass nur Jenny und ihre Freundinnen da sein würden. Komisch wurde es erst am Abend selbst. Anna kam recht früh, ihre Eltern fuhren dann wieder und versprachen, sie am nächsten Mittag abzuholen. Jennys Eltern waren tatsächlich nicht da, allerdings trafen nach und nach mit den anderen Mädels nun auch diverse Jungs ein. Und obwohl es immer später wurde, machten die keine Anstalten zu gehen. Sie plünderten die Hausbar, und einige der Mädels und Jungen hatten rasch so einiges intus. Anna zögerte. Langsam wurde ihr die ganze Situation unheimlich. Aber als Baby wollte sie schließlich auch nicht dastehen. Jenny bemerkte Annas Unsicherheit, goss zwei Barcardi-Cola ein und stieß mit ihr an. »Auf ex, Anna!« Anna überlegte nur kurz, nein, wenn sie jetzt zögerte, wäre sie auf ewig abgestempelt. Sie trank. Nach kurzer Zeit schon spürte sie die Wirkung. Alles drehte sich. Sie trank sonst kaum Alkohol, kein Wunder. Nur nichts anmerken lassen. Rasch setzte sie sich hin. Nach ein paar Minuten war die Wirkung erträglicher; gut, dass Jenny nichts gemerkt hatte. Doch dann kam wieder jemand – nochmal das gleiche Spiel –, und wieder machte sie mit. Innerlich konnte sie sich gerade überhaupt nicht mehr leiden. Was lief hier ab? Sie überlegte, ob sie nicht doch gehen sollte, aber irgendwie kam das nicht in Frage. Sie wollte einfach nicht unten durch sein. Das hier war doch ihre Chance, endlich dazuzugehören, war doch eh alles so schwierig in der neuen Stadt. Ach, sie würde auch diesen Abend überstehen, einige Stunden hatte sie ja schon geschafft. Gemäß dem guten alten »lächle und sei froh, es könnte schlimmer sein«, gab sie sich einen Ruck, unterdrückte das mulmige Gefühl im Magen und setzte ein freundliches Lächeln auf. Doch es kam noch schlimmer. Die anderen fingen gerade ein Spiel an: Flaschendrehen mit Pfand abgeben. »Komm Anna, mach mit!« Die Pfänder waren Kleidungsstücke; nach und nach zogen sich die Spieler bis auf die Unterwäsche aus. In Anna tobte alles. Aber sie machte immer noch mit, sagte sich, dass sie nun eh so weit gegangen sei, und dass es sicher nicht noch schlimmer kommen würde. Mit einem gewissen Galgenhumor stellte sie fest, dass sie wenigstens heute ein schönes Unterwäsche-Set angezogen hatte. Außerdem tat der Alkohol seine Wirkung. Plötzlich änderten sich die Spielregeln. Nun entschied die Flasche, wen der Mitspieler küssen würde ... Oh Mist! – und der Rest der Nacht stand ihr noch bevor! Anna erstarrte innerlich, als ein ziemlich beschwipster junger Mann auf sie zukam, sie bei der Hand fasste und in ein Nebenzimmer zog. Die Tür lehnte er an. Rasch sah sie sich um, oh nein, hier war das Elternschlafzimmer ...

Schau dir nun die Fragen an und versuche, sie zu beantworten:

Fragen zu: Anna und die Clique

1. Was kann Anna nun tun? Was würdest du ihr raten?

- *In der Gruppe diskutieren: »Ist es drin, jetzt noch zu sagen, dass sie nach Hause will?«*
- *Dem Jungen galant einen Luftkuss zuwerfen und sagen: »Mehr gibt es nicht«, dann rasch zu den anderen zurückgehen.*
- *Alles auf eine Karte setzen, und die Clique notfalls sausen lassen.*
- *Schreien – mitmachen – Augen zu und durch ... Warum???*
  (An der Antwort erkennt man gegebenenfalls die Wertvorstellungen der betroffenen Person.)

2. Was denkst du, gibt es einen Zeitpunkt, an dem Anna hätte aussteigen können? Wenn ja, wann wäre das gewesen?

- *Als sie sieht, dass die Jungen auch da sind.*
- *Als Einzelne sich ziemlich betrinken.*
- *Beim Angebot, selbst Alkohol (auf ex!) mitzutrinken.*

- *»Nein danke, bei dem Spiel, mach ich nicht mit ...«*
- *Bei der Änderung der Spielregeln*
- *Als der Junge sie mitnehmen wollte.*

3. Wie weit wärst du mitgegangen? *Dient nur als Gedankenanstoß, nicht unbedingt abfragen*

4. Markiere im Text die Passagen mit Farbe, in denen Anna ein schlechtes Gefühl hat!

Es sind ziemlich viele Passagen – das schlechte Gefühl beginnt schon vor dem eigentlichen fatalen Treffen. Es begünstigt die Situation, weil Anna sich in der neuen Situation noch unsicher fühlt.

5. Was ist für Anna positiv am Kontakt zu Jennys Clique?

- *Anna erfährt zumindest oberflächliche Annahme.*
- *Sie ist nicht mehr so allein in der fremden Stadt.*
- *Anna hofft, in ein soziales Gefüge aufgenommen zu werden, dann muss sie sich nicht so viel selbst aufbauen.*

6. Welche Konsequenzen könnte diese Nacht für Anna haben?

Viele, z.B.:

- *Sie könnte bei der Clique unten durch sein.*
- *Sie könnte zum ersten Mal Sex haben, unfreiwillig! Bzw.:*
- *Sie könnte vergewaltigt werden!*
- *Sie könnte schwanger werden!*
- *Sie könnte sich eine sexuell übertragbare Krankheit holen, schlimmstenfalls sogar Aids.*
- *Sie könnte in die Clique aufgenommen werden und ihre bisherigen Wertvorstellungen den anderen zuliebe über Bord werfen.*
- *Sie prägt ihre sexuelle Lerngeschichte.*
- *Sie könnte mit Aspekten von Sexualität in Verbindung kommen, die sie nicht kennt und schwer verarbeiten kann, z.B. Gang Bang, Gruppensex o.ä. (drauf eingehen, wenn diese Themen von der Gruppe kommen, sonst nicht unbedingt im Detail ansprechen!)*

Der Frosch im Wasser

Setzt man einen lebenden Frosch in einen Kochtopf mit sehr heißem Wasser, so springt er sofort heraus. Wird er jedoch in einen Topf mit kaltem Wasser gesetzt und wird dann ganz langsam die Temperatur erhöht, so merkt er es nicht. Er bleibt im Wasser sitzen, bis dass das Wasser kocht und er tot ist. (Bitte nicht ausprobieren.) Dieses Beispiel nach dem »Weberschen Gesetz« lässt sich gut im Hinblick auf eine schleichende Aufweichung von Werten übertragen.

Motorblock / Kaminofen

In einem Motor finden eine Menge großer und kleiner Explosionen statt. Würden diese nicht innerhalb des Motorblocks passieren, würden sie großen Schaden anrichten. Doch in einem geschützten Rahmen bringen sie Antrieb.

Das gleiche Bild lässt sich mit einem Kaminfeuer umschreiben. Ein Feuer in einem Ofen hält uns warm. Lassen wir dem Feuer freien Lauf, brennt es unser Haus nieder.

Point of return

Es gibt beim Kanufahren gewisse Regeln, die zu beachten sind. Da man einen Wasserfall aus der Ferne nicht sehen kann, gibt es dafür aber bestimmte Punkte, die einen Kanuten aufmerksam machen müssen. Zum einen gibt es den *point of return*. Das bedeutet, dass jetzt noch umgekehrt werden kann. Das Wasser läuft plötzlich langsamer, und die Strömung nimmt ab. Deswegen wird dieser *point of return* oft nicht beachtet – man glaubt, es läuft ja ganz gut. Doch wenn man nicht umkehrt, überschreitet man den *point of no return*. Hier ist es dann allerdings zu spät: Die Strömung ist so stark, und man gerät in den Abwärtssog. Man kann noch mit aller Kraft versuchen umzukehren, aber es wird nicht klappen.

Dieses Bild kann zum Beispiel gut bei einer Kanutour verwandt werden, um deutlich zu machen, dass es auch im Leben Punkte gibt, wo eine Umkehr so gut wie unmöglich wird. Beispiele wären eine Freundschaft zu jemandem, den ich gar nicht heiraten will, wobei die emotionale Bindung immer fester wird, oder auch der schrankenlose Austausch von Zärtlichkeiten, bei dem es irgendwann schwierig wird, nicht gemeinsam im Bett zu landen.

6.4.6 Vertiefungen

6.4.6.1 Brief schreiben

Anhand eines fiktiven Beispiels soll ein Brief an die betroffene Person geschrieben werden.

Beispiel 1:
»Tina und Tom sind unheimlich stark ineinander verliebt und beginnen eine Freundschaft. Tina ist Christ und gehört zu deiner Jugendgruppe. Doch Tom glaubt nicht an Gott. Tina ist sich allerdings sicher, dass ihre Liebe zueinander dieses Hindernis überwinden und Tom sich bestimmt bekehren wird. Schreibe einen Brief an Tina. Was würdest du ihr raten?«

Beispiel 2:
»Marc und Jule sind zwei Christen aus deiner Jugendgruppe. Die beiden sind schon seit vier Jahren fest befreundet und haben sich vor Kurzem verlobt. Sie wollen in ein paar Monaten heiraten. Da sie sich ganz sicher sind, ziehen sie jetzt schon zusammen in eine gemeinsame Wohnung. Schreibe einen Brief an die beiden. Was würdest du ihnen raten?«

Ebenso können Fragen aufgegeben werden, die nach dem Prinzip »Dr. Winter gibt Antworten auf Fragen ...« schriftlich beantwortet werden. Evtl. können diese Antworten (anonym) eingesammelt und vorgelesen werden (oder auch nur ausgewählte gute Briefe).

Diese Methode eignet sich sehr gut als abschließende Aufgabe, bei der eine Anwendung gefragt ist.

6.4.6.2 Freundschafts-Checkliste

Die Freundschafts-Checkliste kann man Teens und Jugendlichen nach einem Thema mitgeben. Vorab sollten die einzelnen Punkte mit den Teens gemeinsam besprochen werden. Check die folgenden Punkte, bevor du eine feste Freundschaft beginnst:

- Was sind deine Lebensziele?
  Willst du Abi machen oder nach der zehnten Klasse eine Ausbildung

beginnen? Willst du studieren oder einen Beruf erlernen? Welchen Stellenwert haben deine Hobbys und die Gemeinde für dich?

- Ist der Zeitpunkt für eine Freundschaft jetzt gut?
  Wie alt bis du? Wie alt ist er/sie? Wie viele Jahre müsst ihr noch warten, bevor ihr heiraten könnt? Planst du oder der/die andere in der nächsten Zeit ein Auslandsjahr oder wird einer von euch umziehen? Passt eine feste Beziehung im Augenblick zu deinen Lebenszielen?
- Passen wir zusammen?
  Welche Hobbys und Interessen habt ihr gemeinsam? Könnt ihr miteinander reden und gemeinsam Zeit verbringen? Ist der Junge/das Mädchen eine Person, bei der du dir vorstellen könntest, sie zu heiraten? Wie denkt der/die andere über Jesus und den Glauben?
- Hatten wir genug Zeit, um uns kennenzulernen und miteinander zu reden? (Sich kennenlernen und miteinander reden kann man nicht erst in einer festen Freundschaft.) Seit wann kennt ihr euch? Über welche Dinge, Hobbys und Interessen habt ihr schon miteinander geredet? Was würdest du gerne von ihm/ihr wissen, bevor du dich auf eine feste Freundschaft einlässt?

Alle Fragen gecheckt? Wenn du eine oder mehrere Fragen gar nicht oder nicht mit »Ja« beantworten konntest, beginne besser noch keine feste Freundschaft mit einem/diesem Jungen/Mädchen.

6.4.6.3 Freiwillige Verpflichtungserklärung

Bei einer Verpflichtungserklärung gibt es zwei Möglichkeiten:

a) Man kann eine Verpflichtungserklärung vorgeben. Es bietet sich an, diese Erklärung als schöne Karte zu gestalten, damit die Jugendlichen sie aufbewahren. Ein möglicher Text für eine solche Erklärung könnte sein:

»Herr Jesus, ich glaube, dass du es in allen Situationen gut mit mir meinst und mich liebst. Ich bin davon überzeugt, dass echte Liebe warten kann. Ich verspreche deshalb dir, meiner Familie, meinen Freunden und meinem zukünftigen Ehepartner, dass ich bis zum Tag meiner Hochzeit keine sexuelle Beziehung eingehen werde.«

Alternativ dazu können auch Inhalte, die im Jugend- bzw. Teenkreis besprochen wurden, Bestandteil einer solchen freiwilligen Verpflichtungserklärung sein.

b) Außerdem besteht die Möglichkeit, die Jugendlichen eine eigene Verpflichtungserklärung aufsetzen zu lassen. Sie kann zum Beispiel so aussehen:

Mein persönliches Leitbild

Erinnere dich an die Impulse der Teenkreisabende in ____________. Beschreibe einfach und kurz, was dein Wunsch ist, wie du in den verschiedenen Bereichen leben willst!

(1) Umgang mit dem anderen Geschlecht

(2) Umgang mit meiner Sexualität

(3) Freundschaft / Beziehung

Ja, genau das will ich so mit Gottes Hilfe leben.

____
(Datum / Unterschrift)

6.4.6.4 Erinnerungsbrief

Die Jugendlichen schreiben sich selbst einen Brief, worin sie notieren, was ihnen wichtig geworden ist und was sie sich für ihren Alltag und ihr Leben vornehmen. Nachdem sie den Brief fertiggestellt haben, verschließen sie ihn in einem an sich selbst adressierten Umschlag und geben ihn beim Leiter ab. Ein paar Wochen später versendet der Leiter die Briefe. Zum einen dient diese Methode der Ergebnissicherung (jeder überlegt konkret, was er umsetzen will) und zum anderen hilft es, die Umsetzung wirklich dauerhaft werden zu lassen.

6.5 Materialtipps

Die folgende Auflistung stellt keinen kompletten Überblick über die gesamte hilfreiche Literatur und alle guten Internetseiten dar. Vielmehr ist es eine subjektive Auswahl von einzelnen Büchern und Seiten, die die Thematik fortführen.

6.5.1 Bücher für Teens und Jugendliche

Ein Jugendmitarbeiter erzählte, dass seine Teens, wenn sie bei ihm zu Besuch sind, viel länger auf der Toilette bleiben, seitdem er dort das Buch *Sex … um Gottes Willen* ausgelegt hat. O.k. es gibt auch andere Orte zum Lesen, aber etliche Teens schätzen es, sich so zu informieren, dass es nicht auffällt. Gute Bücher für Teens sind unter anderem:

- Markus und Antje Schäller, *Sex … um Gottes Willen*
  30 Fragen von Teens und Jugendlichen werden kurz und konkret behandelt. Dazu sind einige Exkurse zu Einzelthemen wie Abtreibung, Homosexualität, Internetpornografie etc. enthalten. CV Dillenburg.

- Markus und Antje Schäller, *Bibel, Sex und Bodybildung: Klartext zum Thema Nr. 1*
  Dieses Buch ist eine Ergänzung zu »Sex… um Gottes Willen«. Im ersten Teil werden ähnlich wie dort Fragen beantwortet. Im zweiten Teil erfolgt eine kompakte Darstellung biblischer Sexualethik (vorrangig aus dem NT), und in Teil drei werden 125 Begriffe erklärt und kommentiert. CV Dillenburg.

- Höppner, Hübner, Nieland, *Alles Sex oder was?*
  Neben verschiedenen ethischen Fragen beantworten die Autoren auch einige biologische Fragen. Die Inhalte werden locker rübergebracht, und einige Tests laden zum intensiveren Nachdenken ein. Die Rubrik »Märchen und Wahrheit« räumt mit weit verbreiteten Irrtümern auf. Gerth Medien.

- Susie Shellenberger u.a., *Mädchensache*
  Michael Ross, *Echte Kerle*

Beide Bücher behandeln typische Jungen- bzw. Mädchenfragen und werfen immer mal wieder auch einen Blick auf das andere Geschlecht. Dabei werden nicht nur sexualethische Themen behandelt. Gerth Medien.

- Josh McDowell / Ed Stewart, *Notruf 112 – Reihe*
  In vier Bänden werden zu jeweils zwei seelsorgerlichen Themen Hilfestellungen für christliche Teens vermittelt. Anhand einer Geschichte wird jeweils ein Problem angerissen, das im Verlauf der weiteren Geschichte und in Exkursen behandelt wird.
  Band 1: *Wahre Liebe finden / Erkennen von Gottes Willen*
  Band 2: *Selbstmordgedanken / Tod eines geliebten Menschen*
  Band 3: *Zwischenmenschliche Konflikte / Trennung der Eltern*
  Band 4: *Sexueller Missbrauch / Ungewollte Schwangerschaft*
  CV Dillenburg.

- Christoph Pahl, *Voll Porno – Warum echte Kerle »Nein« sagen*
  Ein authentisches Buch über Pornografiekonsum und die Sehnsüchte, die dahinter stehen. Der Autor schreibt aus der Praxis und bietet Betroffenen Hilfestellungen an. Francke Verlag.

6.5.2 Bücher für Mitarbeiter

Die Buchempfehlungen im Bereich Teenager sind ausnahmslos auch für Mitarbeiter und Eltern empfehlenswert. Darüber hinaus empfehlen wir:

- Markus Schäller, *Sex Beziehungsweise Ehe: Biblische Sexualethik für die Gemeinde*
  In diesem Buch wird neben einer Darstellung der biblischen Leitlinien besonders der 1. Korintherbrief und seine Aussagen zur Sexualität unter die Lupe genommen. Darüber hinaus findet sich ein umfangreicher Praxisteil, wie Sexualethik in der Gemeinde vermittelt werden kann. Jota.

- Josh McDowell / Ed Stewart, *Handbuch Jugendseelsorge*
  Das Standardwerk im Bereich Jugendseelsorge. Auf über 600 Seiten werden Informationen und Hilfen zu den meisten Problemfeldern bei Jugendlichen vermittelt. CV Dillenburg.

- Wenke Peter / Lothar Jung, *Teens-Notruf-112*
  Dieses Mitarbeiterbuch bietet zu den oben erwähnten acht Themen der »Notruf 112«-Reihe weitere Hintergrundinformationen und jeweils einen ausgearbeiteten Stundenentwurf für Jugendkreise. CV Dillenburg.

- Doug Fields, *Abenteuer Jugendarbeit, Basics für (junge) Leiter*
  ... hat eigentlich gar nichts mit dem Thema Sexualität zu tun. Fields beschreibt, wie eine beziehungsorientierte Jugendarbeit aussehen kann und gibt viele praktische Tipps. Pulsmedien.

- Wilfried Hahn / Ute Horn, *Baustelle erste Liebe: Mit Teenagern über Freundschaft, Liebe und Sexualität sprechen – ein Infobuch*
  ... vor allem für Eltern. Hänssler.

6.5.3 Internetseiten zu speziellen Themenbereichen

6.5.3.1 Internetseiten für Teens und Jugendliche

www.kommline.de
Die Homepage der Jugendzeitschrift komm! Unter anderem mit der Möglichkeit, die eigenen Fragen an das *hotline*-Team zu senden.
www.gutaufgeklaert.de
www.liebewartet.de
www.internet-sexsucht.de
... sind verschiedene Themen-Seiten des Weißen Kreuzes mit detaillierten Informationen.

6.5.3.2 Internetseiten für Mitarbeiter und Beratungsangebote

www.weisses-kreuz.de
Das Weiße Kreuz betreibt neben den oben erwähnten Themenseiten auch eine Hauptseite, über die man aktuelle Informationen, Veranstaltungshinweise oder Kontaktinformationen bekommen kann.
www.gut-aufklaeren.de
Eine Themenseite des Weißen Kreuzes für Lehrer und Mitarbeiter.
www.dijg.de

Auf der Webseite des »Deutschen Instituts für Jugend und Gesellschaft« finden sich viele Aufsätze zu Themen wie Pornografie, Homosexualität, Gender-Mainstreaming und vielem anderen mehr.
www.derberatungsfuehrer.de
Datenbank mit christlichen Seelsorgern, Therapeuten und Einrichtungen.

6.5.3.3 Pornografie

www.nacktetatsachen.at
www.loveismore.at
Beide Homepages bieten weiterführende Informationen zum Thema Pornografie mit kurzen Videos, Buchempfehlungen, Seminaren und vielem anderem mehr. Für Betroffene und für Begleiter von Betroffenen eine Fundgrube an Infos.

Schutzprogramme:
Rechenschaftsprogramm
X3watch (www.x3watch.com) sperrt keine Seiten, sondern protokolliert lediglich besuchte (möglicherweise) pornografische Seiten und sendet 14-täglich oder monatlich ein Protokoll an den gewählten Rechenschaftspartner, der bei der Installation eingegeben werden muss. Dieses Programm sollte ein »Muss« für alle Männer sein, solange sie noch kein Problem mit Pornografie haben. Durch dieses Programm verliert das Internet die Heimlichkeit. Die Hemmschwelle steigt, mal eben auf pornografische Seiten abzubiegen oder auf Angebote zu reagieren. Das Programm gibt es in einer deutschen Version auch auf *www.loveismore.at*.
Filterprogramme
Filterprogramme verweigern den Zugriff auf pornografische Seiten. Wer bereits öfter pornografische Seiten im Internet besucht hat, sollte sich nicht mit einer Rechenschaftssoftware zufrieden geben, sondern zusätzlich auch ein Filterprogramm installieren. Zwei Empfehlungen:

- Kindersicherung 2010 (oder Folgeversionen)
  Das Programm wird auch von *loveismore.at* empfohlen und vertrieben; es kostet ca. 30 bis 40 €.
- K9webProtection (www.9webprotection.com) ist ein kostenloses englischsprachiges Filterprogramm.

6.5.3.4 Sexueller Missbrauch

Gute Internetseiten bei sexuellem Missbrauch oder bei Verdacht darauf. Die angegebenen Seiten werden nicht ausschließlich von Christen betrieben, und die Inhalte der aufgeführten Seiten entsprechen nicht in allen Punkten der Meinung der Herausgeber.
Deutschland:

www.zartbitter.de
www.gegen-missbrauch.de
www.weisses-kreuz.de regionaler Kontakt über Arbeitskreise bzw. über die Zentrale
www.fingerweg.at

6.5.3.5 Schwanger? – Was nun?

Hilfsadressen im Schwangerschaftskonflikt / nach Abtreibung
Deutschland:

www.weisses-kreuz.de regionaler Kontakt über Arbeitskreise, bzw. über die Zentrale
www.tclrg.de
www.kaleb.de
www.rahel-ev.de (Erfahrungen nach Abtreibung)
www.ausweg-pforzheim.de
www.schwangerenhilfe.de
www.hisko.de
www.tim-lebt.de
www.wkz.ch

6.5.3.6 Homosexualität

www.wuestenstrom.de
www.dijg.de

7. Aufsatzsammlung

7.1 Rechtsgrundlagen im Bereich Sexualität

Thomas Kleine und Rainer Baum

In der christlichen Teen- und Jugendarbeit sind neben den biblischen Grundlagen auch die deutschen Gesetze zu beachten. Im 13. Abschnitt des Strafgesetzbuches[58] gibt es verschiedenen Paragraphen, die den Jugendlichen in seiner sexuellen Entwicklung schützen sollen.

Geschützt wird vom Gesetz primär die sexuelle Selbstbestimmung. Das beinhaltet, dass jede Person die Freiheit hat, über den Ort, die Zeit, die Form und den Partner der sexuellen Betätigung frei zu entscheiden.[59]

Auch in der christlichen Jugendarbeit gilt es, die Jugendlichen in ihrer sexuellen Entwicklung und Selbstbestimmung zu schützen. Hier sind vor allem zwei größere Themenbereiche zu beachten:

- **Der sexuelle Missbrauch**
  Zum einen geht es dabei um die Kenntnis der rechtlichen Rahmenbedingungen, wenn Teens oder Jugendliche Mitarbeiter über Missbrauchssituationen informieren oder Mitarbeiter bei Teilnehmern Hinweise beobachten. Zum anderen geht es aber auch darum, inwieweit Mitarbeiter in der Teen- und Jugendarbeit sexuelle Beziehungen zu Teilnehmern pflegen dürfen. Neben den biblischen Grundlagen gibt auch der Staat hier eindeutige Vorgaben.
- **Die Förderung sexueller Handlungen bei Minderjährigen**
  Neben dem Verkuppeln oder dem Durchführen von gemeinschaftlichen Übernachtungen wird unter Förderung auch das Wegschauen bei sexuellen Handlungen von Liebespaaren verstanden. Hier sind vor allem in der Freizeitarbeit ergänzend zur biblischen Ethik Paragraphen zu beachten.

In fast allen Bestimmungen zu diesen Themenbereichen taucht immer wieder der Begriff der »sexuellen Handlung« auf. Deshalb ist es erforderlich, den Bedeutungsumfang dieses Begriffs zu verstehen.

Begriffsdefinition »Sexuelle Handlung«

Der Begriff der sexuellen Handlung ist definiert in § 184g StGB: Im Sinne dieses Gesetzes sind ...

1. *Sexuelle Handlungen*
   nur solche, die im Hinblick auf das jeweils geschützte Rechtsgut von einiger Erheblichkeit sind,
2. *sexuelle Handlungen vor einem anderen*
   nur solche, die vor einem anderen vorgenommen werden, der den Vorgang wahrnimmt.

Das Gesetz macht deutlich, dass sexuelle Handlungen vor einem Opfer (ohne Körperkontakt z.B. Selbstbefriedigung) oder an einem Opfer (mit Körperkontakt z.B. Geschlechtsverkehr) vorgenommen werden können. Das Gesetz definiert dabei nicht, welche sexuellen Handlungen »von einiger Erheblichkeit« sind. Zum Beispiel bleibt die Frage offen, welchen Umfang die Erheblichkeit der sexuellen Handlung haben muss, um eine Strafbarkeit nach sich zu ziehen. Entscheidend ist dabei nicht die Sicht des Betroffenen, sondern die Sicht eines urteilsfähigen unbeteiligten Beobachters. So kann beispielsweise ein intensiver Blickkontakt als lästig empfunden werden, wird jedoch kaum als Nötigung (§ 240 StGB) oder Beleidigung (§ 185 StGB, sogenannte »Sexualbeleidigung«) zu werten sein.[60]

Abschließend kann die Frage, was strafbare sexuelle Handlungen sind, an dieser Stelle nicht beantwortet werden. Eine kurze Rechtsprechungsübersicht vermag die Komplexität dieses Themas aufzuzeigen:

Als erheblich wurden beispielsweise angesehen:[61]

- Beischlaf,
- Entblößen,
- Betasten des Geschlechtsteils eines anderen auch beim bekleideten Opfer,
- Betasten der weiblichen Brust,
- Anfassen des nackten Körpers in der Nähe des Geschlechtsteils,
- Entkleidungsversuch zur Ermöglichung eines Sexualakts bei offener Hose und erigiertem Geschlechtsteil,
- Greifen in die Schambehaarung,
- in bekleidetem Zustand vorgenommene beischlafsähnliche Bewegungen bei einem Kind.
- gewaltsamer Zungenkuss

Als nicht erheblich sind in der Rechtsprechung bisher angesehen worden[62]: bloße Taktlosigkeiten, Geschmacklosigkeiten und Handlungen, die nicht als sexuell bedeutsam empfunden werden wie:

- übliche Küsse und Umarmungen oder Streicheln des Körpers;
- ein misslungener Kussversuch;
- Berühren des nackten Oberschenkels eines Kindes;
- flüchtiger Griff an die Genitalien einer bekleideten Person;
- flüchtige Berührung der Brust.

Wer wird geschützt?

Das Gesetz knüpft eine Bestrafung neben der jeweiligen Tat und dem Alter des Täters vor allen Dingen auch an das Alter des Opfers.

Kinder (bis 14 Jahre)

Jede sexuelle Handlung an Kindern **unter 14 Jahren** ist strafbar. Auch dann, wenn der Missbrauch ohne Körperkontakt stattfindet (§ 176 Abs. 4 Nr. 2). *»Insbesondere soll hierunter ›das sexuell aufreizende Posieren‹ von Kindern, z.B. für Foto und Filme oder direkt vor dem Täter fallen.«*[63]

Betroffen sind sexuelle Handlungen von Jugendlichen (ab der Strafmündigkeit, d.h. 14 Jahre oder älter) oder Erwachsenen mit Kindern unter 14 Jahren. Wenn beispielsweise ein 16-jähriger Jugendlicher mit einem 13-jährigen Mädchen Geschlechtsverkehr ausübt, gelangt er in den Bereich strafrechtlicher Verfolgung.

Jugendliche zwischen 14 und 18 Jahren

Bei Überschreiten der Altersgrenze von 14 Jahren bis hin zu einem Alter von 18 Jahren stellt das Gesetz erhöhte Anforderungen an eine Strafbarkeit. Das bedeutet, sexuelle Handlungen sind nur noch unter bestimmten Voraussetzungen strafbar, zum Beispiel, wenn ein Abhängigkeitsverhältnis oder eine Zwangslage ausgenutzt wird oder die sexuelle Handlung gegen den Willen des Opfers erzwungen wurde. Zum Teil gibt es dazu noch einmal eine Unterscheidung zwischen Personen über und unter 16 Jahren.

§ 182 Abs. 1 behandelt den *Missbrauch von Jugendlichen*. Während in der alten Fassung dieses Paragraphen der Täter über 18 Jahre und das Opfer unter 16 Jahre alt sein musste, entfallen nun die Altersgrenzen, wenn der Täter eine Zwangslage ausnutzt. Opfer können also auch noch 16- bis 17-jährige Personen werden. *Als Zwangslage werden alle bedrängenden Umstände angesehen, die so gewichtig sind, dass sie mit einer wesentlichen Einschränkung der Entscheidungs- und Handlungsmöglichkeiten einhergehen, und so die Gefahr begründen, den Widerstand des Opfers gegen sexuelle Übergriffe herabzusetzen.*[64] Wenn Jugendliche nach einem Diskobesuch nachts nicht mehr nach Hause gelangen können und bei anderen Jugendlichen übernachten und aufgrund dieser Gefälligkeit sexuelle Handlung verlangt werden, kann dies eventuell als Zwangslage gewertet werden.

Ebenso wird eine Person über achtzehn Jahren bestraft, die eine Person unter achtzehn Jahren dadurch missbraucht, dass sie gegen Entgelt sexuelle Handlungen an ihr vornimmt oder an sich von ihr vornehmen lässt (Verbot von Jugendprostitution).

Besonderheit bei Jugendlichen zwischen 14 und 16 Jahren

Zum einen stellt § 182 Abs. 3 sexuelle Handlung unter Strafe, die eine mindestens 21-jährge Person an einer unter 16-jährigen Person vornimmt, wenn dabei die fehlende Fähigkeit des Opfers zur sexuellen Selbstbestimmung ausgenutzt wird.

Zum anderen ist gemäß § 174 der sexuelle Missbrauch von Schutzbefohlenen strafbar. Schutzbefohlene sind gemäß Ziffer 1 Personen unter sechzehn Jahren, die ihm (dem Täter) zur Erziehung, zur Ausbildung oder zur Betreuung in der Lebensführung anvertraut sind. Festzuhalten ist, dass Aufsichtsbedürftige auch Schutzbefohlene sind. Das Gesetz stellt diesbezüglich die Strafvorschrift auf, um das gegenseitige Vertrauensverhältnis zwischen dem Jugendlichen und dem Mitarbeiter zu schützen. Für die Teen- und Jugendarbeit bedeutet das, dass jede sexuelle Handlung zwischen einem (auch minderjährigen) Mitarbeiter und einem unter 16-jährigen Teilnehmer verboten ist und eventuell strafrechtliche Konsequenzen nach sich ziehen kann. Wenn sich in einem Teen- oder Jugendkreis solche Freundschaften entwickeln, so ist auf jeden Fall mit dem betroffenen Mitarbeiter zu reden, nicht zuletzt um sowohl ihn als auch den Träger zu schützen. Zwar beachtet das Gericht auch das Verhalten des Teilnehmers, wenn es sich bei der Beziehung z.B. um eine beidseitige Liebesbeziehung handelt, und kann dann auf eine Bestrafung verzichten (gem. 174 Abs. 4 StGB: »... *von einer Bestrafung nach dieser Vorschrift absehen, wenn bei*

Berücksichtigung des Verhaltens des Schutzbefohlenen das Unrecht der Tat gering ist«). Das Ansehen des Mitarbeiters und des Trägers in der Öffentlichkeit wird dadurch jedoch nicht wiederhergestellt.

Fallbeispiel 1:
Die 15-jährige Susi ist eine regelmäßige Teilnehmerin des Teenkreises. Sie verliebt sich während der Teenkreisfreizeit in den 18-jährigen Nachwuchsmitarbeiter Peter, den sie durch den Teenkreis erst kennengelernt hat. Als Susis Eltern sie von der Freizeit abholen, erwischen sie ihre Tochter und Peter bei einem Zungenkuss, bei dem Peter zusätzlich eine Hand auf ihrer bekleideten Brust hat. Die Eltern zeigen Peter daraufhin an.

Zunächst wird das Gericht feststellen, dass Peter eine sexuelle Handlung von einiger Erheblichkeit ausgeübt hat. Peter könnte sich somit eines sexuellen Missbrauchs von Schutzbefohlenen schuldig gemacht haben. Susi müsste Peter hierfür anvertraut sein. Das Anvertraut-Sein kann eine Betreuung in der Lebensführung betreffen, § 174 Abs. 1 Ziffer 1 StGB. Nach der Lage des Einzelfalles wird dies bei Leitern eines Jugendheimes, eines Zeltlagers oder bei der Verantwortlichkeit für ein Ferienkind oder eines für längere Zeit in einen Haushalt aufgenommenen Jugendlichen als gegeben angesehen.[65] Vorliegend ist das Abhängigkeitsverhältnis von Peter als Mitarbeiter und Susi als aufsichtsbedürftiger Person zu berücksichtigen. Es ist daher nicht unwahrscheinlich, dass das Gericht Susi als Peter anvertraute Person werten wird. Grundsätzlich hat Peter sich daher wegen sexuellen Missbrauchs von Schutzbefohlenen strafbar gemacht. Gegebenenfalls wird das Gericht jedoch (wegen § 174 Abs. 4 StGB) von einer Bestrafung aufgrund des Verhaltens von Susi absehen.[66]

Besonderheit bei Jugendlichen zwischen 16 und 18 Jahren
Ähnlich wie bei den unter 16-Jährigen ist auch hier der Missbrauch von Schutzbefohlenen strafbar, zusätzlich jedoch mit der Einschränkung, dass gleichzeitig ein Missbrauch einer mit dem Erziehungs-, Ausbildungs-, Betreuungs-, Dienst- oder Arbeitsverhältnis verbundenen Abhängigkeit gegeben sein muss. Auf die Jugendarbeit bezogen bedeutet dies zum Beispiel, dass der Mitarbeiter durch seine übergeordnete Stellung Druck ausübt oder das Opfer erpresst. Auch hier gilt, dass Aufsichtsbedürftige Schutzbefohlene sind.

Weitere Informationen zum Thema Sexueller Missbrauch enthält der Artikel »Verdacht von sexueller Gewalt«.

Ohne Altersbegrenzung

Ohne Altersbegrenzung ist die Bestrafung der Vergewaltigung gemäß § 177 StGB. Sie schützt die Freiheit der sexuellen Selbstbestimmung.

Doch ein Jugendmitarbeiter kann sich nicht nur aktiv strafbar machen. Auch wenn er bewusst nichts tut, kann er in Konflikt mit dem Sexualstrafrecht kommen.[67]

Die Förderung sexueller Handlungen bei Minderjährigen

Nach § 180 StGB ist die Förderung von sexuellen Handlungen mit Jugendlichen unter 16 Jahren verboten. Leistet ein Mitarbeiter sexuellen Handlungen, bei denen zumindest eine Person unter 16 Jahren ist, durch seine Vermittlung oder durch Gewähren und Verschaffen von Gelegenheit Vorschub, wird er bestraft. Neben der aktiven »Verkupplung« ist vor allem das Gewähren oder Verschaffen von günstigen Gelegenheiten zur möglichen Vornahme sexueller Handlungen in der Jugendarbeit zu beachten.[68] Wer einem 15-jährigen Paar auf einer Freizeit ein Doppelzimmer gibt, macht sich daher grundsätzlich strafbar. Gemischtgeschlechtliche Übernachtungsmöglichkeiten sind auf Freizeiten daher tabu. Doch ein Jugendmitarbeiter kann sich strafbar machen, indem er nichts tut. Dabei ist zu berücksichtigen, dass der Mitarbeiter eine sogenannte »Garantenstellung« hat. Eine solche Stellung wird angenommen bei besonders engen persönlichen Beziehungen, wie dies gerade bei einer Jugendgruppe vorzufinden ist. Die Garantenstellung verpflichtet den Mitarbeiter beispielsweise, sich nicht zu entfernen, sondern aktiv einzuschreiten, wenn minderjährige Aufsichtsbedürftige erkennbar sexuelle Handlungen vornehmen (wollen). Ein scheinbar höfliches Wegschauen und Gewährenlassen ist strafbar.

Allerdings reicht eine bloße Vermutung des Jugendleiters, dass es vielleicht zu sexuellen Handlungen kommen könnte, nicht aus, um straf- und haftbar gemacht zu werden. Er muss vielmehr bereits Kenntnis von Ort und Zeit haben.[69]

Fallbeispiel 2:
Die 15-jährige Susi zieht sich mit dem 18-jährigen Peter während einer Freizeit als »Liebespaar« in einen unbeobachteten Raum zurück. Trotz Kenntnis schreitet der Jugendleiter Hans nicht ein.
In diesem Fall hat sich Hans wegen Förderung sexueller Handlungen Minderjähriger strafbar gemacht. Unabhängig von dem Strafverfahren droht ihm gegebenenfalls (im Falle einer eintretenden Schwangerschaft) auch noch eine Unterhaltsklage.

Fallbeispiel 3:
Jugendleiter Hans erhält Kenntnis davon, dass Susi und Peter während der Nacht sexuelle Handlungen vornehmen wollen. Darf Hans in der Nacht Zimmerkontrollen durchführen?

Um seiner Schutzverpflichtung nachzukommen, ist es in diesem Fall notwendig, dass Hans Zimmerkontrollen durchführt bzw. durchführen lässt. Eine Zimmerkontrolle sollte immer durch eine gleichgeschlechtliche Person erfolgen.

Wenn Kinder oder Jugendliche unter 16 Jahren bei sexuellen Handlungen »erwischt« werden, ist die Fortführung der Handlung auf jeden Fall zu unterbinden. Sowohl aus rechtlichen als auch aus seelsorgerlichen Gründen ist mit beiden Personen zu sprechen, um ihnen zu erklären, warum ihr Verhalten nicht erlaubt werden kann.

Die Verbreitung und der Besitz von jugendpornografischen Schriften

Ergänzend zu den Vorschriften zu Kinderpornografie (§184b) regelt seit Herbst 2008 der § 184c erstmals auch pornografisches Material (umfasst auch Bild- und Tonträger, Datenspeicher, Filme, CDs, DVDs, Handy-Dateien etc.), in dem Jugendliche dargestellt werden.

Von Bedeutung für die Jugendarbeit ist dies aufgrund des zurzeit in den USA weit verbreiteten Trends des »Sexting«. Dabei erstellen Jugendliche zum Teil aufreizende Nacktfotos von sich selbst und versenden sie an ihre Freunde per MMS. (Ob solche Fotos als pornografisch eingestuft werden können oder nicht, kann im Rahmen dieses Aufsatzes nicht behandelt werden.) Noch ist nicht klar, ob und wann dieser Trend auch in Deutschland Einzug halten wird. Sollte diese Modewelle über den Atlantik schwappen, so ist in § 184c Absatz 4 Satz 2 dazu geregelt, dass der Besitz von selbst hergestelltem jugendpornografischem Material straffrei ist, wenn der Täter zum Zeitpunkt der Herstellung minderjährig war (sogenannte »Jugendsünden-Ausnahme«) und die dargestellte Person in die Aufnahme eingewilligt hat. Das freiwillige »Posieren« und Erstellen solcher Fotos ist somit legal. Die Weiterleitung und Verbreitung solcher Fotos über Handy (SMS, MMS), Email etc. und der Besitz durch Dritte (auch die Speicherung im PC oder Handy) sind hingegen strafbar. Beispielsweise würde sich ein Jugendmitarbeiter, der von einem für ihn schwärmenden Mädchen pornografische Fotos auf sein Handy zugeschickt bekommt, strafbar machen, wenn er die Fotos nicht sofort löscht. Genauso wäre jedoch auch schon das Versenden des Fotos ebenfalls verboten.

Abschließender Hinweis

Der Artikel dient nicht der Beratung im Falle eines individuellen rechtlichen Anliegens.

Trotz Bemühungen des Verfassers können in dem Artikel unrichtige, unvollständige, veraltete oder noch nicht gültige, widersprüchliche, in falschem Zusammenhang stehende, verfälschte, voreingenommene oder – womöglich sinnentstellend – verkürzte Angaben und Aussagen enthalten sein. Verwende daher die hier bereitgestellten Informationen nicht als alleinige Quelle für rechtsbezogene Entscheidungen und Einschätzungen und ziehe stets weitere, unabhängige Informationsquellen hinzu. Für konkrete Anliegen wende dich möglichst an einen Anwalt oder an eine andere qualifizierte Beratungsstelle.

7.2 Vor sexuellem Missbrauch schützen – Leitlinie für Mitarbeiter

Christliche Jugendpflege e.V.

1. Sexueller Missbrauch / Sexuelle Gewalt

Sexueller Missbrauch bzw. sexuelle Gewalt[70] bezeichnet alle sexuellen Handlungen, die an oder vor einem Kind/Jugendlichen entweder gegen den Willen des Kindes/Jugendlichen vorgenommen werden oder der das Kind aufgrund körperlicher, psychischer, kognitiver oder sprachlicher Unterlegenheit nicht wissentlich zustimmen kann. Der Täter nutzt seine Macht- und Autoritätsposition aus, um seine Bedürfnisse auf Kosten des Kindes zu befriedigen.[71]

Neben körperlichen Übergriffen – von ungewollten Küssen, Berührungen bis hin zur Vergewaltigung – gehören dazu unter anderem auch Handlungen ohne Körperkontakt, wie zum Beispiel das heimliche Beobachten beim Umziehen, das Zeigen von pornografischen Bildern oder verbale Grenzverletzungen (z.B. »Du hast aber einen hübschen Busen!«). Die Bezeichnung »Gewalt« ist daher nicht nur im Sinne von körperlicher Gewalt zu verstehen. Immer da, wo die Machtposition eines Erwachsenen oder Jugendlichen auf die Ohnmachts- und Unreifeposition eines Kindes stößt und es nicht um fürsorglichen Umgang mit dem Kind geht, der dessen Unterlegenheit berücksichtigt, geschieht Kindesmissbrauch.[72] Der Täter[73] ignoriert die Grenzen des Kindes und sieht das Kind nur noch als Objekt zur Befriedigung seiner eigenen sexuellen Bedürfnisse.

2. Zweck dieser Leitlinie

Christliche Gemeinden und die Mitarbeiterinnen und Mitarbeiter (künftig nur Mitarbeiter genannt) in Kinder-, Teenager und Jugendkreisen müssen sich ihrer Verantwortung und der Thematik stellen, damit...

- *... Kinder, Teens und Jugendliche geschützt werden.*
  Christliche Gemeinden sollen sichere Orte werden, wo Kinder, Teens und Jugendliche wertgeschätzt und geachtet werden, ohne dass dabei

Grenzen einzelner Kinder, Teens oder Jugendlicher verletzt werden.

- *... Betroffene die Möglichkeit haben, über die ihnen zugefügte Gewalt zu reden und Hilfe zu bekommen.*
  Christliche Gemeinden sollen ein Ort sein, wo über Gewalt nicht geschwiegen wird, sondern wo Opfern zugehört, geglaubt und geholfen wird. Dabei sind die Mitarbeiter häufig Vermittler zu weiteren (professionellen) Hilfsangeboten. Das Gleiche gilt auch für die Täter – hier ist die Leitung einer Gemeinde gefordert, Hilfe zu vermitteln.
- *... Mitarbeiter sensibilisiert werden – sowohl für ihren eigenen Umgang mit den Kindern sowie für Anzeichen von sexueller Gewalt, die sie bei möglichen Opfern oder Tätern beobachten.*
  Dazu gehört letztlich auch, dass Mitarbeiter ehrlich zu sich selbst sind und ihre Gefühle wahr- und ernstnehmen. Wenn ein Mitarbeitender »seltsame« Gefühle in Bezug auf Kinder oder anvertraute Teens/Jugendliche entwickelt, sollte er sich einer Person anvertrauen, die ihn nicht verurteilt, sondern hilfreich begleitet, damit es nicht zu einer Tat kommt. Kompetente Ansprechpartner vermittelt das Weiße Kreuz (*www.weisses-kreuz.de*).

Die drei oben genannten Ziele betreffen somit zwei große Themenbereiche: die Prävention (Vorbeugung) und die Intervention (Eingreifen) bei vermuteten oder berichteten sexuellen Grenzüberschreitungen. Die Aufgaben der Mitarbeiter sind somit im Bereich von sexueller Gewalt mit den Aufgaben im Bereich von Verletzungen zu vergleichen: Zum einen muss man als Mitarbeitender dafür sorgen, dass möglichst niemand verletzt wird (Vorbeugen). Zum anderen sollte jeder Mitarbeiter – falls es doch zu Unfällen und Verletzungen kommt – Grundkenntnisse über Erste Hilfe besitzen, anwenden und wissen, wo und wie man Hilfe bekommt (Eingreifen). Eine Therapie oder seelsorgerliche Begleitung (die sich daran anschließen muss) zählt nicht mehr zu den Aufgaben eines ehrenamtlich Mitarbeitenden.

3. Bevor etwas passiert: Vorbeugen

3.1 Auswahl der Mitarbeiter

Bei der Auswahl der Mitarbeiter in Kinder-, Teen- und Jugendkreisen sollten Gemeinden genau hinschauen. Wer mitarbeiten möchte, braucht eine persönliche Beziehung zu Jesus Christus, gehört verbindlich zu einer Gemeinde und versucht, sein Leben in Übereinstimmung mit der Bibel zu gestalten – auch im Bereich der Beziehungen und der Sexualität. Wenn der mögliche Mitarbeiter nicht zur eigenen Gemeinde gehört oder uns kaum bekannt ist, kann die Eignung zur Mitarbeit zum Beispiel durch eine Referenz nachgewiesen werden.

Zusätzliche erwachsene Aufsichtspersonen, die die Gruppe bei Übernachtungen oder besonderen Aktionen begleiten, sollten ebenfalls bekannt sein.

3.2 Verhaltenskodex

Sexuelle Gewalt darf nicht länger ein Tabu-Thema in christlichen Gemeinden bleiben. Jeder Mitarbeiter in der Kinder-, Teen- und Jugendarbeit sollte vor Beginn seiner Mitarbeit den »Verhaltenskodex für Mitarbeiter« bejahen und unterschreiben. Doch die Verantwortung der Gemeinde endet dadurch nicht. Damit ein solcher Kodex nicht nur auf dem Papier existiert, sondern im Alltag der Gemeinden ankommt, müssen die Inhalte regelmäßig (am besten einmal im Jahr) im Team vermittelt werden. Weitere Ausfertigungen dieser Selbstverpflichtung können unter www.christ-online.de/Verhaltenskodex.pdf herunter geladen werden.

3.3 Verhaltensregeln

Verhaltensregeln können helfen, den Kodex in der Praxis konkret werden zu lassen. Diese Regeln dienen auch dem Schutz der Mitarbeiter. Schon eine erfundene Verdächtigung eines Kindes oder Jugendlichen kann sonst das Ende der Mitarbeit bedeuten. Die nachfolgenden Empfehlungen für Mitarbeiterteams sind kein vollständiges Regelwerk und können je nach Situation angepasst werden.:

- Gespräche über Sexualität müssen immer auf Freiwilligkeit beruhen. Bei solchen Themen ist sensibel auf die Grenzen aller Anwesenden zu achten.
- In allen Situationen sollte möglichst eine Öffentlichkeit vorhanden sein bzw. hergestellt werden. Das bedeutet:

Verhaltenskodex

Jeder Mensch ist im Bild Gottes geschaffen, ein Individuum mit eigener Persönlichkeit. Unsere Arbeit mit den uns anvertrauten jungen Menschen ist daher von Respekt, Wertschätzung und Vertrauen geprägt.

1. Ich verpflichte mich, alles in meiner Macht Stehende zu tun, dass in unserer gemeindlichen Arbeit sexuelle Gewalt und andere Formen von Gewalt verhindert werden. Deshalb stärke und schütze ich die uns anvertrauten jungen Menschen vor körperlichem und seelischem Schaden und Gewalt.
2. Ich nehme die individuellen Grenzen der Kinder, Jugendlichen und Mitarbeiter wahr und respektiere sie. Dies betrifft vor allem die Intimsphäre, die persönliche Schamgrenze und andere individuelle Grenzempfindungen. Ich respektiere den eigenen Willen jedes Gruppenmitgliedes.[74]
3. Ich lebe einen verantwortungsvollen Umgang von Nähe und Distanz. Insbesondere missbrauche ich meine Rolle als Mitarbeiter nicht für sexuelle Kontakte mit mir anvertrauten Menschen und/oder zur Befriedigung eigener sexueller Bedürfnisse.
4. Alles, was ich als Mitarbeiter zusammen mit einer mir anvertrauten Person tue, gestalte ich offen und einsehbar.
5. Ich verzichte auf verbales und nonverbales abwertendes Verhalten und beziehe gegen gewalttätiges, diskriminierendes, rassistisches und sexistisches Verhalten aktiv Stellung.
6. Ich versuche, Grenzverletzungen durch Mitarbeiter oder Teilnehmer wahrzunehmen, egal ob sie in den Gruppen, bei Aktivitäten oder Freizeiten oder außerhalb des gemeindlichen Rahmens stattfinden. Wenn ich eine solche Grenzverletzung bemerke, schaue ich nicht weg, sondern dokumentiere meine Beobachtung und wende mich an eine Vertrauensperson meiner Gemeinde, um das weitere Vorgehen abzustimmen.
7. Ich achte auf Anzeichen von Vernachlässigung und Gewalt bei Kindern und Jugendlichen. Wenn ich (sexuelle) Gewalt vermute oder direkt davon erfahre, wende ich mich an eine Vertrauensperson meiner Gemeinde, um für mich und die betroffene Person Hilfe zu finden.

Vertrauenspersonen in meiner Gemeinde sind:
____________________________Telefon:
____________________________Telefon:
____________________________Telefon:

Ich erkläre, dass ich diesen Verhaltenskodex bejahe und umsetzen werde. Eine Ausfertigung dieses Kodex' mit weiteren Hinweisen, wie der Kodex umgesetzt werden kann, habe ich erhalten.

Außerdem erkläre ich, dass gegen mich kein Strafverfahren wegen sexueller Gewalt anhängig war oder ist (gilt auch für eingestellte Verfahren). Sollte ein solches Verfahren gegen mich eingeleitet werden, verpflichte ich mich, eine Vertrauensperson der Gemeinde darüber umgehend zu informieren.

____

Datum, Name, Unterschrift

- Mitarbeiter begleiten Kinder möglichst nicht allein auf das Zimmer, die Toilette, ins Bad, Zelt oder andere geschlossene Räume.
- In der Regel sollte immer ein zweiter Mitarbeiter/eine Mitarbeiterin oder andere Kinder mit anwesend sein.
- Eingangstüren bleiben immer geöffnet (nie von innen abschließen, wenn man mit einer anvertrauten Person allein ist). Auch für persönliche Gespräche kann ein Ort gefunden werden, der diskret, aber einsehbar ist.

Das dahinterstehende Prinzip kann auch in Sondersituationen angewandt werden. Zum Beispiel, indem ein Kind bis zur Toilette begleitet wird, der Mitarbeiter aber vor der Türe stehen bleibt oder sich auf der Toilette laut mit dem Kind unterhält.

- Bei der Versorgung von Verletzungen, Splitterentfernungen, Einreiben von Salben usw. in intimen Köperbereichen sollte immer eine weitere Person anwesend sein (bereits das Einreiben des Rückens oder des Bauchs kann unter Umständen als Intimität gewertet werden). Bei älteren Kindern, Teens und Jugendlichen sollte dies auf jeden Fall von einem gleichgeschlechtlichen Mitarbeiter erfolgen.
- Bei Spielen mit Köperkontakt sind Situationen zu vermeiden, die falsch interpretiert werden können.
- Bei Spielen und Streichen mit Körperkontakt ist das »Nein« eines Kindes/Teenagers auf jeden Fall zu akzeptieren.
- Die Mitarbeiter zeigen auch durch die Wahl ihrer Kleidung Respekt vor den Empfindungen der Teilnehmer und anderer Mitarbeiter. Im Team werden unklare Situationen angesprochen und Verhaltensstandards festgelegt, ggf. auch unter Einbeziehung der Gemeindeleitung.

3.4 Sondersituation: Freizeiten, Camps und ähnliches

Freizeiten, Camps und Sommerlager sind die Höhepunkte in der gemeindlichen Kinder- und Jugendarbeit. Gleichzeitig ist auf Freizeiten die Möglichkeit, mit sexueller Gewalt konfrontiert zu werden, besonders groß. Zum einen, weil:

- Mitarbeiter die Grenzen der ihnen anvertrauten Kinder überschreiten können.
- andere Jugendliche eventuell zu Tätern werden.
- andere Personen im Umfeld der anvertrauten Kinder Täter sein können, wie z.B. Busfahrer/in, Platzwart, Küchenpersonal.
- Kinder gegenüber anderen Kindern sexuell übergriffig werden können.

Zum anderen erzählt auf einer Freizeit vielleicht ein Kind einem Mitarbeiter von Gewalterfahrungen zu Hause oder man beobachtet bei einzelnen Teilnehmern Anzeichen von sexueller Gewalt. Daher ist, insbesondere vor Freizeiten und Camps, mit allen Mitarbeitern über den oben genannten Verhaltenskodex zu sprechen, und es sind konkrete Verhaltensregeln zu vereinbaren.

Darüber hinaus sollten folgende Regeln auf Freizeiten und Camps selbstverständlich sein:

- Für Jungs und Mädchen gibt es getrennte Schlaf- und Waschmöglichkeiten.
- Bei Gemeinschaftsduschen (geschlechtergetrennt, aber ohne abschließbare Duschkabinen) sollte kein Kind/Teenager gezwungen bzw. aufgefordert werden, nackt zu duschen. Wer lieber mit Badehose oder Badeanzug bekleidet duschen möchte, darf das tun. Diese Personen sind gegen Gruppendruck (»Bist du etwas verklemmt?«, »Hast du was zu verbergen?«) zu schützen und zu ermutigen. Das eigene Verhalten der Mitarbeiter sollte bei Gemeinschaftsduschen (z.B. wenn eine Aufsicht erforderlich ist) sehr feinfühlig sein. Wenn möglich, duschen sie zeitlich oder örtlich getrennt von den Kindern und Teens.
- Auch bei Outdoor-Übernachtungen (z.B. Zwei-Tagestour beim Sola), bei denen keine getrennten Räume möglich sind, ist auf eine Trennung von Jungen und Mädchen zu achten und auf die persönlichen Grenzen einzelner (zum Beispiel beim Umziehen) Rücksicht zu nehmen.

Darüber hinaus sollte auf Freizeiten und Camps sensibel, aber ohne Panik mit dem Thema umgegangen werden. Es ist nach wie vor möglich (und pädagogisch auch sinnvoll), wenn z.B. ein Mitarbeiter mit mehreren Jungen (nicht mit nur einem einzelnen!) gemeinsam in einem Zimmer/Zelt schläft. Trotzdem ist Sensibilität gefragt, indem man die oben genannten Regeln und den Kodex befolgt.

3.5 Kinder stärken

Christliche Gemeinden können Kinder stärken, um sie vor sexueller Gewalt zu schützen. Dabei darf jedoch nicht aus dem Blick geraten, dass selbst das beste Präventionsprogramm kein Kind 100-prozentig schützen kann. Die Verantwortung für sexuelle Gewalt darf nicht auf die Kinder verlagert werden, sie bleibt immer bei den Erwachsenen. Die folgenden Grundsätze sollte jedoch jedes Kind und jeder Mitarbeiter kennen:

- *Du darfst entscheiden!*
  Niemand hat das Recht, ein Kind gegen dessen Willen anzufassen, zu streicheln oder zu küssen. Ein Kind darf selbst entscheiden, wer seinen Körper berühren darf und wie viel Nähe für es o.k. ist. Allen Kindern, Teens und Jugendlichen ist klar, dass Berührungen in ihrem Intimbereich nicht erlaubt sind.
- *Trau deinem Gefühl!*
  Kinder haben ein natürliches Gespür für Gutes und Schlechtes. Wenn jemand einem Kind unangenehme Gefühle bereitet, dann darf es sich wehren und Hilfe holen. Dazu ist es wichtig, dem Kind den Unterschied zwischen guten und schlechten Geheimnissen zu vermitteln. Gute Geheimnisse machen Spaß, aber schlechte Geheimnisse verursachen »komische Gefühle« oder Angst. Geheimnisse, die wehtun oder Angst machen, sind keine guten Geheimnisse und das Kind sollte sie einem Erwachsenen anvertrauen. Selbst dann, wenn das Kind versprechen musste, sie niemand zu sagen. Gerade für christlich erzogene Kinder kann es eine zusätzliche Hemmschwelle sein, einem Erwachsenen von einem schlechten Geheimnis zu erzählen, weil es zusätzlich Angst hat, das Brechen des Versprechens sei Sünde, was es in diesem Fall jedoch nicht ist.[75]
  Erwachsene können die ihnen anvertrauten Kinder stärken, indem sie die Gefühle von Kindern ernst nehmen. Wenn ein Kind wiederholt beigebracht bekommt, dass seine Gefühle (z.B. Angst beim Gewitter) unangebracht sind, wird es bei erlebter sexueller Gewalt seinen Gefühlen nur noch schwer glauben und sich eher selten einem Erwachsenen anvertrauen.
- *Du darfst »NEIN« sagen und dir Hilfe holen!*
  Kinder dürfen auch gegenüber Erwachsenen »Nein« sagen. Wenn sie sich allein nicht wehren können, können sie sich Hilfe holen, zum Beispiel, wenn ein Lehrer nach dem Sport die Umkleideräume oder Duschen besucht und die betroffenen Schüler deswegen ein »komisches Gefühl« haben. Wer Hilfe holt, ist nicht schwach, sondern stark; Hilfe holen, ist kein Petzen. Es ist gut, wenn Kinder sich bereits, bevor eine solche Situation eintritt, überlegen, wer ihnen zuhört und hilft, wenn sie einmal ihren Eltern nicht alles sagen wollen.

Die meisten der genannten Punkte können immer wieder fließend in das Programm und die Beziehungen zu den Kids und Teens eingebaut werden. Als weitere vorbeugende Maßnahme können Kinder, Teens und Jugendliche auch durch gezielte Programmelemente gestärkt und informiert werden. Unüberlegte Spiele oder Programmelemente können dagegen auch genau das Gegenteil bewirken, wenn zum Beispiel durch Gruppendruck die Grenzen einzelner Kids überschritten werden. Zur Durchführung von Präventionsprogrammen kann eventuell auch auf Angebote örtlicher Beratungsstellen zurückgegriffen werden (Bitte informiert euch vorher über die Inhalte).

3.6 Vertrauensperson benennen

Gut wäre es, wenn in jeder Gemeinde eine oder mehrere Vertrauenspersonen (Frauen und Männer, jedoch mindestens eine Frau) als Ansprechpartner für die Mitarbeiter zur Verfügung stehen würden. Diese Person muss keine ausgebildete Fachkraft sein, aber wissen, wo man professionelle Hilfe und Begleitung erhält. Durch die Benennung einer Vertrauensperson innerhalb der Gemeinde wird sichergestellt, dass kein Mitarbeiter mit einer Frage, einer vermuteten oder erfahrenen Gewaltsituation allein fertig werden muss. Am besten wird dabei nicht nur *eine* Person benannt, sondern mehrere Personen, zu denen die Mitarbeiter Vertrauen haben.

Im Bild von »Unfallvermeidung und Erste Hilfe« wäre die Vertrauensperson mit einem Rettungssanitäter gleichzusetzen. Die Vertrauensperson hat sich bereits im Voraus mit der Thematik »Sexuelle Gewalt« auseinandergesetzt und weiß, wo sie kompetente Hilfe und Ansprechpartner findet. Sie steht dem Mitarbeitenden, der sexuelle Gewalt vermutet oder davon erfahren hat, bei der »Erstversorgung« zur Seite oder übernimmt die weitere Begleitung des Opfers in Zusammenarbeit mit einer Fachstelle, die im Bild mit einem Arzt oder Krankenhaus zu vergleichen wäre.

In meiner Gemeinde stehen folgende Frauen und Männer als Vertrauenspersonen zur Verfügung:

______________________________Telefon:
______________________________Telefon:
______________________________Telefon:

4. Was soll ich tun, wenn ich ...

...sexuelle Gewalt vermute, davon erfahre oder ein möglicher Täter sich eventuell im Mitarbeiterteam befindet. Je nach Situation gilt es, unterschiedlich und angemessen zu reagieren. Einige Verhaltensmuster bleiben jedoch immer gleich:

Grundregeln

- *Ruhe bewahren!*
  Auch wenn es nicht einfach ist: Ruhe bewahren und nichts überstürzen. Zeige dem Opfer dabei nicht deine tiefste Schockiertheit, sondern behandle es einfühlsam.
- *Kein Alleingang*
  Sprich eine Vertrauensperson an und besorgt euch gemeinsam professionelle Hilfe.
- *Kein Aktionismus*
  Voreilige Handlungen, wie eine Konfrontation mit dem Täter oder eine Anzeige bei der Polizei helfen niemandem, sondern schaden häufig nur. Alle Aktionen sind sowohl mit der Fachkraft **und** mit dem Opfer abzustimmen (Ausnahme bei jungen Kindern; siehe Punkt 4.2).
- *Schreib es auf!*
  Dokumentiere alle Beobachtungen sowie alle Informationen (egal ob du sie direkt vom Opfer oder von Dritten erhalten hast) möglichst genau mit Datum und Uhrzeit. Diese Aufzeichnungen können später sehr hilfreich sein.

4.1 ... sexuelle Gewalt vermute?

Werde dir bewusst, dass sexuelle Gewalt häufig keine Einzeltat ist. Missbrauchte Kinder, Jugendliche und erwachsene Menschen werden leider immer wieder missbraucht. Dadurch haben sie ihre individuellen Überlebensstrategien entwickelt. »Sie haben ein Potenzial an Kraft, das ihnen hilft, mit ihrer Situation umzugehen. Ein schnelles Vorgehen bei Verdacht von sexueller Gewalt kann unter Umständen viel Schaden anrichten: Das Schutzgebäude, das sich die Betroffenen errichtet haben, darf nicht einfach zerstört werden. Die Inanspruchnahme von qualifizierter Hilfe ist eine Notwendigkeit. Eine Intervention braucht immer eine längere Vorbereitungszeit, während der man damit rechnen muss, dass die Gewalt weitergeht. Dies auszuhalten und trotzdem dran zubleiben, ist eine der schwierigsten Aufgaben für Begleitende. Als vorläufige Unterstützung soll Betroffenen Anteilnahme und Offenheit signalisiert werden.«[76] Sie sollen die Möglichkeit erhalten, sich zu äußern, wenn, wann und gegenüber wem sie das wünschen.«

- Wenn du das Gefühl oder einen Verdacht von sexueller Gewalt hast, nimm deine Gefühle ernst. Schau genau hin und dokumentiere deine Beobachtungen.
- Sprich nicht mit dem Kind und nicht mit dem möglichen Täter darüber. Stelle keine eindringlichen Fragen und provoziere keine Äußerungen.
- Sei für das Kind/den Teenager/den Jugendlichen da (ohne zu versuchen, etwas aufdecken zu wollen).
- Sprich mit der Vertrauensperson in deiner Gemeinde und überlegt dann gemeinsam, wie ihr an Unterstützung gelangen könnt (Beratungsstellen siehe Punkt 8). Überlege gemeinsam mit der Vertrauensperson, welche Mitarbeiter man evtl. nach ihren Beobachtungen fragen sollte.
- Sprich nur mit ausgewählten, vertrauten Mitarbeitern in deinem Team über deinen Verdacht. Was nehmen andere wahr? Überlege dabei sorgfältig, wem du deinen Verdacht mitteilst (siehe oben). Nicht jeder Mitarbeiter kann mit einem solchen Verdacht richtig umgehen, und es kann zu Reaktionen kommen, die keinem nützen.
- Sprich alle weiteren Schritte mit deiner Vertrauensperson und einer Fachkraft der Beratungsstelle ab.

4.2 … von sexueller Gewalt erfahre?

Wenn ein Kind von einer verletzenden Bemerkung oder einer scheinbar kleinen Grenzverletzung berichtet, nimm dies ernst und verharmlose es nicht durch Bemerkungen wie z.B. *»Ist doch nicht so schlimm«* oder *»Hat der andere bestimmt nicht so gemeint.«* »Nimm es ernst und höre zu, auch wenn dich persönlich eine solche Bemerkung nicht verletzt hätte. Kinder und Jugendliche, die sich jemandem anvertrauen, erzählen häufig zunächst nur einen kleinen Teil dessen, was ihnen geschehen ist.«[77] Wenn dein Gesprächspartner sich weiter öffnet und sich dir mitteilt:

- »Glaube dem Kind (Teenager/Jugendlichen), wenn es dir von sexuellen Übergriffen erzählt. Versichere ihm, dass es keine Schuld an dem Geschehen hat. Signalisiere, dass es über das Erlebte sprechen darf, aber dränge es nicht und frage es nicht aus. Versuche einfach nur zuzuhören und Anteilnahme zu zeigen.«[78] Bestätige und lobe das Kind, dass es so mutig war, darüber zu reden. Erfahrungen zeigen, dass die meisten Kinder viele Versuche unternehmen, sich Erwachsenen mitzuteilen, bis sie jemanden finden, der ihnen zuhört und glaubt.
- Informiere deinen Gesprächspartner darüber, dass du die Unterstützung einer Vertrauensperson und Beratungsstelle in Anspruch nehmen wirst.
- Mach keine Versprechen, die du nicht halten kannst (z.B.: »Alles wird gut! Niemand wird dir mehr etwas tun«, oder: »Ich werde nie jemandem davon erzählen.«)
- Besprich alle weiteren Schritte und Interventionen sowohl mit deiner Vertrauensperson, der Beratungsstelle und vor allem mit der betroffenen Person, die sich durch Folgemaßnahmen nicht ausgegrenzt oder bestraft fühlen darf. »Opfer sexueller Gewalt sind als handlungs- und entscheidungsfähige Personen ernst zu nehmen.«[79] Unternimm daher nichts ohne die Zustimmung des Kindes/Teenagers/Jugendlichen. (Bei sehr jungen Kindern sind jedoch eventuell auch ohne die Zustimmung des Kindes in Absprache mit einer Fachstelle konkrete Interventionen möglich.)
- Du oder die Vertrauensperson sollten vor konkreten Maßnahmen einen Ältesten/ein Mitglied der Gemeindeleitung informieren.
- Zügiger Handlungsbedarf kann bestehen, wenn körperliche Folgen einer Gewalttat behandelt oder für eine spätere Strafverfolgung ärztlich dokumentiert werden müssen.[80] Bitte besprich dies jedoch trotzdem erst mit deiner Vertrauensperson.

4.3 ... eventuell einen Täter/in im Mitarbeiterteam habe?

Wenn du den Verdacht hast, eine/n Täter/in im Mitarbeiterteam zu haben, dann schau nicht weg. Versuche, ruhig zu bleiben und die folgenden Schritte umsetzen:

- Auf keinen Fall den möglichen Täter über den Verdacht informieren.
- Dokumentiere deine Beobachtungen.
- Sprich mit der Vertrauensperson in deiner Gemeinde, und überlegt

gemeinsam, wie ihr an Unterstützung gelangen könnt. Überlege gemeinsam mit der Vertrauensperson, welche Mitarbeiter/innen man evtl. nach ihren Beobachtungen fragen sollte.

- Sprich nur mit ausgewählten, vertrauten Mitarbeitern in deinem Team über deinen Verdacht. Was nehmen andere wahr? Überlege dabei sorgfältig, wem du deinen Verdacht mitteilst (siehe oben). Nicht jeder Mitarbeiter kann mit einem solchen Verdacht richtig umgehen, und es kann zu Reaktionen kommen, die keinem nützen.
- Suche gemeinsam mit der Vertrauensperson das Gespräch mit einem Ältesten bzw. einem Mitglied der Gemeindeleitung eurer Gemeinde. Stimmt gemeinsam mit den Ältesten/der Gemeindeleitung das weitere Vorgehen ab. Lasst euch dabei auf jeden Fall von einer Fachstelle beraten.

Die ausführliche Fassung der Leitlinie (u. a. mit Praxisbeispielen, Hinweisen für Gemeindeleitungen und Älteste) kann bei der Christlichen Jugendpflege e.V., Hundesegen 2, 27432 Basdahl, info@christ-online.de bestellt werden.

7.3 Tipps zum sicheren Surfen und Chatten

Rainer und Katrin Baum

Der nachfolgende Artikel ist in der Jugendzeitschrift »komm!« erschienen. Er richtet sich in erster Instanz an Teenager und ist auch dazu gedacht, an Teens weitergegeben zu werden:

Die richtigen Vorbereitungen:

- Lege dir eine Emailadresse zu, die nicht zu viel über dich verrät. Bei Lisa95@gmx.de weiß sofort jeder dein Alter und dein Geschlecht.
- Suche dir bei der Anmeldung in Chats, ICQ oder ähnlichem nur Nicknamen, die ebenfalls nichts über dich verraten.
- Prüfe die Chats, bevor du richtig einsteigst. Wichtig ist zum Beispiel die allgemeine Stimmung. (Wird man beschimpft oder beleidigt?) Gibt es Moderatoren oder einen Hilfebutton?

»Normale« Vorsicht beim Chatten und Surfen

- Sei sparsam mit persönlichen Daten (Name, Anschrift, Geburtsdatum), die du im Internet eingibst, und gib sie nicht an Fremde in Chatrooms weiter. Gib auch keine (E-Mail-)Adressen von guten Freunden/innen weiter.
- Sei misstrauisch! Genau wie im echten Leben gibt es auch im Internet Menschen mit üblen Absichten. Im Internet und in Chatrooms können sie sich nur noch besser tarnen. Und hinter dem Nicknamen »Marie14" kann sich leicht ein dreißigjähriger Mann verbergen.
- Lass dir keine Bilder von Fremden schicken – sie sind häufig pornografisch.
- Mit Fremden nicht gleich flüstern oder ICQ-Adresse weitergeben.

Alarm(-bereitschaft) bei ...

- der Frage, ob du allein bist oder ob du deine Handynummer rausgibst.
- Fragen nach deinem Körper oder deiner Unterwäsche.
- sehr persönlichen oder intimen Fragen oder Erzählungen.

- dem Versuch, dich im echten Leben zu treffen.
- oder einfach auch nur dann, wenn es dir unangenehm wird und du ein komisches Gefühl bekommst.

Wenn eines der oben genannten Dinge eintritt ...

- beende die Unterhaltung und informiere den Moderator.
- oder du dich bedrängt oder belästigt fühlst, informiere deine Eltern. Am besten sicherst du den Text (speichern oder durch drücken von Alt+ Druck eine Kopie der Bildschirmseite erstellen und in Word einfügen). Notiere dir auch den Nicknamen und alle weiteren Daten, die du von der Person hast, die dich bedrängt hat. Gib diese Daten deinen Eltern, damit sie Anzeige erstatten können.

Vielleicht denkst du jetzt, das ist ein bisschen dick aufgetragen – so mit Anzeige und Polizei. Kann sein, dass du dir die Mühe auch gar nicht machen willst. Vielleicht schrecken auch deine Eltern vor einer Anzeige zurück. Zwei Dinge solltest du dir deshalb bewusst machen:

- Die Polizei nimmt deine Anzeige ernst. Sexuelle Belästigung ist strafbar. Insbesondere, wenn gegen eine Person mehrere Anzeigen vorliegen, können die Polizei und die Staatsanwaltschaft ermitteln.
- Mit deiner Anzeige hilfst du eventuellen weiteren Opfern. Auch wenn du dir vielleicht sagst, dass es noch nicht so schlimm war und dass es zum Beispiel ja gar nicht zu dem verabredeten Treffen gekommen ist, kannst du einen anderen Teenager vor ähnlichen Erfahrungen (die vielleicht nicht mehr gut ausgehen) schützen, wenn du Anzeige erstattest.

7.4 Ungeplant schwanger – und jetzt?

Dorothee Erlbruch

Eine wahre Geschichte:
Annika ist ein Baby, das eigentlich gar nicht leben sollte, denn ihre Eltern hatten sie nicht geplant. Als sie erfuhren, dass sie ein Kind erwarten, stand sofort der Gedanke an eine Abtreibung im Raum – denn Annikas Mutter Tamara war 15, als sie schwanger wurde, ihr Vater Jan 18. Die beiden waren übrigens nicht allzu schockiert, als sie von der Schwangerschaft erfuhren.

Sie überlegten gemeinsam, was sie jetzt tun könnten und planten zunächst, eine Abtreibung durchführen zu lassen. Doch dann kam alles ganz anders. Tamara wandte sich an die Schwangerschaftskonfliktberatungsstelle Aus-WEG?!, denn sie war schon einmal mit ihrer Konfirmandengruppe dort gewesen. Deshalb fielen wir ihr als erste Ansprechpartner ein. Wir führten mehrere Beratungsgespräche. Zunächst ging es allerdings vorrangig um das Thema Abtreibung und die Beantwortung aller Fragen in diesem Zusammenhang. Erst dann war sie offen, auch einmal über die andere Möglichkeit nachzudenken: Wie denn ein Leben mit ihrem Kind aussehen könnte.

Um es gleich ganz deutlich zu sagen: Uns geht es immer um eine gemeinsame Zukunft für das Kind und seine Mutter bzw. die Eltern. Wir sind der Ansicht, dass die bestehenden Probleme zu beseitigen sind und nicht das Kind! Denn wir sind Christen und wissen, dass jedes Kind von Gott geliebt ist und dass es bei einer Abtreibung sterben würde. Das heißt, wir beraten »zum Leben«, wie es das Schwangerschaftskonfliktgesetz ja auch vorschreibt. Doch eine Frau entscheidet immer selbst darüber, ob ihr Baby weiterleben darf oder nicht.

Bei Tamara und Jan kristallisierte sich allmählich eine realistische Zukunftsperspektive für ein gemeinsames Leben mit ihrem Kind ab. Es ging unter anderem um die Frage, wo sie wohnen könnten und wie sie ihr gemeinsames Leben finanzieren könnten, wer sich um Annika kümmert, während Tamara weiter zur Schule geht und Jan sein freiwilliges soziales Jahr absolviert. Es gab sehr viel zu regeln und zu organisieren. Viele ermutigende Stimmen von Menschen, die den beiden auch ganz praktisch halfen und sie unterstützten, waren nötig. Immer wieder stand die Frage im Raum, ob sie es wirklich schaffen könnten. Doch inzwischen sind sie dankbar, dass sie sich für ihre Tochter entschieden haben, auch wenn es eine große Herausforderung bleibt.

So wie Tamara und Jan zuerst dachten, denken viele Jugendliche, wenn

sie in eine solche Lage kommen – auch christliche Jugendliche. Tamara geht selbst in den Jugendkreis ihrer Gemeinde und ist Christin. Dennoch dachte sie ernsthaft über die Möglichkeit der Abtreibung nach.
Diese Geschichte ist wahr, und sie weist auf etwas hin, das wir immer wieder beobachten: In unserer Gesellschaft hat sich ein gewaltiger Bewusstseinswandel vollzogen. Vielen Menschen ist nicht bewusst, dass ein Schwangerschaftsabbruch grundsätzlich verboten ist, »nur« in Ausnahmefällen durchgeführt werden kann, jedoch nicht bestraft wird. »Rechtswidrig, aber straffrei« heißt es im Paragraph 218ff des Strafgesetzbuches. Viele Menschen sind inzwischen der Ansicht, es gebe ein Recht auf einen Schwangerschaftsabbruch.

Sexuelle Beziehungen und ihre Folgen

»Ich hatte gedacht, du würdest ein Kondom nehmen«, so die Aussage einer anderen schwangeren jungen Frau, die gemeinsam mit ihrem Freund zur Beratung kam. Die beiden waren eine sexuelle Beziehung eingegangen, ohne vorher ausführlich über Verhütung zu sprechen und sich darüber gut zu informieren.

»Ich habe regelmäßig die Pille genommen, ich verstehe überhaupt nicht, wieso das passieren konnte«, so eine andere Frau.

Klar ist, dass richtig angewendete Verhütungsmittel zwar in den allermeisten Fällen eine Schwangerschaft verhindern, jedoch nicht in allen. Theoretisch besteht immer die Möglichkeit, ein Kind zu bekommen, wenn ein Paar miteinander schläft. Das kann nicht deutlich genug betont werden.

Sex und die Bibel

Die guten Ordnungen und Vorschläge der Bibel – nämlich erst zu heiraten und dann miteinander zu schlafen – haben in vielfacher Hinsicht heute wie damals ihre Berechtigung. Man kann sich zwar nie alle emotionalen Verletzungen und Enttäuschungen ersparen, doch man kann sich dafür entscheiden, die eigene Partnerschaft gemäß biblischen Maßstäben zu gestalten. Dadurch hat man immer Vorteile! Das Ganze ist im Grunde genommen eine Vertrauensfrage. Vertraust du darauf, dass Gottes Ideen für Liebe, Beziehung und Ehe auch für deine Freundschaft das Beste sind? Ein lebenslanges Bündnis, vor Gott, der Gemeinde und der Öffentlichkeit eingegangen, ist die ideale Rahmenbedingung für die Aufnahme einer sexuellen Beziehung.

Zahlen und Fakten

»Es hat sich irgendwie so ergeben; zum Glück bin ich nicht schwanger geworden ...«

Es hätte auch anders ausgehen können. Nach der aktuellen Studie der Bundeszentrale für gesundheitliche Aufklärung (BzgA) hat etwa jeder dritte Jugendliche im Alter zwischen 14 und 17 Jahren bereits Erfahrungen mit Geschlechtsverkehr. Leider beschäftigen sich viele erst nach dem ersten Mal konkret mit dem Thema »Empfängnisregelung«. Viele christliche Jugendliche, die mit dem Sex warten wollen, blenden dieses Thema für sich ganz aus. Nach wie vor gibt es Teenagerschwangerschaften und Schwangerschaftsabbrüche bei Minderjährigen. Etwa jeder zweite ungeplant schwangere Teenager entscheidet sich gegen das Kind! Im Jahr 2008 wurden dem Statistischen Bundesamt 114.484 Abtreibungen gemeldet. Das sind 314 pro Tag! Bei den unter 15-Jährigen entschieden sich 2008 nach Angaben des Statistischen Bundesamtes 475 Mädchen für eine Abtreibung. In der Altersgruppe der 15- bis 18-Jährigen waren es 4872.

Das bedeutet, dass wir davon ausgehen müssen, dass möglicherweise auch in der Jugendarbeit der eigenen Gemeinde Betroffene sind! Vielen Eltern und Mitarbeitenden in der christlichen Jugendarbeit ist gar nicht bewusst, wie scheinbar problemlos sich viele von den Werten und Einstellungen ihrer Elternhäuser und Gemeinden abgrenzen. Deshalb ist es so wichtig, über diese Themen innerhalb der Gemeinden zu sprechen.

Wirklich schwanger?

Wenn ein Mädchen vermutet, schwanger zu sein, ist es wichtig, das erst einmal abzuklären. Das bedeutet als Erstes, in der Drogerie oder Apotheke einen Schwangerschaftstest zu kaufen. Es gibt ihn ab etwa 8,- €. Teurere Tests liefern kein sichereres Ergebnis als preiswerte. Der Test prüft den Urin und gibt Auskunft darüber, ob sich Schwangerschaftshormone im Körper befinden. Der Nachweis funktioniert aber erst ab dem Zeitpunkt der Einnistung des befruchteten Eis in der Gebärmutter – d.h. ca. zwei bis drei Wochen nach dem Geschlechtsverkehr. Wenn der Test zu früh durchgeführt wird, kann es sein, dass die Menge des Schwangerschaftshormons unter der Nachweisgrenze liegt.

Schwanger – und jetzt?

Diese Nachricht versetzt die meisten Betroffenen erst einmal in Panik. Das darf doch wohl nicht wahr sein ... Wie kann es denn jetzt weitergehen mit der Schule, der Ausbildung, mit meinem Leben ...? Was wird aus meinen Plänen? Was wird mein Freund dazu sagen, was meine Eltern ... Mit wem kann ich überhaupt darüber reden? Ganz viele – auch widersprüchliche - Gedanken und Gefühle können Mädchen und Frauen durch den Kopf gehen. Manche verdrängen sogar die Schwangerschaft. Auch damit kann gerechnet werden. Es ist sehr wichtig, dass sich Mitarbeitende der christlichen Jugendarbeit mit dieser Thematik beschäftigt haben, damit sie unterstützend, Mut machend und wirklich hilfreich reagieren können. Deine innere Einstellung zu diesem Thema und deine Haltung können einen entscheidend wichtigen Beitrag für das Weiterleben des Kindes leisten! In der Beratungsstelle erleben wir es immer wieder, dass in einer solchen Situation nahezu das gesamte Umfeld eine »schnelle, saubere Lösung« vorschlägt, die gar keine ist: die Abtreibung. Immer wieder erleben wir auch, dass die Partner oder die Eltern ein Mädchen unter Druck setzen, abtreiben zu lassen. Das Kind nicht zu bekommen, wird oft als kleineres Übel hingestellt. Man sei zwar manchmal eine zeitlang traurig, doch erstens könne man ja bei einer Schwangerschaft beispielsweise in der sechsten oder achten Woche noch nicht von einem Kind sprechen, und zweitens würden voraussichtlich die Probleme mit dem geborenen Kind viel schwerer wiegen.

Die Wahrheit sieht ganz anders aus: Abtreibung bedeutet, dass ein Kind stirbt, denn ein Mensch entwickelt sich nicht z u m Menschen, sondern a l s Mensch (Prof. Dr. Erich Blechschmidt). Das entspricht auch dem christlichen Standpunkt: Bei der Verschmelzung von Ei- und Samenzelle entsteht ein unverwechselbarer von Gott geliebter und bejahter Mensch!

Der Verlust des eigenen Kindes durch Abtreibung hat oft Folgen, die erst viel später zutage treten, denn viele betroffene Mütter und Väter schaffen es, ihren Schmerz und ihre Trauer über den Verlust ihres Kindes lange zu verdrängen.

Marens Freund rief in der Beratungsstelle an, weil er befürchtete, dass nach dem Tod ihres Kindes durch Abtreibung auch die Beziehung zu seiner Freundin sterben könnte. »Sie weint ständig, hat total abgenommen, und ich komme einfach nicht mehr an sie heran. Ich weiß nicht, wie ich sie trösten soll. Ich will doch nicht auch noch sie verlieren.« Die beiden hatten ausführlich über das Für- und Wider eines Schwangerschaftsabbruchs gesprochen und sich dann gemeinsam dafür entschieden. Doch mit der Wucht der Trauer und des Verlustschmerzes hatten sie nicht gerechnet. Sie haben es im Zuge der therapeutischen Beratung geschafft, zusammenzubleiben und die Abtreibung aufzuarbeiten.

Vielen anderen gelingt das nicht. Sie bleiben in ihrer Trauer allein, von der kaum jemand weiß, mit ihrer Schuld, sie entwickeln psychosomatische Symptome oder trennen sich.

Hintergrundinformationen

1. Frauenärztinnen und -ärzte betonen immer wieder, dass Jugendliche der Ansicht sind, gut über Empfängnisregelung informiert zu sein, und überwiegend angeben, entsprechende Mittel auch anzuwenden. Bei konkretem Nachfragen wird aber oft deutlich, dass sie die Wirkungsweise der einzelnen Methoden nur teilweise oder nicht richtig verstanden haben. Um zu verstehen, wie Verhütungsmethoden funktionieren und Verhütungsmittel wirken, muss man genau über die fruchtbarkeitsrelevanten Vorgänge im weiblichen bzw. männlichen Körper Bescheid wissen. Das ist Grundvoraussetzung, um sie sinnvoll anwenden zu können. Generell lässt sich beobachten, dass das Verhütungsverhalten umso unsicherer ist, je jünger Jugendliche sind.
2. Es gibt einen Zusammenhang zwischen Schulbildung und ungewollter Schwangerschaft. Hauptschülerinnen sind erheblich häufiger betroffen als Gymnasiastinnen.
3. Eine ungewollte Schwangerschaft hat sehr häufig eine Funktion. Das heißt, man möchte unbewusst etwas damit bewirken. Vielleicht möchte ein Mädchen den Freund an sich binden, vielleicht weicht es einer Entwicklungsaufgabe aus, vielleicht sucht es Liebe und Geborgenheit. Mädchen, die zu Hause wenig innere und äußere Geborgenheit erleben, versuchen dies unter Umständen durch ein eigenes Kind zu kompensieren. Das Baby steht für die Hoffnung, die eigene Sehnsucht nach Nähe und einer tiefen Beziehung vielleicht zum ersten Mal wirklich beantwortet zu bekommen. Dann forciert die Tatsache einer Schwangerschaft die Ablösung vom Elternhaus. Schließlich verhilft ein Baby zu einer neuen Identität: Man ist Mutter. Das schafft – in allen Unsicherheiten – auch Sicherheiten.

Abtreibung und die Rechtslage:

Zur Geschichte:
Über hundert Jahre lang, von 1871-1974 besagte der § 218 StGB: »Jede Abtreibung ist verboten und deshalb strafbar.« Illegale Abtreibung gab es allerdings schon immer. 1974 begann die parlamentarische Diskussion über eine Reform des § 218. Im Jahr 1976 wurde er wie folgt geändert: *Bei medizinischer, eugenischer (bis zur 22. Woche), kriminologischer oder sozialer Indikation bleibt ein Schwangerschaftsabbruch straflos.*

1995 entstand der § 218 StGB in der heutigen Form. In Deutschland ist ein Schwangerschaftsabbruch zwar grundsätzlich rechtswidrig, er wird jedoch unter folgenden Voraussetzungen nicht bestraft:

- Das Mädchen/die Frau verlangt den Schwangerschaftsabbruch und weist der Ärztin/dem Arzt durch eine Beratungsbescheinigung nach, dass sie sich mindestens drei Tage vor der Abtreibung durch eine Schwangerschaftskonfliktberatungsstelle hat beraten lassen, die einen solchen Beratungsschein ausstellt.
- Der Eingriff wird von einer Ärztin/einem Arzt vorgenommen. (Die überwiegende Mehrheit der Ärztinnen und Ärzte führt aus ethischen Gründen allerdings keine Abbrüche durch!)
- Seit der Empfängnis dürfen nicht mehr als zwölf Wochen vergangen sein.

Der Schwangerschaftsabbruch ist nicht rechtswidrig, wenn eine sogenannte medizinische Indikation vorliegt (Gefahr einer seelischen oder körperlichen Beeinträchtigung der Mutter). In diesem Fall darf bis unmittelbar vor der Geburt abgetrieben werden (Spätabtreibungen).

Der Schwangerschaftsabbruch ist nicht rechtswidrig, wenn die Schwangerschaft aufgrund eines Sexualdeliktes besteht (sogenannte kriminologische Indikation). Innerhalb der ersten zwölf Wochen darf in diesem Fall – ohne vorherige Beratung – abgetrieben werden.

Die Schwangere selbst bleibt bis zur 22. Woche straflos, wenn sie sich vor dem Abbruch einer Beratung unterzogen hat und der Abbruch von einem Arzt vorgenommen wurde, auch wenn weder eine medizinische noch kriminologische Indikation vorliegen. Der Arzt und andere Beteiligte machen sich jedoch strafbar.

Einige Daten zum Thema Abtreibung:

In Deutschland wurden im Jahr 2008 laut Statistischem Bundesamt 114.486 Schwangerschaftsabbrüche durchgeführt. Das entspricht etwa 314 Schwangerschaftsabbrüchen pro Tag. Die Dunkelziffer dürfte deutlich höher liegen.

Gründe für Abtreibungen im Jahr 2008:

Vergewaltigung:	0,02%
Medizinische Indikation:	2,5%
Beratungsschein (d.h. keine Indikation)	97,4%

Die oft zitierte Rechtfertigung, Überlebende sexueller Gewalt müssten doch das Recht auf Abtreibung haben, erweist sich als extrem seltener Sonderfall.

Zur Entwicklung des Babys in den ersten Wochen:

2. Woche:	Die ersten Adern entstehen.
3. Woche:	Das Herz beginnt zu schlagen.
4. Woche:	Alle Organe sind schon angelegt.
6. Woche:	Die Finger und Zehen wachsen.
7. Woche:	Die Gehirnströme lassen sich messen.
8. Woche:	Alle Organe sind ausgebildet.
9. Woche:	Die Hände können geschlossen werden.
10. Woche:	Haare und Augenbrauen wachsen.
11. Woche:	Es kann am Daumen lutschen.
12. Woche:	Es kann Schmerzen empfinden.
14. Woche:	Es kann Purzelbäume schlagen.

Mögliche Folgen eines Schwangerschaftsabbruchs

Abtreibungen werden in unserer Gesellschaft immer selbstverständlicher hingenommen. Frauen im Schwangerschaftskonflikt erleben ein Klima, in dem eine Abtreibung als nahezu gleichwertige Alternative zum Austragen des Kindes gewichtet wird. Entsprechend werden die Folgen einer Abtreibung für die Frau, ihren Partner und weitere Kinder kaum wahrgenommen. Allenfalls in den ersten Tagen nach einer Abtreibung wird der Frau zugestanden, etwas mitgenommen zu sein. Frauen, die unter den Folgen ihrer Abtreibung leiden, bleiben mit ihren Schwierigkeiten oft allein. Selbst wenn sie wegen körperlicher (psychosomatischer) Beschwerden ihren Hausarzt aufsuchen, wird meist kein Zusammenhang zwischen den Symptomen und einer vorangegangenen Abtreibung hergestellt.

Zusammenfassend kann gesagt werden, dass insbesondere die psychischen Folgen einer Abtreibung in unserer Gesellschaft ein Tabu-Thema darstellen.

Die möglichen körperlichen und psychischen Folgen einer Abtreibung sind im Folgenden dargestellt

Körperliche Folgen:

A) Komplikationen während der Abtreibung (primäre Frühkomplikationen)
Während der Abtreibung und in den ersten 24 Stunden danach können folgende Komplikationen auftreten:
- Zwischenfälle bei der Narkose (allergische Reaktionen, Herz- bzw. Kreislaufstörungen, Störungen der Atem- und Leberfunktion)
- Verletzungen der Gebärmutter durch die Instrumente (Risse in der Gebärmutterhalswand, zervikale Halteinsuffizienz, Durchstoßung der Uteruswand)
- Blutungen (Verletzung der Arterie)
- Entfernung der Gebärmutter als Notoperation bei starken Komplikationen
- Die primären Frühkomplikationen treten bei etwa 2 bis 4% der Frauen auf.

B) Komplikationen nach der Abtreibung (sekundäre Frühkomplikationen)
In den Tagen und Wochen nach der Abtreibung können folgende Komplikationen auftreten:
- starke Blutungen
- Infektionen und Entzündungen der Gebärmutterschleimhaut, der Uteruswand, der Eileiter, des Bauchfells bis hin zur Blutvergiftung
- Beinvenenthrombosen, Lungenembolien
- Die Häufigkeit der sekundären Frühkomplikationen liegt über der der primären Frühkomplikationen und wird auf 6 bis 8% geschätzt.

C) Medizinische Spätfolgen einer Abtreibung
Die medizinischen Spätfolgen einer Abtreibung werden vorwiegend im Zusammenhang mit weiteren Schwangerschaften erkennbar:

- vermehrte Komplikationen bei weiteren Schwangerschaften (Bauchhöhlen- und Eileiterschwangerschaften, Früh- und Fehlgeburten, Blutungen während der Schwangerschaften)
- chronische Entzündung der Eileiter und der Gebärmutter
- bleibende Unfruchtbarkeit (durch Verkleben der Eileiter und einen dadurch bedingten Eileiterverschluss)
- Störungen der Menstruationsblutungen (durch Narbenbildung in der Gebärmutter)

Psychische Folgen:

- Die folgenden psychischen und psychosomatischen Symptome können sich in Folge einer Abtreibung entwickeln:Übererregbarkeit (Angstzustände, Schlafstörungen, Konzentrationsschwierigkeiten, ...)
- Überwältigung von Erinnerungen an die als traumatisch erlebte Abtreibung
- Einengung der Person auf Verhaltensweisen und Gefühle, die Belastungen verhindern (teils unbewusster Rückzug aus früher geliebten Lebensbereichen, Umorientierung des eigenen Lebens bis hin zu Autoaggression)
- Depressionen (z.B. unmotiviertes Weinen, emotionale Gleichgültigkeit, vermindertes Selbstwertgefühl, Antriebsminderung, Reue und Schuldgefühle bis hin zu Suizidalität)
- Störungen des Essverhaltens
- Medikamenten-, Alkohol- und Drogenmissbrauch und -abhängigkeit
- psychosomatische Sexualstörungen
- psychosomatische Magen- und Darmstörungen
- Menstruationsbeschwerden
- Kopfschmerzen
- Herzrhythmusstörungen

In der Regel liegen nicht alle diese Symptome gleichzeitig vor; die betroffenen Frauen reagieren individuell auf die Abtreibung.

Tipps für Mitarbeitende der christlichen Jugendarbeit

Mitarbeiterinnen und Mitarbeiter der christlichen Jugendarbeit sind Menschen, die ihr Leben Jesus anvertraut haben und eine gute Beziehung zu den Jugendlichen haben. Ihr Herzensanliegen ist es, dass Teenager Christen werden. Sie sind nicht die Eltern, und ihnen vertrauen sich Jugendliche oft zuerst an. Das ist eine große Chance, um in der Situation der ungeplanten Schwangerschaft wirklich helfen zu können. Wichtig: Es kommt auf dich an, doch es hängt nicht alles von dir ab.

Zunächst ist es wichtig, dieses Thema aus der Tabuzone herauszuholen. Beratende wissen, dass sich hauptsächlich diejenigen für eine Abtreibung entscheiden, die keine konkreten praktischen Hilfen bekommen, denen niemand Mut macht, dass sie es schaffen können, und mit denen sich niemand über ihr Kind freut.

Informiere dich so gut wie möglich über die Angebote der unterschiedlichen Beratungsstellen in deiner Stadt oder Region.

Sage dem Mädchen, dass es gut ist, dass es sich dir anvertraut hat und dass es jetzt nicht mehr allein ist. Schlag dem Mädchen und seinem Freund vor, gemeinsam mit den Eltern zu sprechen und/oder zur Beratungsstelle zu gehen. Es kann sein, dass sich ein Mädchen mit einer Schwangerschaft zuerst an dich wendet. Dann muss es spüren: Du stehst auf seiner Seite und auf der Seite seines Kindes, und es ist gut und richtig, dass das Kind weiterleben darf. Eine Abtreibung kann ein schweres Trauma auslösen. Es geht darum, Probleme zu lösen, und nicht darum, ein Kind zu beseitigen. Gleichzeitig muss das Mädchen wissen: »Wie du dich entscheidest – ob für oder gegen dein Kind: Ich verurteile dich nicht!« Niemals darf jemand unter Druck gesetzt oder manipuliert werden. Traut euch später auch, das Thema »Empfängnisregelung« sehr konkret anzusprechen und nachzufragen, ob es mit der Frauenärztin oder mit dem -arzt darüber gesprochen hat. Sonst wird das Mädchen vielleicht bald wieder schwanger. Es sollte die Möglichkeit haben, über beides zu sprechen: über einen Schwangerschaftsabbruch (auch wenn ich diesen Weg nicht befürworte, da Tötenlassen keine Lösung ist) und die eventuellen psychischen Folgen; und über Perspektiven für ein Leben mit dem Kind.

Es ist wichtig, das Mädchen darin zu unterstützen, die eigenen Pläne und Ziele nicht aus den Augen zu verlieren. Es braucht z.B. die Zusicherung, dass es die Schule beenden und Mutter sein kann. In einer Beratungsstelle, die professionell arbeitet, ist Raum für diese Themen, und es gibt dort hilfreiche Informationen. Die Beratung muss laut Gesetz zum Wohl des Kindes sein und die Mutter zu einer eigenverantwortlichen Entscheidung ermutigen. In einer Beratungsstelle werden alle Hilfen im Zusammenhang mit der Fortsetzung der Schwangerschaft aufgezeigt. Man kann dort einen Antrag auf eine einmalige finanzielle Hilfe stellen (Bundesstiftungsgelder). Für Mädchen, die nicht in der eigenen Familie bleiben können, gibt es andere Möglichkeiten der Unterbringung: z. B. in

Mutter-Kind-Häusern oder in Wohngruppen mit sozialpädagogischer Begleitung und gleichzeitiger Möglichkeit, einen Schulabschluss zu machen bzw. einen bestimmten Ausbildungsgang zu absolvieren.

Junge Mütter und Väter brauchen es, dass wir ihnen positiv und wertschätzend begegnen und ihnen praktisch helfen. Sie müssen erfahren, dass man sich um sie kümmert. Der ideale Ort dafür ist die christliche Gemeinde.

Die Gemeinde – d.h. die Jugendarbeit einer Gemeinde ist auch der optimale Ort, um weitere wichtige Themen ins Gespräch zu bringen: Wie gestalte ich eine Freundschaft? Was ist Liebe? Wie entwickelt sich ein Kind vor der Geburt?

Wer kann mir helfen?

Klar ist, dass Mitarbeitende in einer solchen Situation ebenfalls Hilfe, Beratung und Unterstützung brauchen. Das Gleichnis vom barmherzigen Samariter zeigt, wie man punktuell und effektiv helfen kann, ohne selbst überfordert zu werden. Die Geschichte spricht auch von Delegation.

Wenn eine Jugendliche erzählt, dass sie schwanger ist oder glaubt, schwanger zu sein, braucht sie zeitnah – am besten noch am gleichen Tag ein Gespräch. Es ist wichtig, das Mädchen in den Arm zu nehmen, zuzuhören und ihm zu signalisieren, dass es mit eurer Loyalität und Hilfe rechnen kann. Bete für das Mädchen. Auch wenn du selbst viele Informationen noch nicht hast – diese Haltung und deine Reaktion können schon Entscheidendes bewirken. Sinnvoll ist, sich direkt mit einer Beratungsstelle in Verbindung zu setzen und – anonym und kostenfrei – Informationen einzuholen und sich selbst beraten lassen, wie nun weiter vorgegangen werden kann. Du kannst dich z. B. an die Beratungsstelle Aus-WEG?! wenden. Die Mitarbeiterinnen und Mitarbeiter der Beratungsstelle sind Christen und haben viel Erfahrung mit christlicher Jugendarbeit.

Buchtipps

Dieter und Gisela Koch (Hrsg.), *Abtreibung – bestimmen wir, wer leben darf?*, Christliche Verlagsgesellschaft, ISBN 978-3-89436-374-1.

Susan M. Stanford: *Werde ich morgen weinen? – Heilwerden nach einer Abtreibung*, Francke, ISBN: 3-86122-746-0.

Dr. med. Detlev Katzwinkel (Hrsg.): *Das Kind, das ich nie geboren habe – was nach einer Abtreibung geschehen kann*, Brockhaus, ISBN: 978-3-417-26212-4.

Film

Anders als geplant

Eine katholische Filminitiative drehte im Jahr 2006 mit Laienschauspielern einen 28-minütigen Film zur ungewollten Schwangerschaft einer 17-Jährigen. »Ein mutiger und tabuloser Film der Kirche, ganz ohne moralischen Zeigefinger«, urteilte der SWR.

Informationen unter: *www.andersalsgeplant.de*

Dorothee Erlbruch ist Diplom-Sozialarbeiterin und leitet die Beratungsstelle Aus-WEG?! in Pforzheim
www.ausweg-pforzheim.de
info@ausweg-pforzheim.de

Beratungsstelle »Aus-WEG?!«
Berliner Str. 12
75172 Pforzheim
Tel.: 07231 – 42 46 000

7.5 Selbstbefriedigung – Sex ohne Du!

Rainer Baum

Das Thema Selbstbefriedigung betrifft fast alle Männer und viele Frauen in christlichen Jugendgruppen und Gemeinden. Um die Bedeutung des Themas für die Jugendarbeit aufzuzeigen, schauen wir einmal in einen durchschnittlichen Jugendkreis, in dem 10 Jungen im Alter zwischen 12 und 18 Jahren mit dabei sind. Von ihnen befriedigen sich:

- 23% täglich
- 35% wöchentlich
- 7% ca. 14-täglich
- 10% monatlich oder seltener
- 11% nicht mehr
- 9% haben sich noch nie selbst befriedigt

Im Bereich »Biblische Grundlagen« haben wir festgestellt, dass die Bibel sich nicht zum Thema Selbstbefriedigung äußert. Es wäre jedoch verkürzt, Teenagern und Jugendlichen lediglich zu sagen: »Mach halt, denn dazu steht nichts in der Bibel.« Stattdessen verlangt das Thema Selbstbefriedigung einen differenzierten Umgang, der weder bagatellisiert noch den Stempel »Sünde« aufdrückt.

Wir wollen daher einige Fragen stellen, die sich jeder (männliche) Mitarbeiter, Teenager und Jugendliche stellen sollte:

Sündige ich in Gedanken?

Jesus sagt in Matthäus 5,28, dass jeder, der eine Frau mit begehrlichem Blick anschaut, in seinem Herzen die Ehe mit ihr gebrochen hat. Dies gilt auch dann, wenn die Frau in diesem Augenblick vielleicht gar nicht (mehr) anwesend ist. In unserer Umfrage haben 70% der Jungen und Männer (die Selbstbefriedigung praktizieren) angegeben, bei der Selbstbefriedigung an eine andere Person zu denken. 56% aller sich befriedigenden Männer benutzen dabei oft oder manchmal Bilder oder Filme, um sich in Stimmung zu bringen.

Nehme ich meinem Partner etwas weg?

Diese Frage ist nicht nur für Verheiratete relevant, sondern auch schon für Singles. Um das zu verdeutlichen, bietet es sich an, zwischen Liebes-Sexualität und Ego-Sexualität zu unterscheiden. Bei der Liebes-Sexualität steht der andere – das Du – im Mittelpunkt. Bei der Ego-Sexualität geht es dagegen nur um die eigene Lust und Befriedigung. Von der Bibel her ist Sex immer auf ein Du ausgerichtet und in eine Beziehung eingebettet. Bei der Selbstbefriedigung geschieht Sex jedoch losgelöst von einem Du und nicht integriert in eine Beziehung. Im Mittelpunkt steht der bloße Akt der SELBST-Befriedigung. Manche Leute denken, man könne bis einen Tag vor der Hochzeit seine Ego-Sexualität ausleben und danach den Hebel vom »Ich« aufs »Du« umlegen. Aber das funktioniert nicht. Stattdessen muss man in eine Beziehungsfähigkeit hineinwachsen und persönlich reifen. Diesem Wachstums- und Reifeprozess wirkt anhaltende und regelmäßige Selbstbefriedigung entgegen. Denn die Selbstbefriedigung legt den Fokus alleine auf das eigene Gefühl, auf die selbst empfundene Lust. Die intime Sexualität wird zu etwas, worüber man allein jederzeit verfügen kann. In einer Ehe bestimmen aber beide Partner gemeinsam, wann und wie oft sie miteinander schlafen wollen. Zusätzlich gibt es biologische Einschränkungen, an die Mann und Frau sich halten müssen. Schon vor der Ehe Verzicht zu üben, ist der Weg zu einer erfüllten, reifen Beziehung und Sexualität. Wer das nicht gelernt hat, wird während der Ehe immer noch ein Problem mit Selbstbefriedigung haben. Hier wäre dann die Frage zu stellen, ob Selbstbefriedigung in der Ehe dazu führt, dass man sich dem Partner entzieht. Denn durch die Selbstbefriedigung braucht Man(n) den anderen scheinbar nicht mehr. Im 1. Korintherbrief gibt Paulus eine Anweisung an alle Ehepaare. Er schreibt: *»Die Frau verfügt nicht über ihren Körper, sondern der Mann, ebenso aber verfügt auch der Mann nicht über seinen Körper, sondern die Frau. Verweigert euch einander nicht ...«* (1Kor 7,4-5a; NeÜ). Wenn Selbstbefriedigung innerhalb einer Ehe weiterpraktiziert wird, besteht die Gefahr, dass man seinem Partner etwas wegnimmt und die eheliche Beziehung darunter leidet. Zusätzlich haben wir gesehen, dass bei der Selbstbefriedigung häufig ein Kopfkino hinzukommt. In dem Augenblick, wo die Fantasien dabei um jemand anderen als den eigenen Partner kreisen, wird es auch bei Verheirateten zum Ehebruch in Gedanken. Was geschieht in einer solchen Beziehung, wenn während der Ehe aus medizinischen oder sonst irgendwelchen Gründen für eine längere Zeit kein Geschlechtsverkehr möglich ist? Der beste Schutz, dass diese Gedanken niemals zur Tat werden, ist, schon vor einer Beziehung bewusst Verzicht zu üben – aus Liebe zu dem Partner, den man einmal heiraten wird.

Wird es Gewohnheit – Abhängigkeit – Sucht?

In 1. Korinther 6,12 schreibt Paulus: »*'Alles ist mir erlaubt!' Aber es darf nicht dahin kommen, dass ich mich von irgendetwas beherrschen lasse.*» Wenn Selbstbefriedigung zur Gewohnheit wird, ist der Schritt zur Abhängigkeit häufig nur ein kleiner.

Versuche ich, mich mit der Selbstbefriedung von etwas anderem abzulenken oder zu fliehen?

Selbstbefriedigung kann eine Flucht aus der Realität darstellen. Dies betrifft nicht nur Menschen mit Minderwertigkeitsgefühlen, die sich auf diese Weise einen schnellen Moment des Glücks und der Lust verschaffen. Bei etlichen Männern ist es auch ein Mittel, um Stress abzubauen, indem man für einen Augenblick die Realität hinter sich lässt und sich seiner Fantasie und der empfundenen Lust hingibt. Doch Sex ist niemals Problemlöser. Man kann in einer Beziehung keinen Streit schlichten, indem man miteinander ins Bett steigt. In der seelsorgerlichen Begleitung von Betroffenen ist es deshalb wichtig, nicht nur auf eine Reinheit der Gedanken und eine Reifung zur Liebes-Sexualität hinzuweisen, sondern weitergehende Hilfe anzubieten. Echte Hilfe packt das Problem (hier die Minderwertigkeitsgefühle und Realitätsflucht) und nicht nur das Symptom (hier die Selbstbefriedigung) an.

Mit Selbstbefriedigung aufhören

Um mit Selbstbefriedigung aufhören zu können, solltest du ...

- *... die Wurzel erkennen*
  Wenn der Grund für die Selbstbefriedigung Realitätsflucht ist, dann hilft es in erster Instanz nicht weiter, wenn man sich mit der Selbstbefriedigung beschäftigt. Zuerst muss man beginnen, das eigentliche Problem anzupacken, sonst entwickelt sich ein Kampf gegen Windmühlen, den man nur verlieren kann. Ist Realitätsflucht die Ursache, sollte man sich auch persönlichen seelsorgerlichen Rat holen.

- *... dich nicht um das Problem drehen, sondern Jesus suchen*
  Wenn du deine Gedanken an die Sünde kettest, hat die Sünde dich fest im Griff. Wenn du täglich zehn Mal betest: »Herr, hilf mir, mit meiner

Selbstbefriedigung aufzuhören«, und somit zehn Mal täglich deine Gedanken darauf richtest, hast du verloren.
Richte deinen Blick nicht auf die Sünde, sondern auf Jesus. Frag ihn, was du tun, und nicht nur, was du lassen sollst. Beschäftige dich mit Jesus und mit seinem Wort. Ein Freund von uns hat z.B. jede Woche einen Bibelvers auswendig gelernt und immer dann, wenn seine Gedanken zu Selbstbefriedigung oder Pornografie wanderten, begonnen, die Bibelverse aufzusagen und darüber nachzudenken.

- *... das Ziel im Auge behalten*
  Es kann eine Hilfe sein, wenn man sich bewusst macht, dass man mit seiner Enthaltsamkeit seinem zukünftigen Partner ein ganz besonderes Geschenk macht. Denn dadurch ist man später in der Lage, Liebes-Sexualität zu leben und auch in der Ehe seinem Partner in Gedanken und Taten treu zu sein. Wer als Single in seinem Kopfkino oft Sex mit unterschiedlichen Personen hatte, wird auch als verheiratete Person seinem Partner gedanklich nur schwer treu sein. Und jeder konkrete Ehebruch fängt in Gedanken an. Ein junger Mann sagte mir einmal: »Wenn ich gewusst hätte, welche Auswirkungen meine Selbstbefriedigung auf meine Ehe haben wird, hätte ich schon früher die Kraft gehabt, damit aufzuhören.«

- *... deine Gedanken rein halten*
  Pass auf, womit du deinen Kopf fütterst. Welche Bilder lässt du in deinen Kopf, welche Witze und Geschichten? Welche Seiten schaust du im Internet, was für Filme im Fernsehen? Schaltest du bei Sex oder Nacktszenen um, oder behauptest du, das würde dir nichts ausmachen? Sorry, aber das ist der Spruch von jedem Alkoholiker, wenn er das nächste Glas trinkt. Dieser Spruch ist Unsinn. Die Gruppe *Casting Crowns* beschreibt in einem Lied (*It's a slow fade*) das ganz langsame Runterfahren bzw. Ausblenden von Wertmaßstäben. Am Anfang ist es scheinbar unbedeutend, aber die Folgen können immens sein. Das ist wie mit dem Frosch im Wasser: Nach dem »Weberschen Gesetz« springt ein Frosch, wenn er in heißes Wasser geworfen wird, sofort wieder heraus. Setzt man den Frosch jedoch in kaltes Wasser und erhöht langsam die Temperatur, merkt er es nicht und stirbt daran.

- *... Gelegenheiten vermeiden*
  Gelegenheit gibt es massenhaft, und dennoch kann man sie vermeiden. Eine große Gelegenheit ist Langeweile. Wenn man nichts mit sich an-

zufangen weiß und keinen Bock auf gar nichts hat, ist man häufig besonders gefährdet. Doch wenn man nach einem ausgefüllten Tag mit schönen Erlebnissen und Hobbys abends müde und zufrieden ins Bett sinkt, ist das anders. Bei der Frage nach Gelegenheiten geht es also um dein Lebenskonzept. Überleg doch mal mit einem guten Freund oder Seelsorger, wie du dein Leben gestalten kannst.

- *... mit einer Vertrauensperson (Rechenschaftspartner) reden*
  Mit anderen darüber zu reden, kann – aber muss nicht unbedingt – eine Hilfe sein. In Verbindung mit den anderen Punkten ist es jedoch sehr zu empfehlen. Doch dadurch, dass du mit anderen redest, ändert sich dein Verhalten nicht automatisch. Es *kann* helfen, weil kein Mensch einem anderen gerne über sein Versagen erzählt. Wenn man weiß, dass der (Rechenschafts-)Partner nachfragt, kann das vor sündigem Verhalten schützen, weil man sich die peinliche Situation ersparen will. Es kann auch sein, du entwickelst ein dickes Fell, sodass es dir irgendwann entweder nichts mehr macht, von Versagen zu sprechen, oder du fängst an, den anderen und Gott zu belügen. Von daher ist das Gespräch mit anderen kein Allheilmittel, sondern es ist in Verbindung mit den anderen Punkten oben eine gute Möglichkeit, dranzubleiben und wieder aufzustehen, wenn man gefallen ist. Optimal ist es, wenn man so früh wie möglich mit einer Rechenschaftsbeziehung beginnt.

7.6 Praktische Schritte für den Umgang mit Pornografie

Joachim Schreiter

Wenn man mich fragen würde, welches Thema auf keinem Jugendstundenplan fehlen darf, dann wäre meine Antwort: Der Umgang mit Pornografie. Wir sind uns als Mitarbeiter der Aktualität des Themas oft nicht bewusst oder verdrängen es unbewusst. Die grundlegende Ursache für diese Beobachtung könnte zum einen sein, dass wir selbst im Kampf gegen die Pornografie stehen oder dass der Mitarbeiterkreis zu wenig Erfahrung im Umgang mit dem Thema hat und sich daher nicht der Herausforderung stellen möchte. Es ist egal, welche Sichtweise auf dich bzw. deinen Mitarbeiterkreis zutrifft, denn über das Thema muss mit den Teens und Jugendlichen gesprochen werden. Nur dadurch verliert die Pornografie ihre zerstörerische Macht.

Der Seelenzustand unserer Jugendlichen

Da das Thema Sexualität – insbesondere die Pornografie – in unseren Gemeinden leider zu oft totgeschwiegen wird, befinden sich Jugendliche in einer schlechten Ausgangssituation. Das hat zur Folge, dass Teens und Jugendliche, die ein Problem mit Pornografie haben, innerlich in tiefe Verzweiflung geraten. Sie glauben, dass sie die einzigen auf der Welt sind, die einen solchen Kampf gegen die Versuchungen des Teufels führen müssen. Wen verwundert dieses Denken, wenn die Thematik – wenn überhaupt – nur mit erhobenem Zeigefinger angesprochen wird!? Eine Folge dieses stillen Kampfes ist der Rückzug in Einsamkeit und ein gewisser Stillstand im Glaubensleben. Ich bin mir sicher, dass es auch in deiner Jugendgruppe junge Leute gibt, die genau in dieser Situation stecken: Sie kämpfen einen inneren Krieg, den sie täglich verlieren. Gedemütigt durch die Niederlagen ziehen sie sich zurück. Die seelischen Verletzungen, die sie täglich erfahren, bewirken, dass ihr empfundener Selbstwert sinkt. Sie fühlen sich als Verlierer und haben Angst, dass ihre Schwäche eines Tages ans Licht kommen könnte. Selbst vor Gott verstecken sie sich, weil sie schon unzählige Male geschworen haben, sich nie mehr solche Bilder anzuschauen. Das ständige Versagen kann so weit führen, dass sie die Vergebung durch Jesus nicht mehr annehmen können, weil sie ihre Vergehen als zu schwerwiegend betrachten. Sie leben in einem inneren Zwiespalt: Auf der einen Seite wollen sie aufrichtig aus dem Teufelskreis der

Pornografie entkommen, auf der anderen Seite sind es *ihre* Hände, welche die Computermaus führen. Je mehr Kämpfe verloren wurden, desto kleiner wird der Glaube, dass Jesus jemals eine so große Sünde vergeben wird. Neben dem inneren Zwiespalt zwischen Wollen und Tun spüren sie auch eine Entfernung zu Jesus. Ein Mensch ohne Fehler kann mit mir keine Gemeinschaft wollen. Die zahlreichen Faktoren, wie das Totschweigen des Themas, das Mahnen mit dem Zeigefinger, das Erleben von Versagen und die gefühlte Gottesferne demotivieren und bewirken, dass Jugendliche letztendlich den Kampf aufgeben. Sie beginnen diesen dreckigen Bereich zu akzeptieren und sagen sich: »Es hat doch alles gar keinen Sinn. Ich werde es niemals schaffen.«

Es mag sich schön und zugleich simpel anhören, dass Gott selbst für eine solche Situation seine Vergebung durch Jesus Christus bereithält, doch bis Betroffene diese Wahrheit für sich und ihr Leben wirklich annehmen können, kann viel Zeit vergehen. Der Jugendliche oder Teen steckt in einem dreckigen Sumpf und ist fern von jeglichem Kontakt zum wahren Glauben. Er ist des ewigen Kämpfens müde und verharrt in der Sünde. Das eigene Gewissen wird durch die vielen Bilder und Filme vollkommen abgestumpft. An diesem Punkt ist es meiner Meinung nach sehr schwer, von allein wieder aufzustehen, sich Gott auszuliefern und komplett neu anzufangen.

Aber genau an diesem Punkt sind wir als Jugendmitarbeiter gefordert, um wieder auf die Beine zu helfen. Wir müssen gemeinsam mit den Jugendlichen und Teenagern den Blick auf Jesus ausrichten und ihnen als Seelsorger stützend zur Seite stehen.

Worte an dich als Mitarbeiter

Dieses Kapitel soll dir helfen, gemeinsam mit deinem Teenager oder Jugendlichen vier neue Perspektiven im Kampf gegen die Pornografie zu entdecken. Hinsichtlich der folgenden Ausführungen möchte ich aber betonen, dass es sich nicht um ein universelles Vier-Schritte-Programm handelt, das bei korrekter Befolgung schnellen Erfolg verspricht. Seelsorge, die in diesem Fall zu leisten ist, ist immer sehr individuell und eng mit dem Wirken Gottes verbunden. Pornografie ist wie ein Feuer für die Seele, das Tag für Tag seine zerstörende Kraft entfaltet und dementsprechend nicht »mal eben« beseitigt werden kann. Oft sind die Jugendlichen über Jahre hinweg den negativen Auswirkungen ausgesetzt.

Stelle dich als Mitarbeiter darauf ein, dass du viel Zeit und Kraft in den

Jugendlichen investieren musst. Eines möchte ich vor der Erläuterung der vier Schritte noch erwähnen: Da ich selbst ein Mann bin, ist dieser Text hauptsächlich für die männliche Perspektive geschrieben. Doch nicht nur die Teens haben mit sexueller Versuchung zu kämpfen. Wenn das Thema auch für dich persönlich eine große Rolle spielt, möchte ich dir ans Herz legen, den Text zuerst für dich selbst zu lesen und trotzdem den Mut zu haben, als Mitarbeiter auf die Teilnehmer deiner Jugend- oder Teengruppe zuzugehen. Es geht nämlich nicht darum, als Mitarbeiter vollkommen perfekt sein zu müssen. Sicher solltest du einen gewissen Abstand zum Thema haben, aber ich bin davon überzeugt, dass dich der Teufel gerade im Dienst der Seelsorge auch selbst sexuell angreifen wird. In diesem Fall sei ehrlich gegenüber anderen und mache nicht den Fehler, deine Versuchung und dein Scheitern unter den Teppich zu kehren, denn dadurch wendest du dich vom heilenden Licht ab. Nichts ist dem Teufel lieber, als dass Sünde im Verborgenen bleibt, denn dadurch hat er am meisten Macht über uns Menschen. Sünde muss ans Licht, damit Gottes Kraft wirken kann. Daher muss dein eigenes Scheitern genauso ehrlich ausgesprochen werden wie der Kampf deines Jugendlichen, der sich hilfesuchend an dich gewandt hat.

Vier neue Perspektiven im Kampf gegen die Pornografie

Die folgenden Schritte sollen dir als Jugendmitarbeiter als Richtschnur dienen, um Jugendlichen unterstützend zur Seite stehen zu können.[81]

1. Beseitige radikal die Stolpersteine der Lust aus deinem Leben
Jedes seelsorgerische Gespräch mit einem jungen Menschen wird wohl damit anfangen, dass er dir seine persönliche Geschichte über den Kampf gegen die Pornografie erzählt wird. Aus meiner eigenen Erfahrung kann ich sagen, dass es den Hilfesuchenden anfänglich sehr schwer fallen wird, sich zu öffnen. Während des Redens schwindet jedoch wahrscheinlich die anfängliche Zurückhaltung, und schnell kann sich euer Gespräch zeitlich enorm ausdehnen.

Beim ehrlichen Erzählen merkt der Jugendliche, wie befreiend es ist, endlich über all die dunklen Gedanken und Taten in seinem Leben zu sprechen. Durch das Ans-Licht-Bringen lösen sich langsam die Fesseln der Pornografie, und der Ratsuchende wird sich vielleicht nach sehr langer Zeit wieder freier fühlen können. Er durfte endlich einmal die Maske des braven Jugendlichen/des perfekten Christen/des »vorbildlichen« Mitarbeiters abnehmen. Das Aussprechen der tiefsten Geheimnisse ist der Beginn des Heilungsprozesses.

Für den Jugendlichen wird dieses Gespräch wohl das erste sein, in dem er so offen und ausführlich seine Geschichte erzählen konnte. Uns als Mitarbeitern wird in diesem Moment ein großer Vertrauensvorschuss gegeben, den wir zu würdigen wissen sollten. Höre dem Teenager also aufmerksam zu, wiederhole seine Aussagen mit deinen eigenen Worten und nimm dir Zeit.

Das offene Gespräch über die persönliche Geschichte ist nur der Vorspann für das eigentliche Anliegen. Ihn bewegt die große Frage, wie er endlich von der Pornografie-Sucht loskommen kann. Verschaffe dir daher den zeitlichen Freiraum, damit du wirklich ausführlich auf die Fragen und Nöte des Jugendlichen eingehen kannst. Wenn nötig, sage andere Termine ab, um dich ungeteilt auf den Jugendlichen zu konzentrieren. Du kannst die Offenheit des Jugendlichen auch dadurch würdigen, dass du ihn bestärkst, dass es richtig und sehr mutig war, die Sache anzusprechen und dass er nur so von der Sünde der Pornografie loskommen kann. Es ist sein ehrliches Anliegen, Ratschläge zu hören und diese in seinem Leben umsetzen zu wollen.

Bevor wir aber als Mitarbeiter von außen Ratschläge erteilen, ist es besser, an der Erzählung des Betroffenen anzuknüpfen. Frage den Jugendlichen zum Beispiel, welche Dinge ihn besonders oft zu Fall bringen, und beginnt dann gemeinsam, erste praktische Schritte zur Überwindung der Pornografie zu formulieren.

Antwortet der Jugendliche zum Beispiel, dass ihm das ungestörte Schauen des nächtlichen Fernsehprogramms im eigenen Zimmer zur Versuchung wird, wäre es gut, wenn der Fernseher aus dem Raum verschwindet oder die TV-Karte des Computers verkauft wird.

Ist das Internet mit seinem großen Angebot an Pornografie des Öfteren zum Stolperstein geworden, dann überlegt gemeinsam, ob man zum Beispiel zukünftig die Nutzung des Internets in den öffentlichen Bereich der Wohnung verlegen kann, wo jederzeit eine andere Person unmittelbar in das Sichtfeld des Computers treten kann. Gleichzeitig sollte man auch den Rechner von dreckigen Altlasten befreien, die man über die Zeit auf seiner Festplatte gesammelt hat. Zusätzlich ist es noch sehr ratsam, ein Filterprogramm für das Internet zu installieren, um auch die ungestörten Momente in der Wohnung zu entschärften. Ich empfehle in diesem Fall das Filterprogramm *SafeEyes* (www.internetsafety.com) oder das kostenlose Protokollierungsprogramm *x3watch* (www.x3watch.com).

Sicherlich könnte man hier noch viele Beispiele von diversen Stolpersteinen der Lust bringen, doch die Situationen der Jugendlichen sind oft grundverschieden. In jeder Geschichte wird sich schnell zeigen, welches die großen Einfallstore der Pornografie ins Leben des Einzelnen sind.

Versuche gemeinsam mit den Jugendlichen, sich wiederholende Verhaltensmuster zu entdecken und anzufangen, alltagstaugliche radikale Lösungen zu finden. Radikal bedeutet, dass man hierbei keine Kompromisse eingehen sollte und dass dabei vielleicht auch mancher Einschnitt in den gewohnten Komfort des Lebens in Kauf genommen werden muss. Versuche, den Blick des Jugendlich in diesen Fällen darauf zu richten, was er alles gewinnen kann, wenn er entschieden »Nein« zur Pornografie sagt. Von diesem Standpunkt aus, fallen die 50 Euro für ein Filterprogramm oder der Weg zur öffentlichen Bibliothek, um in das Internet zu gehen, nicht ins Gewicht, wenn Jugendlichen und Teenies dadurch in wahrer Freiheit leben können.

2. Kompromissloses Abwenden durch ein klares Nein

Betrachten wir die Versuchungen rückblickend, werden wir feststellen, dass das Erliegen gegenüber der Anziehungskraft der Bilder oft mit einem kleinen Gedanken oder einer zuerst unscheinbaren Situation angefangen hat. Man ist sich einer Versuchung mehr oder weniger bewusst, und um gegen sie anzukämpfen, beschäftigt man sich immer mehr damit. Am Ende drehen sich die Gedanken spiralförmig immer enger um die gefährliche Versuchung. Der innere Kampf kreist um die eine Frage: Gebe ich nach, oder bleibe ich stark? Man beginnt abzuwägen, ob es sich lohnt, der sexuellen Versuchung zu widerstehen oder ob es nicht doch irgendwie schön sein könnte ... Und genau an dieser Stelle ist man bereits zu weit gegangen.

Bereits wenn der Jugendliche eine Versuchung im Entferntesten erahnen kann: Er muss sich abwenden und kompromisslos »Nein« sagen. Beim ersten Erkennen einer gefährlichen Situation fällt es noch leicht, »Nein« zu sagen, aber wenn man sich erst auf das Abwägen der positiven und negativen Aspekte einlässt, beginnt ein Prozess, der schwer aufzuhalten ist. Kaum jemand wird während des Überlegens noch so stark sein können und langfristig gegen negative Gedanken kämpfen. Leider begibt sich der Versuchte mit langem Nachdenken noch tiefer in diese dunkle Gedankenwelt. Auch mit viel Selbstdisziplin hat er kaum eine Chance, sich aus der Situation herauszuwinden. Die Anziehungskraft der Pornografie ist einfach zu groß. Der kleine Gedanke am Anfang hat sich im Jugendlichen zu einem großen Kampf entwickelt, der ihn leicht in Sünde fallen lässt. In Sekunden können alle anfänglichen guten Vorsätze über Bord geworfen werden. Es hilft nur eines: abwenden und kompromisslos »Nein« sagen. Die Bibel zeigt uns, dass wir nicht in die Offensive gehen sollen, sondern fliehen. An Stelle der negativen Gedanken soll der Jugendliche sich viel mehr mit positiven Gedanken füllen. Was konkret dieses Einlassen auf das Positive heißt, möchte ich im nächsten Schritt aufzeigen.

Zusammenfassend soll der Jugendliche erkennen, dass ein klares Nein direkt nach dem ersten Gedanken die Strategie ist, mit der er sich sehr gut vor der Versuchung schützen kann. Er soll Gott darum bitten, dass er ihm die Kraft gibt, klar »Nein« zu sagen.

3. Fülle das Loch in dir

Der Pornografie »Nein« zu sagen, ist bereits ein wichtiger Schritt, aber genauso wichtig ist es, die Gedanken mit etwas Positivem anzufüllen. Der innere Fokus muss von dem Kampf gegen die Versuchungen abgewendet werden. Die Frage »Wie weit kann ich noch gehen, ohne in Sünde zu fallen?« zählt nicht mehr. Der Jugendliche oder Teen soll seiner Seele vielmehr Gutes tun. Die Hinwendung zu Gott ist dabei das Beste, was man tun kann. Nur durch eine enge Beziehung zu Gott kann er genau die Liebe erfahren und finden, nach der er in der Pornografie vergeblich gesucht hat.

Im Prinzip hat jeder Mensch ein Loch in sich – ein Defizit in einem sonst mehr oder weniger erfüllten Leben. Leider nehmen wir uns oft die falschen Dinge, um das Loch zu stopfen. Wenn der Jugendliche also die Pornografie »wählt« und meint, dass sie ihm wahre Erfüllung verschaffen kann, wird er zum Opfer einer Täuschung und die Abhängigkeit eine ungewollte Folge. Natürlich kann nur eine intakte Beziehung zu Gott echte Erfüllung bewirken. Aus diesem Blickwinkel würde eine Hinwendung zur Pornografie bedeuten, dass die betroffene Person vielleicht noch keine tiefe Erfüllung in Gottes unendlicher Liebe gefunden hat bzw. die bereits bestehende Beziehung gestört ist. Es nützt nichts, wenn du mit deinem Teenager oder Jugendlichen taktisch kluge Strategien entwickelst, er aber nicht erkannt hat, dass Pornografie die Erfüllung von Bedürfnissen nur vortäuscht. Wenn diese Basis nicht richtig gelegt ist, dann wird der Jugendliche in seiner Suche nach Erfüllung wohl schnell auf den nächsten falschen Füllstoff treffen oder immer wieder zur Pornografie greifen, auch wenn er es nicht will. Als Mitarbeiter bist du herausgefordert, den Jugendlichen diese zutiefst geistliche Dimension ihres Kampfes aufzuzeigen. Sie müssen begreifen, dass ihr Hauptproblem nicht der aussichtslose Kampf gegen die Pornografie ist, den sie ständig verlieren, sondern dass sie eigentlich »nur« wahre Erfüllung suchen.

Diese geistliche Dimension erweitert nun auch unmittelbar die Tragweite der Seelsorge: Der Jugendliche braucht ganzheitliche Hilfe. Die Zuwendung zur Pornografie ist lediglich ein Kapitel in der Suche nach Erfüllung. Frage nach, ob es auch andere Abhängigkeiten im Leben des Jugendlichen gibt oder gab, mit denen er versucht hat, diese innere Sehnsucht zu befriedigen. Solche Aussagen können dir aufzeigen, welche Faktoren zusätzlich für eine große Sehnsucht nach wahrer Erfüllung sorgen. Neben der fehlenden oder gestörten Beziehung zu Gott wirken manchmal negative Erfahrungen aus der Kindheit oder ein gestörtes Verhältnis zu den eigenen Eltern verstärkend. Für diese Fälle benötigen wir als Seelsorger viel Weisheit, die nur Gott schenken kann. Er hat die Möglichkeit, uns im Gespräch zu leiten; und er bewirkt, dass der Jugendliche sein eigentliches Problem begreift – die Suche nach wahrer, göttlicher Liebe. Hilf dem Jugendlichen, sein inneres Loch zu stopfen, indem du gemeinsam mit ihm auf die Knie gehst und Gott bittest, dass er diesen Durst nach Liebe stillt.

4. Gemeinsam statt einsam

Durch ein erstes Gespräch mit dem Jugendlichen setzt zwar ein Heilungsprozess ein, jedoch wäre die Person sicher maßlos überfordert, nun allein in die Praxis entlassen zu werden. Wenn inzwischen die Theorie der Suche nach wahrer Erfüllung klar geworden ist, bedeutet das noch lange nicht, dass der Alltag als Christ leichter umzusetzen sein wird. Leider steckt der Jugendliche durch den ständigen Konsum von Pornografie auch in einer körperlichen Abhängigkeit und wird deshalb weiterhin in der Gefahr stehen, der Versuchung zu erliegen. Ein wiederholtes Versagen kann schnell die gewonnene Motivation vernichten, und der Jugendliche fällt enttäuscht in alte Verhaltensmuster zurück. Der Aufbau einer intakten Beziehung zu Gott ist für ihn ebenfalls eine große Herausforderung.

Zusammengefasst heißt das: Ein Neuanfang ist definitiv nicht leicht. Es bringt nichts, hierbei Illusionen zu verbreiten. Eine große Stütze ist allerdings, wenn der Hilfesuchende den Weg nicht allein gehen muss, sondern er einen geduldigen und liebevollen Menschen an seiner Seite hat, mit dem er sich regelmäßig über seinen Lebenswandel austauschen kann. Eine außenstehende Person kann den Jugendlichen oder Teenager schneller wieder aufrichten und ihm Motivation zum Weiterkämpfen geben, wenn alles sinnlos erscheint. Gemeinsam im Gebet fällt es leichter, eine lebendige Beziehung zu Gott aufrecht zu erhalten. Allein kann der Jugendliche jedoch sehr schnell wieder in alte Abhängigkeiten zurückfallen, ohne dass es jemand bemerkt. Daher ist es für deine Arbeit als Seelsorger oder allgemein in der Jugend sehr wichtig, das Thema Zweierschaften anzusprechen. Eine Zweierschaft gibt den nötigen vertrauten Rahmen, über alles zu sprechen, und die Option, vor jemandem Rechenschaft ablegen zu müssen. Der Jugendliche hat somit nicht nur Gott als Gesprächspartner, sondern auch ein menschliches Gegenüber. Der Heilungsprozess kann nun gemeinsam mit allen positiven und negativen Erfahrungen durchschritten werden.

Wenn sich der Jugendliche mit dir in einer Zweierschaft in regelmäßigen Abständen trifft (ich empfehle einmal die Woche), kannst du schnell beobachten, dass sein gesamtes persönliches Leben einen Auftrieb erfährt. Denn die regelmäßige Frage nach dem korrekten Umgang mit sexuell stimulierendem Material ist nur ein Bereich, den man während eines Treffens ansprechen kann. Auch Erlebnisse mit Jesus, Gebetserhörungen, Engagement für Gerechtigkeit und persönliche Evangelisation dürfen im Mittelpunkt eines Treffens stehen. Trefft euch auf jeden Fall regelmäßig und wertet die vergangene Zeit gemeinsam aus. Bekennt einander die Sünden und betet füreinander (Jak 5,16). Deine Investition von Zeit und Mühe in eine Person wird sich auch für dich lohnen, da du den anderen wachsen sehen kannst, aber auch gleichermaßen dein Leben mit Jesus regelmäßig positiv hinterfragt wird.

Eine intakte Beziehung zu Jesus ist die beste Grundlage, um ein entschiedenes »Nein« zur Pornografie zu finden. Aber mit Hilfe eines guten Freundes kann es viel einfacher werden, diese Beziehung zu Gott dauerhaft zu pflegen. Wir werden leider ein Leben lang immer wieder in Situationen der Versuchungen kommen, aber genau dann wünsche ich dir und deinen Jugendlichen stets die nötige Nähe zu Gott.

7.7 Umgang mit homosexuell Empfindenden in Jugend und Gemeinde

Stefan A. Schmidt, wüstenstrom e.V.

Ein junger Mann erzählt:

> *Als Kind hatte ich vor anderen Jungs und vor Männern oft große Angst. Insbesondere mit männlicher Aggression hatte ich schlimme Erfahrungen gemacht. Demgegenüber fand ich mich schwach und befürchtete immer, man könnte mir etwas antun. Für meine Schwäche, besonders auch für mein Unsportlichsein und für mein Schielen, schämte und schäme ich mich bis heute sehr – vielleicht hasse ich mich sogar. Darüber reden konnte ich nie. Vor Männern hatte ich ja Angst, und bei Frauen und Mädchen habe ich erlebt, dass sie mich für meine Schwächen auslachen. Vielleicht ist das alles aber auch, weil ich schwul bin. Es ist nämlich so: Mir gefallen sportliche junge Männer mit schönen Augen, und wenn ich einen solchen Mann sehe, tut es mir weh und die Sehnsucht nach ihm wird sehr groß. Dabei wüsste ich gar nicht, was ich von einem solchen Mann wollen könnte. Eine andere Sache sind meine sexuellen Fantasien. Hier spielen Gewalt und Aggression eine große Rolle. Anders als im echten Leben hab ich in der Fantasie keine Angst vor »bedrohlichen« Männern – im Gegenteil: In der Sexualität fühlt sich die Aggressivität von Männern sogar gut an.*

Das sind ganz schön viele intime Details. So genau hören wir selten von Menschen, was in ihrem Begehren oder in ihrer Sexualität vor sich geht. Aber damit sind wir schon mitten im Problem, wenn wir über den Umgang mit Homosexualität in der Gemeinde oder speziell in der Jugendarbeit sprechen wollen. Sex ist allgegenwärtig und gleichzeitig etwas, über das man höchstens in Schubladen spricht. Für uns Christen läuft das dann oft auf die scheinbar einzig wichtige Frage zu: (Wann) darf man oder darf man nicht? Was aber soll der junge Mann denn dürfen oder nicht dürfen? Wenn wir ihm mal genau zuhören, merken wir, dass es nicht reicht, wenn wir sagen »Homosexualität ist gut« oder aber »Homosexualität ist schlecht und sündig«.

Deshalb geht es in meinem kurzen Überblick auch nicht um eine biblische Betrachtung zur Homosexualität. Vielmehr möchte ich den Raum hier nutzen, um Menschen mit solchen sexuellen Gefühlen näher vorzustellen. Wenn wir nämlich wissen wollen, wie wir mit ihnen in guter Weise umgehen können, müssen wir uns die Mühe machen, sie von innen heraus zu verstehen und dürfen es uns weder mit der moralischen Keule noch mit »allversöhnender« und alles verstehender Liebe zu einfach machen. Beides führt am Herzen dieser Menschen vorbei!

Wie aber verstehen wir von innen heraus? Wir dürfen lernen, die richtigen Fragen zu stellen! Wenn wir einem Menschen wie dem jungen Mann begegnen, wirft das, was er erzählt, ja viele neue Fragen auf. Daher muss ich zunächst einen großen Schritt von dem jungen Mann Abstand nehmen und die Frage seiner homosexuellen Gefühle in einen größeren Zusammenhang des Verstehens von Sexualität stellen. Anders verstehen wir hier nichts. – Und anders wird auch die christliche Gemeinde und Jugendarbeit an den eigentlichen Fragen der Menschen vorbeilaufen. Daher:

Gemeinde und Jugendarbeit sollte die Auseinandersetzung mit Homosexualität einbetten in eine allgemeine Auseinandersetzung mit Sexualität.

Was ist denn Sexualität?

Leider gibt es im christlichen Bereich wenig ausgefeilte Konzepte zum Verstehen von Sexualität. Für viele Christen ist die Sexualität ein gefährlicher, schmutziger Tiger, der gebändigt werden muss und der darauf lauert, mich zu verschlingen. Bei genauerer Betrachtung beziehen sich solche Haltungen auf die veraltete psychoanalytische Vorstellung, Sexualität sei nicht mehr als ein Trieb im Menschen, der eben mehr oder weniger – auch je nach moralischen Vorstellungen – kontrolliert werden muss. Weiter spricht man nicht darüber und geht gleichzeitig von einem selbstverständlichen Gelingen der Sexualität in Gottes Sinn und Ordnung aus. Die gelingende (Hetereo-)Sexualität wird also einfach vorausgesetzt; wenn überhaupt dann wird nur als einmaliges Sonderthema über Sexualität gesprochen, und letztlich bleibt man beim Erlauben oder Verbieten stehen. Eine große Ausnahme ist in der katholischen Kirche die »Theologie des Leibes« von Papst Johannes Paul II., die aber leider noch wenig in die seelsorgerliche Praxis überführt wurde. Wir brauchen aber ein Verstehen von Sexualität. Warum?

In dem oben beschriebenen typischen Beispiel wird deutlich, dass es bei dem jungen Mann nicht einfach nur um eine Frage der Sexualität geht, nicht um eine Frage von Trieben oder so etwas. Wir können auch nicht einfach sagen: Na, dann liebt er eben Männer. So einfach ist es offenbar nicht. Ohne hier Sexualität abschließend oder umfassend erklären und darstellen zu können, scheint es jedenfalls in dem Beispiel einen interessanten Zusammenhang zwischen dem sexuellen Begehren und den Fantasien des jungen Mannes und einem Schämen für sich selbst und gewissen Ängsten vor Männern und Frauen zu geben. Aber kann das denn sein, dass Sexualität, Probleme und Konflikte im Leben irgendwie zusammenhängen können?

Während man früher betont hat, dass letztlich alles irgendetwas mit Sexualität zu tun hat, betonen Sexualwissenschaftler heute eher andersherum, dass die Sexualität mit allem zu tun hat. Die Sexualität hat also viel weniger mit Sex zu tun, als man denkt. Man spricht in dem Zusammenhang auch davon, dass Sexualität Motiven folgt. Solche Motive ändern sich im Laufe des Lebens. Zum Beispiel haben Jugendliche in ihrer Sexualität ganz andere Motive als Erwachsene. Ihnen geht es noch nicht darum, sich dem festen Partner fürs Leben zu schenken, Sexualität als intime Kommunikation mit in die Beziehung zu integrieren und durch die Sexualität mit dem Partner und die Fortpflanzung an der Zukunft zu bauen. Vielmehr beantworten sie sich in der Sexualität Fragen wie: Wer bin ich in meinem Körper? Wie fühlt sich Sexualität in mir an? Wie fühlt es sich für mich an, einen anderen Menschen zu berühren, ihm körperlich nahe zu sein? Kann ich einen anderen begehren, oder kann ich einen Menschen für mich interessieren und erobern? Kann ich mich auf das andere Geschlecht einlassen? – Sexualität ist also nicht losgelöst von anderen Lebensbereichen, sondern mit Bedürfnissen, Ängsten, Erfahrungen eng verknüpft. Anderseits kann die Sexualität aber auch benutzt werden, um Konflikte zu verarbeiten, die man im realen Leben nicht lösen kann, oder um durch stimulierende Erlebnisse auch einen Mangel an Selbstsicherheit auszugleichen.

Das kommt gar nicht so selten vor. Richtig schwierig wird das aber, wenn ein Mensch sich in seinem bisherigen Leben die Grundfragen seiner Identität nicht beantworten konnte und nun die Sexualität benutzt, um seine Persönlichkeit zu stabilisieren – wie man das nennt.

Kurz sollten wir auf diese besondere Schwierigkeit eingehen: Diese Grundfragen der Identität sind: Wer bin ich? Bin ich geliebt? Bin ich handlungsfähig? Werden diese Fragen nicht durch ein lebendiges, vertrautes, liebendes, herausforderndes Beziehungsgeschehen beim Heranwachsen beantwortet, entstehen Zweifel im Menschen.

Wenn ich zum Beispiel in meinen Gefühlen keine grundsätzliche Sicherheit darüber habe, wer ich bin, folgen daraus: Selbstunsicherheit, mangelnder Selbstwert, Selbsthass, Zweifel am eigenen Körper, Zweifel an der eigenen Geschlechtlichkeit als Frau oder als Mann etc.

Ähnlich ist es, wenn ich nicht weiß, ob ich grundsätzlich liebenswert und von anderen angenommen bin, folgt daraus: generelles Misstrauen, mangelnde Fähigkeit, sich auf Beziehungen einzulassen, Tendenz zur Abhängigkeit von anderen Menschen oder totale Distanziertheit, Aggressionen und Abwehr gegenüber bestimmten Menschen etc.

Und wenn ich nicht weiß, dass ich etwas kann, dass ich kreativ sein und etwas verursachen kann? Dann folgen daraus: das Gefühl von Minderwertigkeit, das Gefühl, als Frau oder als Mann nicht vollwertig zu sein, das Gefühl, dass weibliches oder männliches Handeln schlecht ist, Zweifel an der geschlechtlichen Funktionsfähigkeit etc.

Natürlich gibt es im Lebensverlauf bei jedem Menschen immer wieder Erschütterungen in der Gewissheit, wer ich selbst bin und ob ich geliebt und handlungsfähig bin. Ein reifer Mensch hat aber ausreichend Beziehungskompetenz erworben, um sich in diesen Fragen immer wieder absichern zu können. Ist eine der Identitätsfragen im Menschen aber letztlich unbeantwortet geblieben und mit Misstrauen verbunden, versucht der Mensch, sich eine Antwort durch Ersatzlösungen zu schaffen – zum Beispiel durch Abhängigkeit von anderen oder durch Süchte. Eine besondere Ersatzlösung kann die Sexualität sein. Auch hier kann der Mensch aus der Realität fliehen – aber nicht nur das: In der Sexualität können ihm alle Dinge gelingen und können sich alle möglichen Erlebnisse gut anfühlen, die im wirklichen Leben mit Angst oder Scham belastet sind. Sexuelle Ersatzlösungen haben immer das Ziel, im Menschen die offene Grundfrage, wenn auch nur in der Fantasie und für eine kurze Zeit, zu beantworten, oder den Schmerz, der aus der offenen Frage fließt, zu lindern. Ist ein Mensch von einem solchen Problem in seiner Identität betroffen, kann dies nur gelöst werden, wenn es ihm gelingt, die nicht beantwortete Bedürfnisfrage in seinem Leben zu einer befriedigenden Antwort zu führen. Der Mensch müsste dann also auf reale Weise und eindeutig zum Wissen kommen: Ich weiß, wer ich bin, dass ich angenommen und geliebt bin und dass ich etwas kann.

Was wird aber bis hierher schon deutlich? Gelingende Sexualität fällt nicht vom Himmel. Sexualität ist nicht einfach Biologie, auch nicht einfach ein isolierter Trieb im Menschen, der kontrolliert oder befreit werden muss. Als Mitarbeiter in der christlichen Jugendarbeit müssen wir natürlich keine Experten in all diesen Fragen sein, die vielleicht zunächst kompliziert oder fremd erscheinen. Wir müssen aber verstehen, dass Sexualität fest mit anderen Gefühlen und Bedürfnissen verknüpft ist und dass Probleme im Bereich der Sexualität nicht nur oder nicht in erster Linie ein moralisches Problem darstellen, sondern vielmehr auf einen Mangel in einem anderen Lebensbereich hinweisen. Besonders schwerwiegende Probleme im Bereich der Sexualität können dabei damit zusammenhängen, dass Grundfragen der Identitätsentwicklung bisher nicht beantwortet werden konnten! Wenn wir das wissen und beachten, können wir Menschen hier ganz anders verstehen als vielleicht bisher. Zum Beispiel können wir uns die schlichte Frage merken: Was suchst du? Oder: Was suchst du dir in deiner Sexualität zu erfüllen?

Ganz praktisch können wir unsere Aufgabe als Gemeinde oder als Mitarbeiter in der Jugendarbeit aber auch darin sehen, kreativ und einfühlsam Menschen bei der Beantwortung der Grundfragen ihrer Identität zu helfen. Wie also können wir jungen Menschen helfen, dass sie Sicherheit darin bekommen, wer sie als Mensch, als Mann oder Frau, als Kind Gottes sind? Wie können wir ihnen helfen, dass sie sich angenommen und geliebt wissen – nicht nur von Gott, sondern auch von anderen Menschen? Wie können wir ihnen durch Zuspruch und Herausforderung dazu helfen, sich ihrer Handlungsfähigkeit und kreativen Kraft sicher zu sein? Wenn wir hierauf Antworten finden, könnten sich manche Probleme im Umgang mit sexuellen Fragen in der Gemeinde deutlich verringern.

Was aber ist nun mit der Homosexualität?

Nach meiner Erfahrung braucht man diese Frage schon gar nicht mehr zu sehr in den Mittelpunkt stellen, wenn man das verstanden hat und mit Leben füllt, was ich oben zur Sexualität im Allgemeinen erklärt habe.

Bis hierher haben wir vielleicht schon verstanden: Sexualität ist nicht einfach etwas Biologisches oder Angeborenes. Sexualität ist etwas, das man verstehen kann, an das man Fragen richten kann; und bei Konflikten im Bereich der Sexualität kann man nach Lösungen auch in anderen Bereichen des Lebens suchen, die mit der Sexualität ja letztlich verknüpft sind. Man muss also Sexualität weder verteufeln, noch jede Sexualität als von Gott gegeben akzeptieren. Diese Voraussetzung kann uns nun ganz anders mit Menschen ins Gespräch bringen und ganz andere Fragen stellen lassen. Denn auch wenn wir in Sachen Homosexualität genauer hinschauen, merken wir, dass alle Einteilungen nicht so einfach sind.

Bevor wir uns also im dritten Teil mit allgemeineren Klärungen zum Thema Homosexualität beschäftigen – die natürlich auch immer sehr spannend sind – kehren wir mit der neu gewonnenen Perspektive zu unserem jungen Mann vom Anfang zurück.

Wir sollten auch ihm die Fragen stellen, die wir gerade neu gelernt haben: Was suchst du? Was suchst du dir in der Sexualität und im Begehren zu erfüllen? Gibt es Grundfragen der Identität, die du dir noch nicht beantwortet hast? – Was würde er vielleicht antworten?

> *Ich weiß wirklich nicht, wer ich bin – besonders in meinem Körper. Bin ich ein Mann? Ich fühl mich nicht wie einer. Ich spür mich nicht, find meinen Körper unattraktiv, schäme mich für mein Schielen. Und wenn du mich fragst, was ich suche, dann ist es vielleicht das genaue Gegenteil von dem, wie ich mich selbst fühle. Alles, was ich an mir selbst nicht finde – Schönheit, Sportlichkeit, Spontaneität – suche ich bei anderen, weil es mir so sehr weh tut, dass ich das selbst nicht habe. Und tatsächlich fühle ich mich nicht wirklich angenommen. Mit diesem Äußeren sowieso nicht. Aber ich hab halt auch wirklich Angst vor anderen Menschen. Sie könnten mich auslachen, mir weh tun. Ich habe oft erlebt, dass Aggressionen von Männern und Jungs schlimme Dinge anrichten können. Und ich hab erlebt, dass ich ausgelacht wurde, wenn ich mich vor Jungs oder Männern gefürchtet habe. Natürlich hab ich meinen Weg gefunden, einigermaßen mit allen klar zu kommen. Kann mich gut anpassen, der Schlaumeier sein, gute Laune verbreiten. Aber in Wirklichkeit gehe ich vielen Leuten einfach aus dem Weg, schäme ich mich oft, fürchte mich. Und in all dem scheint mir meine sexuelle Fantasie echt eine Antwort zu geben: Ja, ich kann auch aggressiven Männern nahe sein, ihnen gefallen, und sie gefallen mir dann auch. Da besiege ich dann meine Angst, kann die Aggression der Männer kontrollieren. Aber natürlich ändert sich im realen Leben trotzdem nichts an meinen Gefühlen oder an meinem Umgang mit Männern oder Frauen.*

Wenn wir wissen, dass man an die Sexualität Fragen stellen und dass man sexuelle Empfindungen verstehen kann, merken wir also plötzlich: Die Einteilung in homosexuell oder heterosexuell hilft uns und dem jungen Mann überhaupt nicht weiter. Bei jeder Form der Sexualität kann es offene Grundfragen des Lebens geben, die der Mensch sich zuerst beantworten muss. Alles auf eine sexuelle Orientierung abzuwälzen und zu versuchen, alles mit ihr zu erklären, tut dem Menschen Unrecht.

Fakten zum Thema Homosexualität

Selbstverständlich weiß ich, dass es beim Thema Homosexualität auch viele brennende Fragen gibt, die neben dem Verstehen von innen heraus viel mehr die Gemüter erhitzen. Daher will ich gern auch einige Fakten liefern, die von dem jungen Mann und seinem Erleben weiterführen und manches aber noch deutlicher machen:

- Homosexuell Empfindende sind eine Minderheit:
  Auch wenn die Medien den Eindruck vermitteln, es gäbe unzählige homosexuell Empfindende, bezeichnen sich nach internationalen Studien gerade mal etwa 1,5 bis 3% der Bevölkerung als ausschließlich homosexuell. Wir müssen daher beachten, dass für Menschen, die homosexuell fühlen, das Thema des Andersseins und Ausgegrenztseins immer zentral ist – mit den üblichen Folgen auch im Zusammenleben in der Gemeinde und der Jugendarbeit. Mit unserem Wissen über mögliche offene Fragen im Leben sollten wir sie also weder einfach als »schwul« abstempeln und Homosexuellengruppen überlassen, noch sollten wir sie einfach irgendwohin wegschicken, damit sie sich »heilen« lassen. Die Frage ist vielmehr: Welchen Platz haben diese Männer und Frauen, Jungen und Mädchen in unserer Gemeinde? Wie reden wir im Allgemeinen über Gefühle, Bedürfnisse und auch Sexualität, damit diese Gruppe von Menschen nicht diejenigen mit einem Exotenproblem sind?

- Es gibt nicht *den* Homosexuellen!
  Wer soll denn auch »der Homosexuelle« sein? Der Familienvater, der bei der Arbeit sexuelle Fantasien gegenüber jungen Mitarbeitern hat, die ihn mit ihrer Lockerheit so sehr an seine verpasste Jugend erinnern – der aber nie Sex mit Männern hat? Die geschiedene Frau, die in ihrem Alleinsein gerade eine große Abhängigkeit spürt zu einer anderen Frau, und wo es in ihrer Beziehung auch manchmal zu Küssen und Streicheln kommt? Der Student, der nackte Männer und auch seinen eigenen Körper ekelhaft findet, den aber die Fantasie fesselt, mit Männern so zu raufen, wie er es als Kind mit anderen Jungs erlebt hat? Der junge Mann, dem es nicht möglich ist, in der Sexualität mit Frauen oder Männern eine Erektion zu haben, den es aber in der Fantasie erregt, sich vor allem von Männern zu demütigenden Handlungen zwingen zu lassen? Die junge Frau, die sich und ihren weiblichen Körper hasst, die sich aber nach der Geborgenheit in den Armen einer anderen Frau sehnt?

Wer von diesen Menschen ist nun »homosexuell«? Ist man homosexuell, wenn man manchmal Fantasien zum gleichen Geschlecht hat? Oder wenn man schon einmal Sex mit jemandem vom gleichen Geschlecht hatte? Oder wenn man einen festen gleichgeschlechtlichen Partner hat? Wie oft oder wie ausschließlich muss man solche Fantasien haben, wie oft muss man gleichgeschlechtlichen Sex gehabt haben, um homosexuell zu sein?
Letztlich ist es so: Homosexuell ist nur derjenige, der sich selbst so nennt. Man kann ja nicht in Menschen reinschauen.

- Aber ist Homosexualität denn nicht angeboren?
  Ganz klar: Es gibt keine einzige Untersuchung – weder Hirnforschung, Genforschung, Hormonforschung oder Zwillingsforschung – die einen Zusammenhang zwischen biologischen Ursachen und der sexuellen Orientierung gezeigt hätte. Hier ist man sich in der Sexualwissenschaft einig, und selbst Homosexuellenverbände weisen – je nach Zielpublikum – auch darauf hin. Oder wie es komplizierter der Sexualwissenschaftler Volkmar Sigusch ausdrückt: »Wie das Studium des Schluckens keine Ernährungswissenschaft konstituiert, so das Studium des Genoms keine Sexual- oder Geschlechterwissenschaft. Ich kann mir überhaupt nicht vorstellen, wie ein epistemisch-historisch Fabriziertes, psychosozial Zusammengesetztes und kulturell Vermitteltes wie eine sexuelle oder geschlechtliche Identität von Genen programmiert werden könnte. Für mich ist die Meinung, in der anatomischen, hormonellen oder genetischen Ausstattung des Menschen habe man das Radikal der Sexualität und der Geschlechtlichkeit vor sich, vorwissenschaftlich« (Volkmar Sigusch, Neosexualitäten – über den kulturellen Wandel von Liebe und Perversion, Frankfurt 2005). Im Übrigen ändern daran auch so irrwitzige Vergleiche mit angeblich »schwulen Pinguinen«, »schwulen Geiern« oder »schwulen Schafen« nichts, mit denen man versucht, die Natürlichkeit auch menschlicher Homosexualität zu belegen. In Fachkreisen werden solche biologischen Erklärungsversuche belächelt. Daher: Homosexuelle Empfindungen beim Menschen scheinen aus vielerlei Ursachen entstanden und können, wie wir es bei dem jungen Mann gesehen haben, ganz eng mit nicht gelösten Grundfragen der Identität zu tun haben. Auch viele berühmte Psychoanalytiker erzählen von Beispielen, wie Homosexualität benutzt wird, um die eigene Identität zu stabilisieren. Das hat natürlich mit dem Sexualverhalten von egal welchen Tieren wenig gemeinsam!

- Ist die sexuelle Orientierung dann aber veränderbar?
Sicherlich wäre es nicht gut und nicht realistisch, so zu tun, als könnte man sexuelles Empfinden oder gar eine sexuelle Orientierung einfach mal so verändern (weder durch Gottes Eingreifen, noch durch Psychotherapie). Alle Vorstellung vom »Wegmachen« einer »Sünde Homosexualität« ist daher unmenschlich und lebensfern. Wie wir an den genannten Beispielen sehen, ist es aber auch unmenschlich und lebensfern, all diese Menschen einfach in die Schublade »homosexuell« zu packen und zu sagen, dass das eben »das andere Ufer« sei, an das Gott sie gestellt habe. Daher zunächst noch einmal deutlich: Es gibt weder *den* Homosexuellen, noch *den* Heterosexuellen. Sexualität ist immer auf einem gewissen Spektrum von Möglichkeiten angesiedelt – und in sehr vielen Beispielen wird immer wieder beobachtet, dass sich sexuelles Begehren im Laufe des Lebens ändert, auch in Sachen sexueller Orientierung. Veränderung ist das Normale!

Lässt sich das aber durch Seelsorge oder Therapie unterstützen? Am ehesten dann, wenn ein Mensch auf offene Lebensfragen stößt, wie wir sie oben kennengelernt haben. Wir werfen noch einmal einen Blick zurück zu dem jungen Mann: Der junge Mann war ich selbst vor vielleicht zehn Jahren. Weder Vorschläge, doch einfach als Homosexueller zu leben, noch solche, mich »freizubeten«, wurden mir in meinem Fragen gerecht. Erst als ich mich in der Therapie den wirklichen Bedürfnissen und Ängsten stellen konnte, wie sie oben angedeutet sind, haben sich in meinem Leben Konflikte gelöst. Dazu gehörte insbesondere, dass ich gelernt habe, weder mit meinen Bedürfnissen (zum Beispiel nach Männlichkeit, männlicher Bestätigung) allein zu bleiben, noch mit den Frustrationen, die man erlebt, wenn man sich mit eigenen Grenzen und Schwächen auseinandersetzt oder mit den Grenzen, die andere Menschen den geäußerten Bedürfnissen setzen. Das Schlimmste in der Vergangenheit waren ja nicht die Ängste oder die körperlichen Schwächen. Viel schlimmer war es, dass ich mich mit all dem völlig allein gefühlt hatte. Heute habe ich keine Angst mehr vor anderen Männern oder ihren Aggressionen. Im Gegenteil habe ich sogar meine eigene innere Aggression erkannt und gelernt, sie in Verantwortung auch in meine Beziehungen einzubringen. In großem Maße konnte ich meine Scham überwinden, kann heute sogar meinen Körper gut finden, genieße es, wenn Menschen mir in die Augen sehen. Da sind wirkliche Wunder geschehen. Und in der echten Auseinandersetzung mit Männern und mit Frauen habe ich gelernt, mich unter Menschen sogar geborgen zu fühlen. Und für mich persönlich ist es wie ein

Zusatzgeschenk, dass sich damit auch die Anziehung gegenüber Männern absolut relativiert hat und ich offen wurde, Frauen zu begehren und mich ihnen zu öffnen.

Ganz klar: Ich sage nicht, dass das jedem möglich ist, dass sich auch die sexuelle Orientierung verändert. Auch findet nicht jeder Mensch einen solchen Zusammenhang zwischen seiner Sexualität und seinen offenen Identitätsfragen. Bei mir war es aber so. Als ich verstanden hatte, was ich da in meiner Sexualität eigentlich mache, hätte ich nicht als Homosexueller leben wollen. Mein Ziel wäre sowieso gewesen zu lernen, mit Männern und Frauen im wirklichen Frieden zu leben, sie segnen zu können und von ihnen Segen zu empfangen. Die Homosexualität wäre mir dabei wie eine scheinbare Abkürzung vorgekommen, die sich dann als Sackgasse entpuppt hätte.

Daher an die Gemeinden die Fragen: Wo haben bei uns Menschen den Raum, sich tieferen Lebensfragen ganz offen zu stellen, sich für unerfüllte Bedürfnisse real einzusetzen, dabei auch längerfristig »Menschen auf dem Weg« zu sein? Und ganz wichtig: Wo gibt es Lebensräume in guten gelingenden Beziehungen für Menschen, die homosexuelle Gefühle haben, diese aufgrund ihres Glaubens nicht ausleben wollen aber doch auch keine Veränderung im Bereich ihrer sexuellen Orientierung erleben?

Getrennt vom Verstehen des Psychischen und Emotionalen eine ethische Position finden

Nach all dem Fokussieren auf den Einzelnen, auf die Lebensfragen, die manchmal in Menschen noch offen sind, und all dem Argumentieren mit Erkenntnissen von Sexualwissenschaft und Psychologie: Die christliche Gemeinde muss – getrennt von allen beobachtbaren Erkenntnissen – zu einer eigenständigen biblisch-theologischen Antwort finden, welchen Lebensentwurf sie als von Gott gedachten vertritt und wie sie dementsprechend das Leben als »Homosexueller« ethisch beurteilt. Denn mit der Naturwissenschaft, Sexualwissenschaft oder mit Psychologie lässt sich keine Theologie treiben oder sich die Bibel aus den Angeln heben! Und die Bibel ist es aber, anhand derer die Gemeinde zu theologischen Richtlinien finden muss, wie sie ein Phänomen wie Homosexualität beurteilt und welche Form des Zusammenlebens sie als vor Gott angemessen einstuft. Eine Gemeinde oder Kirche, die sich dieser Frage nicht stellt, steht in Gefahr, dann aus dem seelsorgerlichen Einzelfall eine Theologie zu machen.

Gerade andersrum ist es aber richtig: Von einer biblischen Theologie her gilt es, sich dem seelsorgerlichen Einzelfall zu nähern. Denn selbst wenn homosexuelle Empfindungen angeboren und nie veränderbar wären, heißt das ethisch nicht, dass solche Empfindungen gottgewollt oder an sich gut wären. Wir brauchen also – wie in allen Fragen des Zusammenlebens – einen klaren Rahmen, was von Gott her gut ist, was Gott segnet, was ihn in der Welt verherrlicht. Dazu gehört eine klare christliche Anthropologie – also die Beschreibung dessen, wie Gott den Menschen sieht, was Menschsein in Gottes Perspektive ist.

In einer Begleitung im Einzelfall kann die Seelsorge dann Klarheit schaffen, da sie weiß, in welchem theologischen Rahmen sie sich bewegt. Sie orientiert sich auch nicht daran, ob nun etwas wie die (Homo-) Sexualität veränderbar ist oder nicht. Sie hat dann die Freiheit – ohne verurteilen oder freisprechen zu müssen –, gemeinsam mit dem Ratsuchenden in dem für uns alle Christen grundlegenden Spannungsfeld zwischen Wahrheit (dem Gebot Gottes) und Barmherzigkeit (der Liebe Gottes) einen guten, lebbaren und verantwortbaren Weg des Lebens und Zusammenlebens zu finden. Sei dies die Unterstützung einer Veränderung im Bereich von Beziehungen oder Sexualität, oder sei das auch die Hilfe, die ein Mensch braucht, der seine homosexuellen Gefühle vielleicht nicht verändern kann oder möchte und der trotzdem ein erfülltes Leben in dem Rahmen leben möchte, den Kirche oder Gemeinde ihm als vor Gott vertretbar anbieten können. Dies könnte im Einzelfall auch bedeuten, dass ein Mensch aus Gehorsam gegenüber Gott seine homosexuellen Empfindungen nicht auslebt, dann aber Unterstützung dabei braucht, dennoch ein Leben zu führen, in dem er sich in guten Beziehungen zu Gott und zu Menschen weiß.

Mir persönlich hat auf meinem Weg auch beides geholfen: die Wahrheit und die Barmherzigkeit. Barmherzigkeit hieß für mich, nicht verurteilt zu werden und nicht großen Verboten ausgesetzt zu sein. Gleichzeitig war aber meine Motivation, mich nicht abzufinden und nicht stehen zu bleiben. Ich sah mich neben der Barmherzigkeit und Liebe Gottes auch mit der Wahrheit Gottes konfrontiert. Diese Wahrheit Gottes war für mich, dass ich ein Mann bin und dass Gott den Menschen in seinem Bild als Mann und Frau gemeinsam geschaffen hat. Nur im Bezug zur Frau, nur in der Offenheit meines ganzen Personseins zum anderen Geschlecht hin, leuchtet also die Ebenbildlichkeit des Menschen auf. Und ich wollte nichts leben, was dem im Wege steht. Dadurch also, dass die Theologie mir einen klaren Rahmen angeboten hatte, was gut und richtig ist, konnte die Seelsorge mit mir viele – auch krumme – Wege in Barmherzigkeit mitgehen.

Wie also gehen wir in Gemeinde und Jugendarbeit mit homosexuell Empfindenden um? Wir sprechen nicht schuldig, und wir sprechen nicht frei. Wir engagieren uns dafür, sprachfähig zu werden im Umgang mit Sexualität: Wir wissen, dass man Fragen stellen kann, dass man verstehen kann und nehmen zur Kenntnis, dass gelingende Sexualität nicht vom Himmel fällt. Wir unterstützen Menschen dabei, Sicherheit darüber zu gewinnen, wer sie sind, dass sie angenommen und geliebt sind und dass sie eine kreative schöpferische Kraft haben, die sie handlungsfähig macht. Schließlich machen wir es uns nicht leicht, fragen nach der Wahrheit im Wort Gottes und sind dann bereit, im Einzelfall in Barmherzigkeit Menschen zu begleiten, zu unterstützen und mit ihnen um den Weg zu ringen, der für sie erfüllend und lebbar ist.

Wenn die Gemeinde oder auch speziell ihre Jugendarbeit eine Unterstützung bedarf, helfen wir gern. Wir beraten Gemeindeleitungen, bieten Schulungen und Seminare für die Gemeinde an, schulen und supervisieren Seelsorger in der Gemeinde – auch per Telefon, halten Abende in der Jugendgruppe und beraten und begleiten auch gern Einzelne, die für sich offene Fragen im Bereich Identität oder Sexualität bewegen. Am liebsten arbeiten wir dabei mit Gemeinden zusammen, die uns nicht einfach einladen, damit das Thema Sexualität oder auch Homosexualität wenigstens mal angesprochen wurde. Eher ermutigen wir Gemeinden, sich genereller mit solchen zentralen Fragen auseinanderzusetzen und sowohl theologische Richtlinien zu formulieren, als auch im seelsorgerlichen Umgang mit ihnen kompetent zu werden. Am besten erreicht man uns bei *wüstenstrom* unter www.wuestenstrom.de. Alternativ können wir empfehlen, die kompetenten Referenten vom *Deutschen Institut für Jugend und Gesellschaft* (www.dijg.de) einzuladen. Hier gibt es auch zahlreiche gute Literatur, gute Fachartikel und auch andere Medien zum Thema.

Literatur

Hartmut Jaeger / Joachim Pletsch (Hrsg.): *Homosexualität – Irrweg oder Alternative?* Christliche Verlagsgesellschaft, ISBN 978-3-89436-377-2.

7.8 Ehevorbereitung hat begonnen – Chancen christlicher Jugendarbeit

Rainer Müller; *www.EHEStart.com*

Die Erwartungen sind programmiert

Laut der 15. Shell-Jugendstudie von 2006 sind »72% der Jugendlichen ... der Meinung, dass man eine Familie braucht, um wirklich glücklich leben zu können.« Partnerschaft und Familie stehen auf der Wunschliste zum Glücklichwerden an zweiter und dritter Stelle in der Altersklasse ab 16 Jahren. Gesundheit steht auf Platz 1 – so das *Institut für Demoskopie Allensbach*. Dennoch ist – laut der Shell-Studie – Heiraten bei 56% der 12-25-Jährigen *out*. Nur bei 39% ist Heiraten noch *in*.

Etwas positiver in punkto Ehe sieht es die Altersklasse ab 18-Jährigen: Immerhin 55% sind der Meinung, man sollte heiraten, wenn man mit seinem Partner auf Dauer zusammenlebt. 32% sagen dazu nein (Quelle: Statista 2009 – GENESIS).

Demnach sagt in unserem Land mindestens jeder zweite Jugendliche unter 18 Jahren »Nein« zur Ehe. Auch wenn es über 18 eine gewisse Trendwende zur Ehe hin zu geben scheint, wird deutlich: Obwohl Partnerschaft und Familie hoch im Kurs stehen, fehlt die Sicht, dass die Ehe dafür der geeignete Rahmen ist.

Gegenwärtig erlebt jedes zweite verheiratete Paar, dass Ehe nicht funktioniert. Die Ehe endet im Totalschaden. So kommt es, dass immer mehr Heranwachsende sagen: Partnerschaft – JA und Ehe – NEIN.

Im Kontext christlicher Gemeinden ist die Grundhaltung zur Ehe noch positiv geprägt. Dennoch sind auch hier die gesellschaftlichen Tendenzen spürbar, denn wie viele christliche Jugendliche erleben in ihrer Familie eine gelingende und glückliche Ehe, die ihnen Mut macht, selbst eine Ehe nach diesem Vorbild aufzubauen?

Die Ursachen für die kritische Haltung gegenüber der Ehe sind offensichtlich: Es mangelt an glaubhaften Vorbildern, die zeigen, dass Ehe tatsächlich dauerhaft funktioniert und positiv erlebt werden kann. Die Folgen sind fatal: Immer mehr Menschen entscheiden sich dafür, ihren Wunsch nach Partnerschaft und Familie zu leben, ohne dafür als dauerhaften Rahmen die Ehe zu wählen. Und immer mehr gläubige junge Leute zögern, eine Ehe anzusteuern.

1. Chance: neue Erwartungen prägen

Es ist zum Weinen, wenn ergraute Paare dem strahlenden Hochzeitspaar wissend zuraunen: »Kommt erstmal in unser Alter, dann werdet ihr schon sehen ...«, und der Meinung sind, den jungen Eheleuten etwas Gutes zu tun, wenn sie deren Erwartungen an das Eheglück kräftig drosseln. Es ist zum Davonlaufen, wenn auf Hochzeiten Sketche über die Unmöglichkeit des Miteinanders von Mann und Frau alle Lacher auf ihrer Seite haben und man vergeblich auf das Hohelied der Liebe und Ehe wartet, das glaubhaft vorgetragen wird.

Was für eine Vorstellung über die Schönheit der Ehe wird dem glücklichen Paar unter den Schleier geschoben! Wehe, wenn er weg ist – der Schleier, die heile Welt vom »schönsten Tag im Leben«. Überhaupt, was bleibt zu erwarten, wenn das schon der schönste Tag im Leben ist?

Wie wird das junge Paar im ersten Ehejahr der Versuchung widerstehen, einfach davonzulaufen, wenn es feststellt, wie mühsam das Miteinander ist? Wenn die beiden sich fragen, ob sie gerade den größten Fehler ihres Lebens gemacht haben? Zwischen 70% und 80% der Paare stehen im ersten Ehejahr völlig irritiert vor dieser Frage.

Und das an Scheidung gewohnte Umfeld bestätigt und bestärkt ihr eigenes Erleben: Es scheint (oder ist) unmöglich, dass Mann und Frau miteinander auskommen.

Hier gegenzusteuern, ist mit gut gemeinten Wünschen zur Hochzeit nicht zu schaffen. Auch ein *Seminar zum Ehestart* kann bestenfalls wichtige Informationen geben und ein guter Motivationsverstärker sein. Bedeutender ist eine viel grundlegendere Botschaft, die es in die Köpfe und Herzen künftiger Ehemänner und Ehefrauen einzupflanzen gilt: Ehe ist möglich. Ehe ist schön – erst recht über viele Jahre.

Dafür kann im Rahmen christlicher Jugendarbeit bereits Hilfestellungen gegeben werden, indem Jugendlichen ermöglicht wird, solche Ehepaare kennenzulernen. Es gibt die Ehepaare, die schon zwei, vier oder fünf Ehe-Jahrzehnte auf dem Buckel(!) haben und die zur Hochzeit dem strahlenden Paar die Hände halten und sagen: »Kommt erstmal in unser Alter, dann könnt ihr noch viel, viel glücklicher sein als heute.« Sie lächeln wissend, wenn sie das sagen.

Es gibt die alten Ehepaare, die leuchtende Augen bekommen, wenn sie einander anschauen. Paare, die sich immer noch gerne an den Händen halten, die gelernt haben, mit ihrer Unterschiedlichkeit umzugehen, die eine tiefe Vertrautheit entwickelt haben. Nein – das sind keine perfekten Leute, die noch nie gestritten haben. Oft haben sie tiefe Krisen durchlebt.

Es sind Paare, die etwas kennengelernt haben, von der Kraft bedingungsloser Vergebung. Es sind Menschen, die selbstlose und opferbereite Liebe in ihre Beziehung investiert haben. Und es sind Paare, denen es gelungen ist, eine herzliche Freundschaft zu pflegen und zu vertiefen.

Man findet sie nicht an allen Ecken, diese Ehepaare. Sie reden auch meist nicht viel über sich. Man findet sie, wenn man beobachtet, wie sie einander anschauen, sich zuzwinkern und wie sie Hand in Hand oder Arm in Arm miteinander laufen.

Solch ein Paar zu fragen, ob man es mit einigen Jugendlichen besuchen darf, um ihm Fragen zur Ehe zu stellen und wie es gelernt hat, miteinander zu leben, wird für beide Seiten ungewohnt sein. Möglicherweise werden die beiden erst einmal ablehnen, weil sie meinen, dazu hätten sie nichts zu sagen. Andere würden eine viel vorbildlichere Ehe leben. Wenn sie jedoch einwilligen, kann das für Jugendliche zu einer vollkommen neuen Erfahrung werden, Ehe aus dieser Perspektive zu sehen und punktuell zu erleben.

Eine gute Einstiegsfrage kann sein: Wie habt ihr euch kennengelernt? Dies zu erzählen, fällt meist leicht. Und es ist so spannend für junge Leute, wenn sie hören, dass Liebe früher ganz ähnlich funktioniert hat. Vielleicht sind die »Alten« auch so offen und erzählen, dass da auch nicht alles nur ganz perfekt lief. Weiter kann man fragen: Was ist euch für euer Miteinander besonders wichtig? Wie habt ihr eure Freundschaft erhalten? Wie habt ihr Krisen erlebt? Was hat euch geholfen, sie zu überleben? Was würdet ihr heute anders machen? Welche Empfehlungen würdet ihr heute Paaren mit auf den Weg geben?

Gut, wenn es viele offene unvollkommene Antworten gibt. Schön, wenn es zur Ehe mutmachende Antworten gibt. Das Ziel ist nicht, ideale Ehe-Ratschläge kennenzulernen. Das Anliegen ist, ein lebensnahes, ehrliches Vorbild zu bekommen.

Eine Möglichkeit besonderer Qualität bietet sich, wenn Ehepaare einzelne Jugendliche ab und zu oder regelmäßig zu Hause bei einer Mahlzeit einfach Gast sein lassen. Nicht bei einem Festessen, sondern beim normalen Montags-Abendbrot. Ehe im ganz normalen Alltagsumfeld mit all ihren Spannungen zu erleben, gibt ein greifbares Vor-Bild: So kann es gehen. Jugendliche, die das erlebt haben, berichten oft noch nach Jahren, wie bedeutungsvoll damals diese Zeiten beim Abendessen für sie waren.

Wenn zwei sich finden...

Unfassbar! Genial! Einmalig – seit Jahrtausenden immer wieder, wenn ein Mann erwacht und die Prinzessin seiner Träume entdeckt, um mit dem alten Adam auszurufen: »Wow – das ist die, die ich gesucht habe. Sie passt zu mir. Sie ist mein Schatzi (›Männin‹ sagte Adam)«. Was die ›Männin‹ Eva sagte, wissen wir nicht – was die heutigen Schatzis sagen, was aus ihren funkelnd glücklichen Augen schaut, spricht Bände. Es ist und bleibt ein göttliches Wunder, wenn zwei Menschen so füreinander Feuer fangen. Einmalig – jedes Mal neu.

Stark, wenn sich Menschen in ihrem unmittelbaren Umfeld einfach mitfreuen können – und dies auch zum Ausdruck bringen. Die Beziehung bewusst wahrzunehmen und der Freude Ausdruck zu verleihen, wird das Paar ermutigen in einer Zeit, in der es voller Unsicherheit und Fragen ist. Nicht selten sind diese Fragen und Zweifel ja auch im Umfeld vorhanden. Keiner weiß, wie lange Adam die rosarote Brille verliebter Begeisterung auf der Nase hatte. Der biblische Zusammenhang macht jedoch deutlich, dass unmittelbar im nächsten Vers Verantwortung beginnt (1Mo 2,23-24). Freundschaft und Liebe nur mal so – auf Zeit oder Probe – hat es noch nie gegeben. Es ist gut, wenn dieser Wert lange vor der eigentlichen »Paarungszeit« vermittelt wurde und jetzt nicht schnell als das große ABER nachserviert werden muss.

2. Chance: Paare in die Jugendarbeit integrieren

Befreundete und verliebte Paare im Jugendkreis sind in verschiedener Weise eine wertvolle Bereicherung: Das Paar selbst erlebt ein Umfeld, das beiden hilft, einander besser kennenzulernen, ohne sich nur mit sich selbst zu beschäftigen: im Gespräch mit anderen, im Dienst für Menschen, im Übernehmen von Aufgaben und Verantwortung. Besonders in der Mitarbeit können wichtige Charaktereigenschaften erkannt und entfaltet werden: den anderen für eine Aufgabe freizugeben, ihn zu unterstützen, ihn liebevoll zu kritisieren, auch gemeinsame Aufgaben zu finden, Gaben zu entdecken und zu entfalten, über geistliche Themen ins Gespräch zu kommen, unterschiedliche Sichten kennenzulernen, miteinander Bibel zu lesen, zu beten und gemeinsam um Anliegen zu ringen. Gute Jugendmitarbeiter werden Paare ermutigen, dies in der Gruppe zu erleben. Jugendmitarbeiter können auch auf kritische Beobachtungen hinweisen. Das wird die beiden unterstützen, ihr Miteinander positiv zu gestalten. Gute Spielregeln werden ihnen und all den anderen helfen, das Miteinander bereichernd zu erleben. Diese Spielregeln könnten so lauten: Nähe Ja – Zärtlichkeiten und Schmusen bitte nicht in der Gemeinschaft – das könnte für die anderen ohne Partner zu einer unnötigen Belastung werden: Hier wird ihnen fast hautnah vorgeführt, wonach sie sich zutiefst sehnen.) Ganz positiv stellt solch ein verliebtes Paar klar: Liebe und Partnerschaft gehören auch hierher. So können Freundschaft und Beziehung beginnen und gelebt werden.

3. Chance: motivieren, für die Ehe zu lernen

»Ehe lernen« ist notwendig – weil gute Ehepaare nicht vom Himmel fallen. Die Fahrschule ist eine Selbstverständlichkeit für jeden, der ein Kraftfahrzeug fahren will: Man(n) muss Grundkenntnisse erwerben, um unfallfrei ans Ziel zu gelangen (und Frau ebenso); Lernen für das Leben zu zweit ist eine unerlässliche Investition, damit Wünsche und Träume nicht an der Realität zerschellen. Die Ehe ist viel riskanter als Autofahren. Jede zweite Ehe in Deutschland endet mit Totalschaden. Trotzdem ist ein »Ehe-Führerschein« bisher noch ein Fremdwort. Meist gibt es wenig Verständnis für das Anliegen, Ehe zu lernen.

Prof. Dr. Guy Bodenmann, Koordinator des Instituts für Familienforschung und -beratung der Universität Freiburg, sagt:

> *»Die Tatsache, dass die Ehe und feste Partnerschaft nach wie vor zu den wichtigsten Grundwerten gehören und die meisten Menschen eine lebenslange glückliche Paarbeziehung anstreben, zeigt, dass die Ehe als Lebensform nicht ausgedient hat.«*

Und er fordert für diese Lebensform angemessene Prävention:

> *»Paare brauchen vielmehr Hilfestellungen, um dieses Ziel zu erreichen. Dabei kommt der Prävention bei Paaren eine besonders wichtige Rolle zu. Basierend auf den aktuellen Forschungsergebnissen geht es dabei vor allem um die Förderung von Kompetenzen, um den Alltag angemessener bewältigen zu können, da sich in Längsschnittstudien zur Vorhersage von Scheidung Kompetenzen als beste Prädiktoren erwiesen haben«* (Quelle: www.familienhandbuch.de).

Aufgabe der Jugendarbeit ist es nicht, Ehevorbereitungsseminare durchzuführen. Kluge Mitarbeiter werden jungen Paaren eine Sicht vermitteln, wie sie in ihre künftige Ehe gut investieren können, indem sie miteinander lernen. Dabei geht es darum, sich selbst und den Partner besser kennenzulernen, einander zu verstehen, Strategien zu entdecken, wie man eine stabile Partnerschaft aufbaut, eine gute Kommunikation entwickelt und mit Konflikten umgeht.

Hier einige konkrete Lern-Angebote:

Seminare für Verliebte und Verlobte wollen befreundeten und verlobten Paaren helfen, sich der Entscheidung füreinander zu vergewissern und erste Spielregeln für den Umgang miteinander kennenzulernen.

Das *PREPARE Partnerschafts-Testinstrumentarium* betrachtet verschiedene Bereiche einer Paarbeziehung. Es hilft, die Gemeinsamkeiten der beiden als Stärken zu entdecken, um diese weiter auszubauen, und macht bewusst, in welchen Bereichen großer Unterschiedlichkeit besonders in die Beziehung investiert werden sollte. Weitere Informationen über *www.prepare-enrich.de*.

Ein *Seminar zum Ehestart* will Paaren mit festem Hochzeitstermin und in den ersten Ehejahren helfen, gute Weichen für ihr Miteinander zu stellen. Die Erfahrung zeigt, dass Paare mit einigen Monaten Ehe-Erfahrung sehr bewusste Hörer sind. Manchmal bringen sie zum Ausdruck, dass es gut gewesen wäre, wenn sie das eine oder andere schon vor der Hochzeit(-snacht) gewusst und bedacht hätten.

Der *EBK – Ehe Beziehungskurs* bietet Rahmen und inhaltlichen Input für eine 1:1 Begleitung durch ein Ehepaar, das schon einige Jahre erfolgreich gemeistert hat und jungen Paaren auf dem Weg in die Ehe Hilfe sein will. Das junge Paar arbeitet die Kapitel zu Hause durch, und im gemeinsamen Treffen werden die Schwerpunkte und Fragen bedacht. Information und Schulung über *www.gute-beziehungen.de*.

4. Chance: Lernen für die Ehe ermöglichen

Zum Lernen zu motivieren und geeignete Angebote zu vermitteln reicht nicht aus, wenn das finanzielle Budget des jungen Paares die Kosten für ein Wochenendseminar oder einen Partnerschaftstest mit drei Beratungsgesprächen nur schwer zulässt. Jugendmitarbeiter könnten ihre Gemeindeleitung für eine lohnende Investition in die künftige Partnerschaftsbeziehung von Ehepaaren und Familien gewinnen. Gutscheine mit anteiliger Kostenübernahme werden helfen, diese wichtige Beziehungsinvestition zu ermöglichen. Ebenso kann es sinnvoll sein, das junge Paar herauszufordern, neben der wichtigen und oft sehr kostspieligen Hochzeitsvorbereitung auch in den Aufbau der Beziehung Zeit und Geld zu investieren. Schließlich stehen diese Kosten in keinem Vergleich zu Aufwand, Schmerzen und Kosten einer Scheidung.

Es gibt Pastoren und Gemeindeleitungen, denen gute Paarbeziehungen und stabile Ehen so wichtig sind, dass sie den Besuch eines Seminars zum Ehestart und auch den PREPARE-Test zur Voraussetzung machen, wenn ein Paar in der Gemeinde getraut werden will. Sie haben etwas verstanden von der Notwendigkeit und Möglichkeit, durch geeignete Prävention den Aufbau einer stabilen Partnerschaft zu unterstützen und Konzeptionen für die Überwindung von Krisen mitzugeben.

5. Chance: Ehe-Begleitung anregen und vermitteln

Die Aktion »treue.liebe« (*www.treue-liebe.net*) schlägt mit der *Aktion: »Offene Wohnzimmer!«* einen einfachen aber sehr wirkungsvollen Weg vor:

> *»Neugier trifft Lebenserfahrung. Wir laden junge Paare ein, ›ganz normalen‹ erfahrenen Paaren die eigenen Fragen zu stellen, von ihrer Lebenserfahrung zu profitieren. Das müssen keine Pastoren oder Familientherapeuten sein. Oft sind es Menschen in einer ganz gewöhnlichen Lebenssituation, die am besten weiterhelfen können.*
> *Paare mit einem Jahrzehnt oder mehr Ehe-Erfahrung können junge Paare in ihrem Umfeld zum Gespräch einladen, ihr Wohnzimmer für die Fragen der nachfolgenden Generation öffnen.«*

Im Zusammenhang mit der Hochzeitsvorbereitung könnten solche Paten-Ehepaare gefunden und vermittelt werden. Ein solches Paar bei der Hochzeit für diese Aufgabe zu segnen, wird sie bestärken und die Verbindlichkeit erhöhen. Begleitung in Anspruch zu nehmen, ist nicht ein Zeichen von Schwäche, sondern die starke Entscheidung zu wechselseitiger Offenheit (siehe auch Hinweis zu EBK-Ehebezieungskurs unter Pkt.: 3.Chance: motivieren, für die Ehe zu lernen).

6. Chance: langfristige Vorsorge anstatt Krisenbegrenzung

Gemeindeleitungen können nachhaltig in stabile Ehebeziehungen investieren, indem sie die Weiterbildung von Paaren unterstützen, die junge Paare begleiten und bei der Ehevorbereitung schulen wollen.

Im Sinne des oben Geschriebenen ist es ebenso wichtig, dass ehrenamtliche Jugendmitarbeiter und besonders vollzeitlich arbeitende Jugendreferenten geschult werden, um in der Jugendarbeit im Bereich Persönlichkeitsbildung auf indirektem Weg zu einer tragfähigen Grundlage für die Ehe beizutragen.

Zum Schluss

Liebe, Treue und Partnerschaft stehen hoch im Kurs bei Teens und Twens in unserem Land. Junge Menschen sehnen sich nach gelingender Partnerschaft und harmonischer Familie. Die Medien schaffen gemeinsam mit diesen Wünschen eine überhöhte unrealistische Erwartung vom Eheglück. Andererseits schafft jedoch das Erleben vom Nicht-Gelingen von Ehe-Beziehungen ein tiefes Misstrauen und Zurückschrecken vor jeder wirklichen Verbindlichkeit. Man will sich das Scheitern ersparen. Immer weniger Menschen sind überzeugt, dass Ehe der geeignete und förderliche Rahmen für eine dauerhafte Liebesbeziehung sein kann.

Christliche Jugendarbeit kann für junge Menschen eine Grundlage guter Erwartungen legen und wichtige Bausteine notwendiger Werte und Kompetenzen vermitteln. Diese werden für beginnende Partnerschaften wertvolles Handwerkszeug sein, um eine solide und starke Beziehung aufzubauen und ihr in der Ehe den gottgegebenen Rahmen zu geben. Die Vermittlung von einem Seminar zum Ehestart und einem Paten-Ehepaar wird diese wertvolle Vorarbeit ergänzen.

Wenn so biblische Werte zu Ehe und dem Miteinander von Menschen weitergeben werden, kann neues Vertrauen zu Gott, der sich Ehe ausgedacht hat, wachsen. Denn seine Idee der Ehe war – und ist – einfach genial.

Jugendarbeit kann und soll dabei nicht die Verantwortung für Höhenflug, Notlandung, Langstreckenerfolg oder Absturz einer Paarbeziehung übernehmen. Sie kann helfen, Persönlichkeiten zu prägen, die ein mutiges, zuversichtliches und lebenslanges JA zum geliebten Nächsten sagen und mit Gottes gnädiger Hilfe durchhalten. Damit geben sie das Feuer der Begeisterung über den guten Gott und seine lebensfördernden Ordnungen an die nächste Generation weiter.

Anmerkungen

1 *www.wikipedia.de*, Artikel »Sexualität«, 20.02.08 / 15:00 Uhr
2 Schäller, Markus und Antje, *Bibel, Sex und Bodybildung*, Dillenburg, 2009 (2. Aufl.), Seite 49
3 Mt 19,5-6; 1Kor 6,16; Eph 5,31.
4 Das *»zu einem Fleisch werden«* darf dabei nicht zu stark entsexualisiert werden, wie auch Andreas Bochmann schreibt: »Kein Mandat kann ich hingegen in der Bibel für eine Aufgabe des Selbst oder der Persönlichkeit finden, wie man ja annehmen könnte, wenn das ›Ein-Fleisch-Werden‹ im Sinne einer solchen ganzheitlichen-personalen Einheit verstanden würde. Im Gegenteil werden Ehemänner und Ehefrauen durchaus der Realität entsprechend oft als sehr eigenständig und nicht ›ineinander aufgehend‹ geschildert (z.B. Spr 31,10-31)« (Andreas Bochmann, *Praxisbuch Ehevorbereitung*, Gießen, 2004, Seite 26).
5 Schäller, Markus und Antje, *Bibel, Sex und Bodybildung*; Dillenburg 2006, S. 62.
6 Schäller, Markus, *Sex Beziehungsweise Ehe*, Hammerbrücke 2008, S. 60.
7 Weitere Geschichten, in denen Geschlechtsverkehr keine Hochzeit nach sich zieht, sind in 1. Mose 38 (Juda und Tamar) oder in 2. Samuel 13 (Amnon und Tamar). In beiden Fällen handelten die Betroffenen aber insgesamt nicht nach Gottes Willen, so dass es schwierig ist, diese Fälle als Beispiele für die oben genannten Regelungen zu verwenden.
8 Innerhalb einer Ehe steht neben dem »Ja« zum Sex auch das grundsätzliche »Ja« zur Fruchtbarkeit. Wir leiten aus dem *»Seid fruchtbar und mehret euch«* jedoch kein Verbot von Verhütungsmitteln ab, geben aber zu bedenken, dass Gott Sex und Fortpflanzung miteinander gekoppelt hat. Auf die ethische Betrachtung von verschiedenen Verhütungsmethoden oder die besondere Problematik von ungewollter Kinderlosigkeit, kann im Rahmen dieses Buches nicht eingegangen werden.
9 Walter Mehl, Die Sache mit dem Feigenblatt, in *Weisses Kreuz - die Zeitschrift für Lebensfragen*, Ausgabe 4/2007; Nr. 32, S.3.
10 Walter Mehl, ebd.
11 Walter Mehl, ebd.
12 Passend dazu auch die englische *New International Readers* Version: »Do not walk up steps to my altar. If you do, someone might see your naked body under your robes.«

13 Nach Schäller, Markus und Antje, *Sex ...um Gottes Willen*, Dillenburg, Dillenburg, 2007, S. 58
14 Bochmann, Andreas, *Praxisbuch Ehevorbereitung*, Brunnen, Gießen, S. 95.
15 Alcon, Randy, *Beschütze dein Herz,* Holzgerlingen, 2005, S. 43.
16 Manchmal wird argumentiert, die Sünde Sodoms hätte vor allem in der Verletzung des Gastrechts gelegen und nicht an den geschilderten sexuellen Praktiken.
17 Natürlich ist es richtig, dass Sünde im Kopf beginnt und Jesus das Ehebruchsverbot auf die Gedanken ausgeweitet hat. Dies betrifft aber sowohl hetero- als auch homosexuell Empfindende und ist somit kein Grund, eine Unterscheidung zwischen den beiden Personengruppen zu machen.
18 Der größte Teil der Befragten kam aus dem Gebiet mit den Postleitzahlen (erste Ziffer) 0, 3, 5 und 7 (jeweils 14 bis 18% vom Gesamtergebnis). Die Postleitzahlenbereiche 1, 2, 4, 6, 8 und 9 waren mit jeweils 5 bis 8% am Gesamtergebnis beteiligt.
19 Die einzige Ausnahme ist, wenn die Schwester die Erstaufklärung machte. In diesem Fall erreichen die Mütter eine Zuwachsrate von 14%.
20 Jugendsexualität 2006, S. 72-73.
21 Ebd, S.24.
22 www.spiegel.de/netzwelt/web/0,1518,622901,00.html (16.09.2009).
23 *www.thenationalcampaign.org:* Sex and Tech: What's Really Going On – Studie. http://www.thenationalcampaign.org/sextech/PDF/SexTech_Summary.pdf 16.09.2009.
24 Bravo Dr. Sommer Studie 2009, Bauer Media Group, München, 2009
25 In einer festen Freundschaft: Männer 28% / Frauen 27%; Wenn man Verlobt ist: Männer 23%; Frauen 24%.
26 Aufgrund der Auswertungsgrundlage von nur 52 locker befreundeteten Personen, müssen diese Zahlen jedoch mit Vorsicht bewertet werden.
27 Jugendsexualität 2006, ebd., Seite 76.
28 In einer festen Freundschaft: Männer 28%; Frauen 18%; wenn man verlobt ist: Männer 11%, Frauen 13%; in einer lockeren Beziehung oder bei einem kurzem Flirt: Männer 5%, Frauen 4%.
29 Jugendsexualität 2006, S. 76.
30 Ebd., S. 81, 87.
31 Ebd., S. 88, 98.

32 http://www.welt.de/wissenschaft/article1551311/Sexdruck_foerdert_Teenie-Schwangerschaften.html vom 15.01.2008.

33 Jugendsexualität 2006, S. 80.

34 Ebd., S. 96.

35 Der geläufige (juristische) Begriff des sexuellen Missbrauchs ist umstritten, da ein negativer »Missbrauch« auch einen positiven »Gebrauch« voraussetzen würde. Um Missverständnisse zu vermeiden wurden in der Umfrage beide Begriffe verwendet.

36 Jugendsexualität 2006, ebd. S. 119-120.

37 *www.zartbitter.de*, 21.12.2009, 14.00 Uhr.

38 Jugendsexualität 2006, ebd., S.84-85.

39 Zu bedenken ist natürlich, dass man auf beiden Seiten von einem Pferd herunter fallen kann. Die Kultur und das, was in unserer Gesellschaft üblich ist, darf niemals zum obersten Kriterium gemacht werden. Wichtiger als die Kultur bleiben die biblischen Leitlinien und das Wohl der Teens und Jugendlichen. Oft ist es auch notwendig, die Teens und Jugendlichen zu ermutigen, sich bewusst anders als ihre Kultur zu verhalten.

40 http://ekkaleo.de/2008-01/von-gemeindegruendung-und-zellteilung (Stand: 03.09.2010), Stephen Beck

41 Siggelkow Bernd/ Büscher, Wolfgang, *Deutschlands sexuelle Tragödie – Wenn Kinder nicht mehr lernen, was Liebe ist*, Gerth Medien GmbH, Asslar, 2008, S. 183.

42 Schäller, Markus und Antje, *Bibel, Sex und Bodybildung*, ebd., S.43.

43 *Über Sexualität reden – Ein Ratgeber für Eltern zur kindlichen Sexualentwicklung in der Pubertät*, Herausgeber: Bundeszentrale für gesundheitliche Aufklärung, Köln, 2007, S. 15.

44 Quelle teilweise Mitschrift im Seelsorgeunterricht bei Matthias Schmidt, Biblisch Theologische Akademie Wiedenest, 2001-2004.

45 Manche Christen wachsen mit der Überzeugung auf, dass sie bei allem, was sie erleben, auch die »andere Wange hinhalten« müssen. Für solche Christen ist es fundamental wichtig zu erfahren, dass und wie man sich als Christ wehren darf und muss.

46 Freundschaften, um andere zu beeindrucken oder um dazuzugehören.

47 Nach einer Idee von Markus Schäller.

48 Idee von Nico Niermann, Jugendreferent der FeG Hagen.

49 Idee von Florian Henn, EG-Jugendreferent, www.jugendwerk.egfd.de.

50 Idee von Dietmar Dengel.

51 Idee von Dietmar Dengel.

52 Idee von Dietmar Dengel, Urheber des »Computer-Vergleichs« ist unbekannt.
53 Umfrage von Markus Guterding, Gemeindereferent EFG Wiedenest
54 Idee von Dietmar Dengel.
55 Idee von Dietmar Dengel.
56 © Daniel Platte, CJ-Jugendeferent.
57 Nach einer Vorlage aus *Pro Teens*, Lothar Jung und Markus Wäsch, CV Dillenburg, S. 166.
58 Im Folgenden als StGB bezeichnet.
59 Vgl. Tröndle/ Fischer, Kommentar zum StGB, 52 Auflage 2004, vor § 174, Rdnr. 5.
60 Bsp. aus Hilgendorf, dtv – Atlas Recht, Band 1, 1. Auflage 2003, Seite 213.
61 Vgl. Lackner/ Kühl, Strafgesetzbuch, 26. Auflage 2007, § 184 f, Rdnr. 6; Tröndle/ Fischer, Kommentar zum StGB, 52 Auflage 2004, § 184f, Rdnr. 6.
62 Tröndle/Fischer Strafgesetzbuch und Nebengesetze, 50 Aufl. 2001, § 184c Rdnr. 8.
63 »Veränderung im Sexualstrafrecht mit möglicher Relevanz für die Jungendarbeit«, Bayrischer Jugendring, BJRintern 01-2009.
64 BGH Urteil v. 25. 2. 1997 - 4 StR 40/97.
65 Vgl. Lackner/ Kühl, Strafgesetzbuch, 26. Auflage 2007, § 174, Rdnr. 6 f.; Tröndle/ Fischer, Kommentar zum StGB, 52 Auflage 2004, § 174, Rdnr. 8.
66 Vgl. Lackner/ Kühl, Strafgesetzbuch, 26. Auflage 2007, § 174 f, Rdnr. 16.
67 Vgl. Lackner/ Kühl, Strafgesetzbuch, 26. Auflage 2007, § 177, Rdnr. 1.
68 Vgl. Lackner/ Kühl, Strafgesetzbuch, 26. Auflage 2007, § 180, Rdnr. 6; »Aufsichtspflicht«, Stefan Obermeier, Seminarskript 5. Auflage 1999, Seite 44 (*www.aufsichtspflicht.de*).
69 Vgl. Lackner/ Kühl, Strafgesetzbuch, 26. Auflage 2007, § 180, Rdnr. 4; Tröndle/ Fischer, Kommentar zum StGB, 52 Auflage 2004, § 180, Rdnr. 6.
70 In dieser Leitlinie verwenden wir nachfolgend in der Regel den Ausdruck »Sexuelle Gewalt« und nicht den üblicheren Ausdruck »Sexueller Missbrauch«, da ein Missbrauch theoretisch die Möglichkeit eines positiven Gebrauchs offen lassen würde, was in diesem Zusammenhang jedoch klar abzulehnen wäre. Daher wird nur der eindeutige Begriff »Sexuelle Gewalt« verwendet, der jedoch das Gleiche umfasst wie die umgangssprachliche Bezeichnung »Sexueller Missbrauch«.

71 Nach Bange/Deegner, Weinheim 1996, S. 105 zitiert in *Handbuch sexuelle Gewalt*,ebd, S. 14.

72 Brinkmann, Elfi, *Handbuch sexuelle Gewalt*, ebd., S. 14.

73 Im Rahmen dieser Leitlinie verwenden wir zu Gunsten einer besseren Lesbarkeit in der Regel ausschließlich die maskuline Bezeichnung von Personengruppen, um jeweils beide Geschlechter zu beschreiben. Bei der Beschreibung von Mitarbeitern, Betroffenen, Vertrauenspersonen, Fachkräften und Tätern gehen wir aber immer von Männern und Frauen aus.

74 In der praktischen Umsetzung kann diese Regel ihre Grenzen finden, wenn dadurch sonst andere gesetzliche Pflichten bezüglich der Aufsicht oder der Gruppenfürsorge verletzt werden würden. Wenn z.B. ein Kind sich selbst Schaden zufügen will oder durch sein Verhalten Grenzen anderer verletzt, ist selbstverständlich Einhalt zu gebieten.

75 Vgl. Apostelgeschichte 5,29: *»Man muss Gott mehr gehorchen als den Menschen!«*

76 Aus *CVJM Arbeitshilfe – sexueller Gewalt begegnen*, CVJM-Gesamtverband, S. 15.

77 Aus *Merkblatt für Feizeiten; Sexuelle Übergriffe- sexueller Missbrauch-sexuelle Belästigung* des Bayrischen Jugendrings.

78 Aus *Merkblatt für Feizeiten; Sexuelle Übergriffe- sexueller Missbrauch-sexuelle Belästigung*, ebd.

79 Aus *CVJM-Arbeitshilfe*, ebd., S. 16.

80 Aus *Sexuelle Gewalt verhindern – Hilfen für Mitarbeiter in Kinder, Teenager-, und Jugendkreisen sowie bei Freizeiten im Deutschen EC-Verband*, 2007.

81 Zusammenfassung einer Predigt, die im Jahr 2006 auf einem Teenager-Jugendtag in Lengenfeld (Vogtland, Sachsen) gehalten wurde.

Buchempfehlung

Josh McDowell / Bob Hostetler

Handbuch Jugendseelsorge

Ein Führer für Jugendmitarbeiter,
Prediger, Lehrer und Eltern
Geb., 640 Seiten

Best.-Nr. 273.176
€ (D) 19,90
€ (A) 20,50
SFR 36,30
ISBN 978-3-89436-176-1

Ein kompetenter Führer durch die Problemfelder des Teenager- und Jugendalters. Eine Fülle verschiedener Gesichtspunkte werden behandelt. Die Autoren verbinden Verständnis und Mitempfinden mit deutlicher Unterstreichung biblischer Wertmaßstäbe.

Christliche Verlagsgesellschaft mbH
Kompetent. Profiliert. Engagiert.